ANNA WIENER

Vale da estranheza
Fascínio e desilusão na meca da tecnologia

Tradução
Débora Landsberg

COMPANHIA DAS LETRAS

Copyright © 2020 by Anna Wiener

Grafia atualizada segundo o Acordo Ortográfico da Língua Portuguesa de 1990, que entrou em vigor no Brasil em 2009.

Título original
Uncanny Valley: A Memoir

Capa
Felipe Sabatini e Nina Farkas/ Gabinete Gráfico

Imagem de capa
Mrzyk & Moriceau

Preparação
Officina de Criação

Revisão
Adriana Bairrada
Clara Diament

Dados Internacionais de Catalogação na Publicação (CIP)
(Câmara Brasileira do Livro, SP, Brasil)

Wiener, Anna
   Vale da estranheza : Fascínio e desilusão na meca da tecnologia / Anna Wiener ; tradução Débora Landsberg. — 1ª ed. — São Paulo : Companhia das Letras, 2022.

   Título original: Uncanny Valley: A Memoir
   ISBN 978-65-5921-233-0

   1. Califórnia (Estados Unidos) – Indústria de tecnologia 2. Inovação tecnológica 3. Tecnologia – Aspectos sociais 4. Santa Clara, Vale de (Estados Unidos) I. Título.

22-98563   CDD-303.483

Índice para catálogo sistemático:
1. Tecnologia : Mudanças sociais : Sociologia 303.483

Aline Graziele Benitez – Bibliotecária – CRB-1/3129

[2022]
Todos os direitos desta edição reservados à
EDITORA SCHWARCZ S.A.
Rua Bandeira Paulista, 702, cj. 32
04532-002 — São Paulo — SP
Telefone: (11) 3707-3500
www.companhiadasletras.com.br
www.blogdacompanhia.com.br
facebook.com/companhiadasletras
instagram.com/companhiadasletras
twitter.com/cialetras

Para meus pais

Éramos inteligentes, instruídos, talentosos, nenhum de nós era um monstro moral, apenas pessoas comuns com fome de viver a vida no nível simbólico.

Vivian Gornick, *The End of the Novel of Love*

INCENTIVOS

Dependendo da pessoa a quem você perguntar, foi o ápice, o ponto de inflexão ou o começo do fim do mundo das startups do Vale do Silício — o que os céticos diziam ser uma bolha, os otimistas diziam ser o futuro, e meus futuros colegas de trabalho, inebriados pela possibilidade de serem incluídos na história mundial, chamavam, esbaforidos, de ecossistema. Uma rede social que todos diziam odiar mas ninguém conseguia parar de acessar abriu o capital avaliado em cento e poucos bilhões de dólares, seu fundador sorridente tocando a campainha por videochamada, uma sentença de morte para o aluguel viável em San Francisco. Duzentos milhões de pessoas se registraram em uma plataforma de microblogging que as ajudava a se sentirem próximas de celebridades e outros desconhecidos que abominariam na vida real. A inteligência artificial e a realidade virtual estavam na moda, de novo. Carros autônomos eram considerados inevitáveis. Tudo se tornava móvel. Tudo estava na nuvem. A nuvem era um centro de processamento de dados não identificado no meio do Texas, de Cork ou da Bavária, mas ninguém dava a mínima. Todo mundo confiava nela mesmo assim.

Era o ano do novo otimismo: o otimismo sem barreiras, sem limites, sem ideias ruins. O otimismo do capital, do poder e da oportunidade. Sempre que o dinheiro mudava de mãos, especialistas em empreendedorismo e cursos de MBA estavam prestes a surgir. A palavra "disrupção" abundava, e tudo estava pronto para ela ou vulnerável a ela: partituras, aluguel de smokings, comida caseira, compra de imóveis, planejamento de casamentos, operações bancárias, depilação, linhas de crédito, lavagem a seco, o método da tabelinha. Um site que permitia que as pessoas alugassem as garagens que não usavam arrecadou 4 milhões de dólares de empresas de elite na Sand Hill Road. Outro site, que trabalhava com o mercado de pets — um aplicativo de cuidadores de animaizinhos e passeadores de cães que abalava o mercado dos vizinhos de doze anos —, arrecadou 50 milhões. Um aplicativo que juntava cupons possibilitava que inúmeros habitantes de grandes cidades, entediados e curiosos, pagassem por serviços que nunca tinham imaginado precisar, e durante um tempo as pessoas injetaram toxinas antirrugas, fizeram aulas de trapézio e clarearam o ânus só porque podiam fazer isso tudo com desconto.

Foi o início da era dos unicórnios: as startups se valorizaram, pelos investidores, em mais de 1 bilhão de dólares. Um importante investidor de risco declarou, nas páginas de opinião de um jornal de negócios internacional, que softwares estavam engolindo o mundo, frase depois citada em inúmeras apresentações de vendas, comunicados à imprensa e anúncios de empregos como se fosse prova de alguma coisa — como se não fosse apenas uma metáfora tosca e sem poesia, mas um fato.

Fora do Vale do Silício parecia haver uma resistência generalizada à ideia de levar tudo isso a sério. O sentimento predominante era que, assim como a última bolha, essa também acabaria passando. Enquanto isso, a indústria se expandia para além do domínio dos futuristas e entusiastas do hardware e se acomodava a seu novo papel estrutural da vida cotidiana.

Não que eu tivesse consciência disso — não que estivesse prestando alguma atenção. Nem sequer tinha aplicativos no celular. Tinha acabado de completar 25 anos e vivia nas margens do Brooklyn, com uma companheira de quarto que mal conhecia, em um apartamento tão apinhado de móveis usados que quase tinha vínculo com a história. Minha vida era frágil mas agradável: um cargo de assistente em uma pequena agência literária de Manhattan; um grupo restrito de amigos queridos com os quais exercitava minha fobia social, sobretudo ao evitá-los.

Porém, dificuldades pareciam surgir. As engrenagens se soltavam. Eu pensava, todo dia, em me candidatar a uma vaga de mestrado. Meu emprego chegava a seu fim natural. Não tinha espaço para crescer, e depois de três anos o fascínio voyeurístico de atender o telefone alheio havia se esgotado. Já não queria mais me divertir com as propostas da pilha de manuscritos não solicitados, ou continuar arquivando contratos de escritores e declarações de direitos autorais nos lugares errados, como a gaveta da minha mesa. Meus frilas, como revisora e preparadora de originais para uma editora pequena, também minguavam em volume, pois havia pouco tempo eu terminara com o editor que os encomendava. A relação era turbulenta, e sempre desgastante: o editor, alguns anos mais velho que eu, queria se casar mas não parava de me trair. Essas infidelidades se revelaram quando ele passou o fim de semana com meu notebook emprestado e o devolveu sem sair de suas contas, onde li a série de mensagens particulares românticas e sombrias que trocava com uma voluptuosa cantora folk por meio da rede social que todo mundo odiava. Naquele ano, eu a odiei ainda mais.

Estava alheia ao Vale do Silício, e isso me deixava contente.

Não que eu fosse ludita — antes de saber ler, eu já sabia clicar. Mas nunca abria a seção de economia e negócios. Assim como todo mundo que trabalha em escritório, passava boa parte das minhas horas acordada, olhando para a tela de um computador, digitando e abrindo abas ao longo do dia, o navegador uma corrente de digressão digital que corria sob a superfície do trabalho. Em casa, matava o tempo vendo as fotos e reflexões errantes de gente que já deveria ter caído no esquecimento havia muito tempo, e trocava inesgotáveis e-mails perspicazes com amigos, em que dávamos imaturos conselhos profissionais e de relacionamento. Lia os arquivos on-line de revistas literárias que já não existiam, olhava as vitrines digitais à procura de roupas que não podia comprar, e criava e abandonava blogs particulares, ambiciosos, com nomes como *Uma vida cheia de sentido*, na vã esperança de que talvez me deixassem mais perto de levar uma vida assim. Porém, jamais me ocorreu que um dia eu pudesse me tornar uma das pessoas que trabalham nos bastidores da internet, pois nunca sequer cogitara que havia pessoas agindo nos bastidores da internet.

Assim como tantos jovens de vinte e poucos anos, moradores de North Brooklyn naquela época, quando uma fábrica de chocolate artesanal era considerada ponto turístico e as pessoas falavam a sério de ocupações urbanas, eu fazia questão de que minha vida fosse analógica. Tirava fotografias com uma câmera antiga, de tamanho médio, que fora do meu avô, depois digitalizava as fotos no meu notebook à beira da morte, a ventoinha interna chiando, para publicá-las nos meus blogs. Me sentava em cima de amplificadores estourados e radiadores frios em espaços de convivência de Bushwick, folheando edições antigas de revistas prestigiosas, vendo diversos caras gatos tragando cigarros enrolados à mão enquanto pegavam baquetas e dedilhavam guitarras, prestando atenção a seus improvisos para o caso de perguntarem minha opinião, embora nunca fosse o caso. Saía com homens que faziam livretos de poesia independente ou móveis de madeira com bordas naturais; um se apresentava como padeiro experimental. Minha lista de coisas a fazer sempre incluía tarefas obsoletas como comprar uma agulha nova para a vitrola que raramente ligava ou uma bateria para o relógio que nunca lembrava de usar. Me recusava a ter micro-ondas.

Se considerava a indústria da tecnologia de alguma importância para a minha vida, era apenas por causa de questões correntes específicas ao meu universo profissional. Uma superloja on-line que começou na década de 1990 vendendo livros na rede mundial de computadores — não porque o fundador tivesse amor à literatura, mas porque tinha amor aos consumidores e à eficiência de consumo — havia se expandido e virado um porão de pechinchas virtuais que vendia utensílios, eletrônicos, comestíveis, roupas baratas, brinquedos infantis, talheres e vários objetos desnecessários feitos na China. Depois de conquistar o resto do varejo, a superloja on-line voltou às raízes e parecia fazer experiências com diversas formas de destruir o mercado editorial. Tinha chegado ao ponto de inaugurar seus próprios selos editoriais, que meus amigos literatos menosprezavam e declaravam ser grosseiros e descarados. Ignorávamos o fato de que tínhamos muitas razões para ser gratos ao site, uma vez que o setor editorial não afundava por conta de romances best-sellers sobre sadomasoquismo e vampiros que trepavam que foram chocados na incubadora do mercado de e-books autopublicados da superloja on-line. Em poucos anos, o fundador, um quelônio sulista, se tornaria a pessoa mais rica do mundo e passaria por uma transformação digna de fotomontagens, mas na época não pensávamos nele. Só nos importava que o site era responsável por metade das vendas de livros, ou seja, tomava o controle das manivelas mais relevantes: precificação e distribuição. Estávamos nas mãos dele.

Eu não sabia que a indústria da tecnologia via a superloja

on-line como objeto de fetiche devido à sua cultura organizacional brutal, baseada em dados, ou que seus algoritmos de recomendações patenteados, que sugeriam sacos para aspiradores de pó e fraldas junto com romances sobre famílias problemáticas, eram considerados de vanguarda, admiráveis, a dianteira do aprendizado de máquina na prática. Não sabia que a superloja on-line também tinha uma empresa irmã lucrativa que vendia serviços de computação em nuvem — o uso controlado de uma rede vasta e internacional de parques de servidores — que fornecia infraestrutura back-end para sites e aplicativos de outras empresas. Não sabia que era quase impossível usar a internet sem enriquecer a superloja on-line e seu fundador. Só sabia que o esperado era que eu odiasse os dois, e eu fazia isso — em alto e bom som, sempre que surgia a oportunidade, e com uma indignação virtuosa.

De modo geral, a indústria da tecnologia era uma questão distante e abstrata. Naquele outono, o mercado editorial estava atordoado com a fusão das duas maiores casas editoriais, que juntas empregavam cerca de 10 mil pessoas e cujo valor conjunto extrapolava os 2 bilhões de dólares. Uma empresa de 2 bilhões de dólares: o poder e o dinheiro me eram inconcebíveis. Se havia algo capaz de nos proteger da superloja on-line, era uma empresa de 2 bilhões de dólares. Eu não sabia dos unicórnios de doze funcionários.

Mais tarde, depois de me adaptar à vida em San Francisco, eu descobriria que o ano que tinha passado bebendo em botecos com amigos do mercado editorial, reclamando de nossos futuros impossíveis, seria o mesmo ano em que meus novos amigos, colegas de trabalho e paixonites haviam rápida e silenciosamente ganhado seus primeiros milhões. Enquanto alguns desses amigos fundavam empresas ou embarcavam em períodos sabáticos de dois anos que se impunham aos vinte e poucos anos, eu estava sentada diante de uma mesa estreita à porta do escritório do meu chefe, monitorando os gastos da agência e tentando determinar meu valor usando meu salário anual — que tinha subido, no inverno anterior, de 29 mil dólares para 31 mil, sem benefícios — mil como unidade de medida. Qual era o meu valor? Cinco vezes mais que o sofá novo do meu chefe ou vinte pedidos de material de escritório personalizado. Enquanto meus futuros colegas contratavam consultores financeiros e iam a retiros de meditação em Bali para alcançar a autorrealização, eu tirava baratas da parede do meu apartamento alugado com o aspirador de pó, fumava baseados e ia de bicicleta a shows em armazéns no East River, protelando uma sensação ruidosa de medo.

Foi um ano de promessas, excesso, otimismo, aceleração e esperança — em alguma outra cidade, em algum outro mercado, na vida de outra pessoa.

Em uma tarde de ressaca leve, comendo uma salada chocha na agência literária, li um artigo sobre uma startup que conseguira 3 milhões para fazer uma revolução no mercado editorial. A matéria começava com uma foto dos três fundadores, homens de sorriso largo contra um pano de fundo bucólico, tal qual membros de uma fraternidade posando para o retrato de formatura. Os três usavam camisa; pareciam ter acabado de dar uma bela gargalhada. Pareciam tão à vontade, tão convincentes. Eram do tipo que usa escovas de dente elétricas e nunca compra em brechó, que acompanha o mercado de ações e não bota o guardanapo sujo em cima da mesa. O tipo de homem perto do qual eu sempre me sentia invisível.

Segundo o texto, a revolução viria por meio de um aplicativo de leitura digital para celulares que operava com o modelo de assinatura. Para mim, soava como um nicho, e a proposta do aplicativo — acesso a uma vasta biblioteca de e-books por um valor mensal módico — me parecia o estilo de promessa que vinha acompanhado de muitas letrinhas miúdas. Porém, algo naquela ideia causava simpatia.

O aplicativo de leitura digital era um novo conceito para o setor editorial, onde ideias novas raramente surgiam e nunca eram recompensadas. Não contribuía que o mercado editorial sempre parecesse estar à beira do colapso. Não era só a superloja on-line monopolizadora ou a fusão de 2 bilhões de dólares, embora elas agravassem e adiantassem nossas angústias. Também eram as convenções. A única forma de ter uma carreira bem-sucedida e sustentável no mercado editorial, ao que parecia, era herdar dinheiro, casar com alguém rico ou esperar nossos colegas desertarem ou morrerem.

Na classe dos assistentes, meus amigos e eu nos perguntávamos se teríamos espaço, pois o setor encolhia. Era legal ganhar livros novos de capa dura de graça, mas seria mais legal ainda se pudéssemos comprá-los. Era possível viver com 30 mil dólares por ano em Nova York; milhões viviam com menos que isso. Mas era difícil conciliar o salário líquido de 1400 dólares por mês com o estilo de vida sociável, festivo, afluente que o mercado editorial incentivava: drinques para fazer contatos, jantares, vestidos transpassados de trezentos dólares, estantes embutidas em Fort Greene ou em Brooklyn Heights.

Todo assistente que eu conhecia contava discretamente com uma fonte de renda secundária: preparação de originais, serviços de bartender ou garçom, parentes generosos. Esses fluxos de caixa raramente eram revelados a alguém que não uns aos outros. Era uma afronta falar de dinheiro se nossos superiores, que pediam salmão escalfado e taças de rosé no almoço, pareciam considerar o salário baixo um rito de passagem e não uma exploração sistêmica pela qual poderiam sentir alguma solidariedade. Solidariedade, especificamente, a nós.

A verdade é que éramos descartáveis. Havia mais graduados

em inglês com apoio financeiro independente e séries de estágios literários não remunerados do que vagas abertas em agências e editoras. O acervo de talentos se reabastecia sozinho. Homens de botinhas bege e mulheres de cardigã mostarda aguardavam nas coxias, segurando seus currículos em papel creme. O mercado se fiava, em certa medida, no alto índice de perda de pessoal.

No entanto, meus amigos do mundo editorial e eu éramos teimosos. Gostávamos de trabalhar com livros; nos apegávamos a nosso capital cultural. Havia um rancor generalizado por termos de sofrer, mas estávamos prontos para aguentar. Uma lógica moral seletiva parecia estimular a área: o mercado editorial não tinha conseguido se inovar rapidamente, é verdade, mas nós — os literatos, os apaixonados, amantes e defensores da expressão humana — não seríamos vencidos por empresas cujos executivos nem sequer demonstravam apreço pelos livros. Tínhamos bom gosto e integridade. Estávamos nervosos e duríssimos.

Eu estava duríssima. Não pobre, nunca pobre. Privilegiada e cada vez mais classe baixa. Assim como muitos dos meus colegas, podia me dar ao luxo de trabalhar no mercado editorial porque tinha uma rede de segurança. Tinha me formado sem dívidas, não por uma conquista minha: meus pais e avós economizaram para a minha graduação desde que eu era uma mancha na ultrassonografia. Eu não tinha dependentes. Apenas uma pequena dívida, secreta, no cartão de crédito, mas não queria pedir ajuda. Pegar dinheiro emprestado para o aluguel, ou para pagar a conta do médico, ou até, em um surto de ambição equivocada, para comprar meu próprio vestido transpassado, sempre me pareceu um fracasso em várias frentes. Tinha vergonha de não conseguir me sustentar, e vergonha porque meus pais, generosos e clementes, na verdade subsidiavam uma agência literária de sucesso. Me restava mais um ano no plano de saúde deles. A situação não era sustentável. Eu não era sustentável.

Meus pais sempre esperaram que eu me formasse em medicina ou direito, mergulhasse em algo estável e seguro. Tinham uma vida confortável — minha mãe, escritora, trabalhava com organizações sem fins lucrativos, meu pai era da área de serviços financeiros —, mas enfatizavam a independência. Meu irmão, que se formara antes da crise, já contava com uma carreira bem-sucedida quando tinha a minha idade. Nenhum deles entendia a lenta combustão da hierarquia editorial nem o glamour surrado, nostálgico, do setor. Minha mãe volta e meia perguntava, com delicadeza, por que eu ainda era assistente — fazia café, pegava casacos — aos 25 anos. Ela não estava pedindo uma explicação estrutural.

Meus desejos eram genéricos. Queria achar meu lugar no mundo e ser independente, útil e bondosa. Queria ganhar dinheiro para me sentir firme, segura e valorizada. Queria ser levada a sério. Mais do que tudo, queria que ninguém se preocupasse comigo.

Embora tivesse uma suspeita constante de que os fundadores da startup de e-books tentavam obter um lugar no lado ruim das questões que me interessavam — o lado da superloja on-line, o lado que já estava ganhando — à custa dos editores, autores e agentes, eu invejava a petulância deles em relação ao futuro. Havia algo de incomum e cativante em quem tinha uma visão de como o mercado poderia evoluir e um sinal verde para seguir em frente.

Eu não sabia que 3 milhões de dólares eram uma rodada modesta de arrecadação de fundos. Não sabia que a maioria das startups fazia mais de uma rodada, e 3 milhões de dólares eram trocados, uma quantia experimental. Para mim, essa soma de dinheiro era uma bandeira fincada no chão, um sinal de permanência, tão boa quanto um cheque em branco para seguir adiante e assumir o controle. O futuro do mercado editorial estava ali, presumi. Eu queria participar.

* * *

Fui trabalhar na startup de e-books no começo de 2013, depois de uma série de entrevistas vagas e informais. Fui criada para ter expectativas a respeito de certo estereótipo do techie — antissocial e sujo, sedento de sexo e desajeitado —, mas os fundadores, que jamais se refeririam a si mesmos como techies, imediatamente derrubaram essa concepção. O CEO era ágil, confiante e tinha traços finos, e o CTO, diretor de tecnologia, um desenvolvedor de sistemas de fala macia, era modesto e paciente. O fundador chefe de criação, que se referia a si mesmo como CPO ou diretor de produto, era de longe o meu predileto. Havia estudado artes na Costa Leste e usava jeans tão justos que eu tinha a impressão de já conhecê-lo: era igual a meus amigos de faculdade, só que bem-sucedido. Eu era a mais velha da turma.

A conversa com os fundadores fora tão natural, e as entrevistas tão mais parecidas com cafezinhos com pretendentes do que com os costumeiros interrogatórios formais, suarentos, que eu tinha vivido em outros lugares, que a certa altura me perguntei se talvez os três não quisessem apenas ser meus amigos. Tinham, afinal, acabado de se mudar para o outro lado do país. Não que quisessem morar em Nova York — era claro que prefeririam a energia do Oeste —, mas precisavam ficar mais perto do mercado em que estavam inovando, para construir parcerias. Como o santo padroeiro das empatias equivocadas, especulei que talvez estivessem apenas solitários.

É claro que não estavam solitários. Sentiam-se focados e satisfeitos. Todos os três andavam de barba feita e tinham pele boa. Usavam camisas sempre impecáveis e recatadamente abotoadas até a clavícula. Namoravam havia muito tempo mulheres altamente funcionais, mulheres de cabelos lindos com quem faziam exercícios e iam a restaurantes que exigiam reservas. Moravam em apartamentos de um quarto em Downtown e não tinham necessidade aparente de psicoterapia. Compartilhavam uma visão e um plano estratégico. Não tinham vergonha de falar nisso, não tinham vergonha de ser abertamente ambiciosos. Recém-saídos de cargos de início de carreira e prestigiosos estágios de verão em grandes empresas de tecnologia na baía de San Francisco, falavam do trabalho como veteranos da área, como quem trabalhou a vida inteira no mundo corporativo. Eram generosos em seus conselhos profissionais não solicitados, como se não tivessem trabalhado em um lugar por um ou dois anos, mas construído carreiras célebres. Eram ambiciosos. Eu queria tanto ser como eles — e ser valorizada por eles.

Como a função havia sido criada especialmente para mim, o cargo seria por um período de experiência de três meses. O âmbito e as responsabilidades eram nebulosos para todos nós: alguma curadoria dos títulos que entrariam no aplicativo, um pouco de revisão de texto, várias tarefas administrativas. Como funcionária de período integral, receberia vinte dólares por hora, de novo sem benefícios. O dinheiro não parecia ser muito no início, mas calculei o salário anual e fiquei contente ao ver que correspondia a 40 mil dólares.

Meus amigos do mercado editorial ficaram céticos quando lhes disse onde trabalharia. Tinham muitas perguntas que eu não me sentia à vontade para responder. O modelo de assinatura não prejudicaria os direitos autorais? Não era essencialmente uma apropriação cínica, capitalista, do sistema de bibliotecas públicas? Um aplicativo desse não era, na melhor das hipóteses, parasitário? Era tão diferente assim da superloja on-line? E será que o sucesso do aplicativo não viria à custa da comunidade e da cultura literárias? Eu não tinha uma boa resposta para a maioria dessas preocupações. De modo geral, tentava não pensar nelas.

Convencida e orgulhosa, entendia que grande parte das perguntas dos meus amigos queria dizer, pura e simplesmente, *E a gente?*.

O escritório da startup ficava a um quarteirão de Canal Street, em um bairro que o CEO chamava de Nolita, o CTO chamava de Little Italy e o CPO chamava de Chinatown. As redondezas ficavam cheias de turistas nos dias úteis, abarrotada de adultos devorando cannoli com bastante recheio e bebendo expresso em copinhos descartáveis enquanto os filhos miravam vitrines de queijos parmesão empoeirados. O escritório estava menos para escritório e mais para uma mesa vazia na sede tipo loft de uma startup mais estabelecida, que permitia às pessoas comprar e vender arte na internet, em leilões — um modelo de negócios que eu não entendia direito, pois o divertido dos leilões, eu sempre havia imaginado, era a exibição afetada, exaltada, de riqueza e superioridade. Na época, não me dava conta de que, para o pessoal do setor de tecnologia, tais manifestações de riqueza não eram apenas cafonas, mas também antiquadas. Não havia nada mais civilizado do que esconder a grana atrás do navegador de internet.

O loft tinha um assoalho de madeira que rangia e uma bancada de cozinha comprida em uma das paredes, que abrigava um monte de suportes de filtro de café e pacotinhos de grãos de café artesanais de vendedores locais. Os banheiros tinham chuveiro. No meu primeiro dia, ao chegar à mesa, deparei com um presente de boas-vindas: uma pilha de livros de capa dura sobre tecnologia, com dedicatórias dos fundadores e gravados com o sinete do logotipo da empresa: uma ostra, inevitavelmente vaginal, com uma pérola perfeita.

A startup de e-books tinha milhões em recursos financeiros e nomes de cargos que sugeriam uma mão de obra robusta e organizada, mas o aplicativo em si ainda era um alfa confidencial, usado apenas por um punhado de amigos, parentes e investidores. Havia somente mais um funcionário, um desenvolvedor de aplicativos para celular chamado Cam, que os fundadores haviam se empolgado em roubar de um app de edição de fotos. Nós cinco nos sentávamos ao redor da mesa de mogno nos fundos do loft, tomando café, como se estivéssemos em uma eterna reunião da diretoria.

Pela primeira vez na minha carreira, eu tinha alguma experiência. Os homens pediam minha opinião — sobre a experiência de leitura do aplicativo, sobre a qualidade do catálogo, sobre a melhor forma de cair nas graças das comunidades de leitores on-line — e prestavam atenção às respostas. Apesar de não entender bem a infraestrutura técnica e ter poucas sacadas de estratégia, eu me sentia útil. Era sensacional ver as peças móveis de um negócio se encaixarem, sentir que podia dar minha contribuição.

Para comemorar o aniversário do CTO, fomos a Midtown para ver um filme sobre especialistas em contraterrorismo. O filme começava com uma montagem de áudio de telefonemas feitos por gente presa no World Trade Center durante o Onze de Setembro. Não queria continuar assistindo, mas mais do que isso eu não sabia como sair com elegância sem ter que explicar que tinha visto aquilo tudo acontecer aos catorze anos, da janela da minha aula de espanhol no colégio, à distância de quatro quarteirões das torres.

Cogitei simular algo biológico: gastroenterite, menstruação. Cogitei sair à francesa. Me senti mal por não ter feito uma pesquisa sobre o filme, me senti mal por não conseguir ser uma pessoa normal com vivências normais fazendo uma coisa normal, como curtir um filme de ação com meus colegas sem chafurdar num transtorno de estresse pós-traumático não resolvido. Me remexi tanto que perdi um brinco no cinema, e quando as luzes se acenderam após os créditos, o CTO se ajoelhou para procurá-lo, pedindo com gestos que os outros ajudassem. Fiquei constrangida ao vê-los tateando o chão, e me mexi para que passassem as palmas no carpete sintético grudento por mim. Depois de esperar alguns segundos, exclamei que eu tinha achado, e os garotos comemoraram. Todo mundo se levantou para abotoar os casacos e pegar as mochilas; ninguém reparou quando tirei o brinco restante e o enfiei nos fiapos do meu bolso. Passamos à luz do fim do inverno e fomos para um restaurante de doces japonês. Nunca tinha ido a um restaurante de doces, que dirá um japonês. Os garotos ficaram encantados com a variedade. Uns lembravam aos outros que a conta seria paga com o cartão de crédito corporativo, e exageraram nos pedidos. Sentada com os quatro, vendo como enfiavam a colher nas sobremesas uns dos outros, resistindo quando empurravam os pratos na minha direção para ter certeza de que eu tinha provado tudo, tentei imaginar o que os outros clientes pensavam do nosso grupo. Eu me sentia uma baby-sitter, a vela, a acompanhante, a irmã caçula, a esposa, a concubina. Me sentia indescritivelmente sortuda. No fim da noite, caminhei sozinha por Downtown até a estação de metrô mais distante possível, saboreando.

Fiz amizade com Cam, o outro funcionário que não era fundador. Durante o horário de almoço nos aventurávamos pelo bairro e voltávamos com sanduíches ou caixas de plástico gotejantes de comida vietnamita, que comíamos na sala de reuniões enquanto ele pacientemente respondia minhas perguntas sobre a diferença entre desenvolvimento front-end e programação back-end. De vez em quando, falávamos dos ônus e responsabilidades de sermos os funcionários um e dois de uma startup que, apesar de ainda não ter um produto aberto ao público, já era considerada fantástica. "Acho que foi um ótimo momento para a gente entrar para a empresa", ele me garantia. "Acho que estamos muito bem situados." Ou ele não sabia que eu era terceirizada ou estava otimista com a possibilidade de que eu fosse contratada como funcionária de fato depois do período de experiência.

Cam tinha um jeito amável, comedido. Amava a namorada e o gato dela, e eu adorava ouvi-lo falar deles. A única vez que o vi se exaltar foi quando organizei um clube do livro na empresa e nenhum dos fundadores levou a ideia adiante. Estavam ocupados demais criando o aplicativo, disseram. Quem tinha tempo para clube do livro? Eu compreendi e não me importei muito, mas Cam os repreendeu no chat da empresa e depois me levou para tomar sopa. Insistiu que eles tinham sido grosseiros e estavam errados; insistiu que eu me empenhava muito para desenvolver uma cultura organizacional.

Tratava-se de uma verdade apenas parcial. Depois das primeiras semanas, durante as quais escrevi os textos do site, tentei ajudar na seleção de engenheiros a partir de uma lista pequena de universidades de primeira linha e editei o acordo de privacidade do usuário para deixá-lo com mais cara de amigo do que de advogado, a minha impressão era de que em grande medida os fundadores estavam me pagando mais do que deviam para procurar um espaço mais permanente a fim de montar o escritório e encomendar guloseimas: saquinhos pequenos de biscoitos de queijo, barrinhas minúsculas de chocolate, copos de iogurte de blueberry.

A ideia de comer guloseimas no trabalho era nova para mim. Na agência literária, comer no trabalho em horários que não o de almoço era motivo de uma boa dose de vergonha, e abocanhar um bagel ou devorar um saquinho inteiro de pretzels da bodega era, na minha opinião, uma atitude vista como desleixada e pouco profissional. Em empregos anteriores, minha incapacidade de manter intacto meu almoço feito em casa até o horário de comê-lo era uma manifestação da minha falta de autocontrole, a razão pela qual eu ainda era gorducha como um bebê em uma idade em que a gordura poderia se dever ao pós-parto, mas era só eu mesma: eu era o bebê. Os garotos, por outro lado, faziam lanchinhos ao longo do dia. Comiam batatinhas na frente do computador e limpavam as mãos em papel-toalha, sacudiam água com gás e amassavam as latas ao lado dos teclados. Meticulosamente, eu percebia suas preferências e tentava manter as coisas interessantes: uma caixa de tangerina numa semana, saquinhos de pipoca com cheddar na seguinte.

Tendo Cam em mente, tomei para mim o dever de estimular a cultura organizacional. Insisti com o clube do livro e os fundadores continuaram a esnobá-lo. Organizava saídas da equipe, inclusive uma visita a uma luxuosa biblioteca particular que pertencera a um famoso financista, um gigante do sistema bancário do século XIX. Percorremos o edifício, admirando as imponentes estantes de livros que cobriam paredes de cima a baixo, as escadas serpenteantes e o teto pintado de ouro, tirando fotos e postando-as nas redes sociais. Era essa a sensação que o aplicativo deveria causar, todos concordamos: luxuosa, mas não intimidadora; infinita.

A biblioteca particular foi um sucesso, mas a verdade é que três homens de vinte e poucos anos com milhões no banco não precisavam de mim para levá-los a excursões com temática de leitura. O custo-benefício seria melhor para eles caso pedissem as próprias guloseimas. Apesar do incentivo de Cam, tampouco precisavam de mim para criar a cultura organizacional. Não precisavam de mim para nada, na verdade. A cultura, na medida em que nossa empresa minúscula tinha uma, girava em torno dos fundadores. Embora às vezes batessem boca, nunca vi nenhum deles sair bravo da sala de reunião. Pareciam estar no auge da felicidade ao relaxar no sofá, jogando video game juntos e tomando cervejas nacionais. Não precisavam fomentar o espírito de equipe ou criar laços, e em geral não era isso o que estávamos fazendo. Estávamos criando uma empresa — ou eles estavam, e eu apenas observava.

Quando achamos um espaço novo para o escritório, num dos melhores quarteirões do Flatiron — uma área da cidade que certas pessoas chamavam, em um ato de insolência taxonômica, de Viela do Silício —, descobrimos que ali também funcionava outra startup, mas dessa vez a situação era diferente. A startup que assinara o contrato de aluguel trabalhava em alguma coisa no ramo de mídia, e o número de funcionários havia crescido e diminuído como se a empresa vivesse um efeito sanfona. Em uma reunião da equipe, nosso CEO confidenciou, em tom sério, que a startup de mídia já tinha pivotado inúmeras vezes. Perguntei o que ele queria dizer, e todos os quatro homens me olharam com desconfiança. Pivotar significava que eles haviam mudado o modelo de negócios na tentativa de gerar receita. Pivotar queria dizer que estavam preocupados com o rumo. Pivotar indicava que serviam de lição para os outros. Restaram somente os dois fundadores, encolhidos em um canto. Todo mundo foi despedido quando o financiamento acabou.

O fantasma desses funcionários demitidos rondava, um lembrete para me esforçar mais. Passávamos a maioria dos dias debruçados em nossas mesas, trocando mensagens frenéticas uns com os outros, de lados opostos do escritório esparsamente mobiliado. Fazíamos almoços sincronizados e discutíamos estratégia. Voltávamos aos nossos computadores e evitávamos contato visual com assiduidade. Tínhamos reuniões longas e veementes sobre parcerias e design, e pedíamos pizza quando as reuniões entravam noite adentro. Tudo parecia urgente, de vital importância.

Uma semana, o CEO nos convocou à sala de reunião para

apresentar a proposta de venda que usara ao encontrar editores. Começou afirmando que nossa época era a do modelo de assinatura. Os millennials, ele disse, como se não fizéssemos parte dessa geração, estavam menos interessados em posse do que em experiências. Não era apenas uma nova estratégia de mercado, mas uma ideologia cultural. Plataformas digitais pioneiras em economias de compartilhamento e assinatura possibilitavam que as pessoas vissem filmes e ouvissem álbuns e jogassem video games, alugassem vestidos de festa e ternos, reservassem quartos na casa de estranhos e pegassem carona com desconhecidos. Isso havia impactado a música, o cinema, a televisão, o varejo e o transporte. Era chegada a hora dos livros. O CEO passou ao slide que exibia os logotipos de várias plataformas de assinatura bem-sucedidas, com nosso logotipo no centro.

Produtos tecnológicos eram produtos de estilo de vida, declarou o CEO. À medida que continuava a apresentação, ficava evidente, para mim, que a utilidade do aplicativo de leitura digital não era tanto a leitura, mas sim a indicação de que a pessoa era do tipo que *poderia* ler, e que usaria um aplicativo com experiência de leitura moderna e design inovador, intuitivo. O usuário ideal do aplicativo, compreendi, era a pessoa que se considerava leitora, mas na verdade não era: a licença custava dinheiro e todo mundo que lesse mais que alguns poucos livros por mês poderia gerar uma despesa com licenciamento que suplantava a taxa de assinatura. Livros eram uma oportunidade, disse o CEO, mas não o objetivo final. Era apenas um tipo de conteúdo, e só o primeiro passo. Expansão: *este* era o objetivo final. Provavelmente. Eu tinha fé de que eles descobrissem.

O CEO nunca admitiu que o motivo do interesse dos millennials por experiências — como alugar coisas que jamais poderiam ter — estava relacionado à dívida estudantil, ou à recessão, ou à queda do valor mercadológico dos produtos culturais na era da distribuição digital. Não havia crise nessa visão do futuro. Havia apenas oportunidades.

Tentei decidir se poderia acreditar nisso. O CEO era charmoso, comprometido com a empresa e sua visão. Talvez ele e os outros dois fundadores também fossem brilhantes. Os investidores deles no Vale do Silício deviam achar que eram. Mas pareciam praticamente indiferentes à parte dos negócios com que eu mais me importava — os livros. "Hemingway" estava escrito da forma errada na apresentação do CEO: ele havia duplicado o "m".

O mais relevante era que o modelo — que começava com livros e seguia assim — parecia próximo demais àquele da superloja on-line. Comecei a me questionar por quê, exatamente, tinham me contratado. Vinha funcionando sob a premissa vaidosa de que era porque eu tinha algum conhecimento sobre livros: poderia ser uma ponte entre os guardas antigos e os novos. Eu me imaginava uma tradutora; me imaginava essencial. Mais tarde, depois de entender melhor o interesse de todo o mercado em promover as mulheres na tecnologia — se não no topo da hierarquia, pelo menos nos materiais de marketing empresarial —, me reservaria o direito de considerar que talvez eu fosse mais importante para a estética do que crucial para os negócios.

O que eu tampouco entendia na época era que os fundadores esperavam que eu fizesse meu próprio trabalho, sem instruções deliberadas. A marca da pessoa ativa, do verdadeiro espírito empreendedor, era criar o emprego que queria e fazê-lo parecer indispensável, mesmo que fosse desnecessário do ponto de vista institucional. Tratava-se de uma estratégia existencial para a própria indústria tecnológica, e não me ocorria naturalmente. Minha imaginação ainda era talhada pelos parâmetros do mercado editorial: sugeri que a startup de e-books promovesse uma série de leituras como forma de se unir à comunidade literária. Talvez devêssemos lançar um blog de livros, ponderei. Em vez disso, a startup mandou caminhonetes de café artesanal para distribuir drinques de expresso gratuitos e docinhos em conferências do setor, onde historicamente o material promocional empolgante consistia em ecobags ou em provas antecipadas de um autor estreante na ficção literária. Eu tinha dificuldade de bolar estratégias em grande escala.

"Ela está interessada demais em aprender, não em fazer", o CEO digitou uma vez no chat da empresa. Foi um acidente — ele queria falar só com os outros dois fundadores. Nos amontoamos na sala de reunião e ele se desculpou demonstrando sinceridade, enquanto as palavras rodavam sem parar na minha cabeça. Eu sempre tivera interesse em aprender, e sempre fora recompensada por isso; aprender era o que eu fazia melhor. Não estava acostumada ao tipo de liberdade e autonomia que os fundadores tinham. Me faltavam a autoconfiança deles, a petulância. Não sabia das máximas das startups de experimentar e "dominar" as coisas. Nunca tinha ouvido a fórmula mágica da área tecnológica: *peça perdão, não permissão.*

Em uma tentativa de me educar, lia posts de blogs sobre a mentalidade das startups e fiz o possível para imitá-la. O CEO havia publicado um artigo assim um ano antes, intitulado "Como gerar impacto durante o primeiro mês de seu emprego em uma startup", e me ressenti de não ter visto o que estava na cara. Assuma o controle, ele recomendara no post. Seja otimista. Anote suas opiniões.

No final das contas, recorri a escrever e-mails longos, constrangedores e espontâneos aos fundadores, declarando minha paixão pela leitura. Um aplicativo de leitura digital precisava de uma leitora apaixonada em seus quadros, eu tinha certeza — talvez não soubesse como ser uma boa funcionária de startup, não por enquanto, pelo menos, mas certamente se beneficiariam da minha presença na equipe. Eu era uma espécie de grupo de discussão de uma só pessoa. Depois de vários e-mails longos e sentimentais e outra discussão dolorosa cara a cara na sala de reunião, estava claro que não existia possibilidade de eu ficar. Esse não era o momento certo na jornada da empresa, eles disseram, para alguém como eu se atualizar. As áreas em que eu poderia agregar valor demorariam um tempo para serem ativadas.

Todos os fundadores queriam me ajudar a achar outro emprego. Supunham que eu quisesse continuar trabalhando na área de tecnologia, e não os desiludi. Eu relutava em voltar ao mercado editorial. Tinha tentado me arriscar sozinha e fracassado. Além disso, tinha sido uma traíra ao participar de uma startup que tentava sacudir o universo do livro, e não queria encarar a possibilidade de que talvez não fosse bem-vinda.

Também tinha sido mimada pela velocidade e a mente aberta da indústria tecnológica, o otimismo e o senso de possibilidade. No mercado editorial, ninguém que eu conhecia comemorava uma promoção. Ninguém da minha idade se empolgava com o que viria a seguir. A tecnologia, por outro lado, prometia o que poucos setores ou instituições poderiam prometer na época: um futuro.

A maioria da rede de contatos profissional dos fundadores — as outras startups nos portfólios dos investidores de capital de risco — vivia na baía de San Francisco. O diretor de produto falava com saudade da Califórnia. "Afirmo que San Francisco é o melhor lugar para ser jovem", ele me disse. "Você devia tentar ir para lá antes que seja tarde demais." Queria lhe dizer que ainda me achava jovem: tinha só 25 anos. Na verdade, respondi que ia tentar.

Todo mundo que eu conhecia em San Francisco já tinha ido embora. Nossa turma da faculdade havia se formado justamente na recessão, e, apesar de a maioria de nós ter se arrastado a Nova York para competir por estágios não remunerados e outros restos de uma economia em ruínas, quem se mudou para a Costa Oeste se negava a entregar-se ao desespero. Preferiram se esconder por um tempo, dedicar-se à arte. Moravam em apartamentos ensolarados, aceitavam trabalhos terceirizados de meio período e tinham vidas sociais complicadas, desgastantes. Experimentavam alucinógenos e poliamor sem restrições; fumavam baseados, dormiam até tarde e bebiam durante o dia; iam a festas de BDSM e em seguida devoravam burritos. Criaram bandas e faziam um ou outro trabalho sexual. Passavam os fins de semana nas montanhas ou no mato ou na praia, acampando ou fazendo trilhas e participando de outras atividades saudáveis de que fazíamos piada em Nova York.

Essa utopia não durou muito. Estava sendo substituída pelo inferno do capitalismo tardio, meus amigos contaram. Os aluguéis disparavam. Galerias de arte e casas de espetáculos fechavam as portas. Bares inundavam-se de homens de vinte e poucos anos usando blusas com marcas de empresas, homens que nunca terminavam a cerveja e reclamavam sempre que alguém na calçada fumava um cigarro perto demais da porta. Homens que usavam tênis de corrida em boates. Homens que diziam "K" em vez de "mil".

Sites de namoro estavam apinhados de tímidos esperançosos que listavam, a sério, guias de gestão de negócios entre seus livros prediletos e chegavam a jantares com mochilas estampadas com o nome de seus empregadores. Jovens CEOs davam as caras em orgias na expectativa de brincar com outros jovens CEOs. Meus amigos, cobertos de purpurina e usando tapa-sexos mínimos, chapados de ecstasy, se pegavam marchando no desfile anual do Orgulho LGBT ao lado de carros alegóricos de cores primárias, condizentes com a identidade das marcas, adequados à família inteira, projetados por gerentes de marketing digital heterossexuais.

A cidade tinha começado a se curvar aos desejos sob demanda de recém-formados com contas bancárias polpudas. Até Oakland se tornava insustentável para artistas e escritores que trabalhavam como caixas de mercado ou instrutores de ioga com credenciais vagas. Não havia empregos, meus amigos diziam, a não ser que você quisesse trabalhar em uma empresa de tecnologia. Nem era preciso dizer que nenhum deles queria. Em poucos anos, já haviam partido para bairros gentrificados em Nova Orleans ou Los Angeles, ou tomado o rumo da pós-graduação, suas trajetórias de voo e viagens de carro cruzando o país, cumprindo também a função de marchas fúnebres por uma cidade amada, todos me garantiam, que já não existia mais.

Quando fui a San Francisco, na primavera, para ser entrevistada para um cargo na assistência técnica de uma startup de análise de dados, não mencionei o fato aos meus amigos que já haviam deixado a baía. Tinha medo da reação deles caso soubessem que eu visava um emprego no setor de tecnologia, que não tinha uma pitada sequer de interesse em me juntar às pessoas que eles culpavam por sua debandada — as pessoas que lhes haviam estragado a diversão. Peguei o trem do aeroporto até a cidade me sentindo uma traidora, marginalizada.

Usando a plataforma que os millennials adoravam usar para alugar quartos de estranhos, agendei um quarto no bairro Mission, em um apartamento que era de um casal na faixa dos cinquenta anos. Foi minha primeira vez no aplicativo, e, quando parei na entrada de uma casa vitoriana clara, me senti uma órfã da literatura do século XIX, uma criança prestes a embarcar em uma nova aventura. "Bem-vindo ao lar", os materiais de marketing da plataforma de compartilhamento de casas dizia, exalando um carinho familiar em cores alegres, arrojadas. Embora o site enfatizasse a coletividade, o aconchego, uma vida mais rica por meio de novas relações e novas experiências, meus anfitriões me receberam com frieza — um lembrete de que se tratava, acima de tudo, de uma transação comercial.

Quando me levava ao meu quarto — toalhas para hóspedes no baú, limoeiro no quintal —, o marido me perguntou o que eu fazia na cidade. Expliquei com certo receio que estava lá para uma entrevista em uma startup. Sabia que havia tempos o bairro era um enclave de artistas, ativistas e outros grupos sem grana suficiente para conquistar o próprio espaço em processos ligados à moradia. Queria ser delicada. Ele assentiu, ciente, sem tecer juízos, e deu de ombros. "Nós temos hóspedes sem parar", declarou. "Acho que dá para dizer que também trabalhamos para uma startup."

Dava mesmo? Ele e a esposa tinham largado o emprego, no terceiro setor, para oferecer as armadilhas de uma experiência urbana autêntica — diferente o bastante para ser interessante, mas genérica o bastante para ser confortável — a turistas e intrusos como eu. Eles dormiam no porão. Não eram empregados. Eram parte do produto.

Era minha primeira vez pagando para ficar na casa de estranhos. O apartamento era limpo e aconchegante, cheio de móveis estofados e tigelas de frutas, mas eu não sabia se relaxar no sofá com um livro ou pegar utensílios de cozinha emprestados para cortar um pêssego maduro seria uma violação dos termos de serviço da plataforma de compartilhamento de moradia — tinha alugado só um quarto, afinal. As regras falavam bastante das responsabilidades da empresa, mas não entravam em detalhes sobre comportamento. Para garantir, eu andava com cuidado do meu quarto ao banheiro, como se o corredor fosse uma trilha sulcada — como se estivesse invadindo, me intrometendo em uma família e uma vida que não eram minhas.

A entrevista fora agendada com a ajuda do CEO da startup de e-books, e ele me informou que o setor de big data estava em alta. Segundo ele, a startup analítica — fundada apenas quatro anos antes por pessoas que tinham largado a faculdade — havia se infiltrado no mercado com uma rapidez e uma ferocidade impressionantes. A empresa tinha 12 milhões de dólares em financiamento de risco, milhares de clientes e dezessete funcionários. "Nossos investidores dizem ser o próximo unicórnio", o CEO da startup de e-books disse com entusiasmo, recostado na cadeira. "É uma espaçonave." Era fácil me levar a querer algo.

Assistência técnica não me causava grande animação, mas era um emprego de início de carreira que não exigia noções de programação. Formada em sociologia com conhecimento de ficção literária e três meses de experiência em aquisição de guloseimas, supus que não estivesse em condições de ser exigente. Os fundadores da startup de e-books afirmavam que assistência técnica era uma situação provisória. Se me empenhasse, todos os três concordavam, eu logo me veria em uma função mais interessante, autônoma, imponente. Eu não sabia que no setor tecnológico qualificações — pelo menos as mais tradicionais, como mestrado, doutorado ou experiência — eram irrelevantes quando desbancadas pela determinação entusiástica. Ainda me portava como uma jovem profissional em um mundo em que galgar degraus importava.

Na tentativa de me supervalorizar, desenvolvi a teoria, ainda que frágil, de que a análise de dados era uma extensão natural da minha formação na área de humanas. A startup de e-books usara software de análise para rastrear nossos usuários alfa por meio do aplicativo, e eu gostava de olhar alguns dos dados: o que nossos investidores estavam lendo, e abandonando; se as pessoas liam ou não liam obras em domínio público com capas criadas pelo CPO, que tínhamos feito para estimular a biblioteca. Sob certa luz, eu tentava me convencer, a área de análise de dados para a gestão de negócios poderia ser vista como uma forma de sociologia aplicada.

Na noite da véspera da entrevista, na privacidade do meu quarto alugado, li entrevistas e perfis elogiosos dos fundadores da startup analítica, que agora tinham 24 e 25 anos. De acordo com blogs de tecnologia, eram apenas dois estudantes menores de idade com um estágio no Vale do Silício e um sonho engenhoso, prático, facilmente factível, de um mundo conduzido pela potência do big data. Foi um sonho que agradou muito o comitê de admissões de uma renomada aceleradora em Mountain View, que oferecia financiamento e conexões em troca de uma participação de sete por cento na empresa. O slogan da aceleradora era uma exortação inspiradora para que os fundadores fizessem o que as pessoas queriam — não, reparei, o que precisavam. Alardeava um punhado de histórias de sucesso — um aplicativo de entrega de compras, um site de live streaming, a plataforma de compartilhamento de casas — bem como centenas de fracassos. O CEO e o CTO tinham abandonado a faculdade no Sudeste para se juntar à aceleradora, depois se alistaram em tempo integral no ecossistema.

Alguns meses antes, um blog de tecnologia havia publicado um artigo anunciando a primeira grande rodada de arrecadação de fundos da startup de análise, de 10 milhões de dólares. Quando lhe perguntaram como gastaria o novo financiamento, o CEO deixou claras suas prioridades: pagaria os primeiros cem funcionários bem acima do valor de mercado e mimaria os empregados atuais a fim de mantê-los na empresa. Essa era a linguagem da aquisição de clientes, mas eu não sabia. Tampouco pensava em estratificação: como o centésimo primeiro funcionário se sentiria. Nunca tinha trabalhado em nenhum lugar com cem pessoas — nunca tinha trabalhado em nenhum com vinte. Nem preciso dizer que nunca tinha trabalhado em nenhum lugar que quisesse mimar os funcionários e tivesse como fazê-lo. Que generosidade, pensei. Achei a tenacidade cativante.

Quando cheguei à sede da startup de análise, me surpreendi ao perceber que a empresa inteira era do tamanho de uma noz. O escritório, no entanto, era enorme — tinha pelo menos 650 metros quadrados, com assoalho de cimento polido, e basicamente sem móveis. Cerca de quinze empregados estavam apinhados no outro canto da sala, todos de olhar fixo nos monitores, como se prestes a descobrir alguma verdade sensacional. Alguns estavam diante de mesas elevadas, as pernas abertas com vigor, os pés amortecidos por esteiras de borracha. Toda a estação de trabalho tinha seu aglomerado colorido: vasos de suculentas e outras plantas agonizantes, bonecos de anime e pilhas de livros, garrafas de bebidas boas. Em uma delas se empoleirava um obelisco de latas vazias, carcaças do mesmo energético cheio de cafeína. O arranjo sem divisórias fazia o ambiente lembrar uma sala de aula. Ninguém ali parecia ter mais de trinta anos.

Fiquei parada na porta e contei as mulheres. Eram três. Usavam jeans e tênis, cardigãs grandes por cima da blusa. Eu tomara cuidado ao me vestir com um vestido folgado azul, botas de salto alto e um blazer fino. Era o que sempre vestia em entrevistas, e achava que indicava profissionalismo e seriedade. No mercado editorial, um traje como esse era bonito, mas ainda desmazelado o suficiente para não ser intimidador. Na startup, me senti uma policial especializada em narcóticos. Tirei o blazer da forma mais discreta possível e o enfiei na bolsa de lona.

A primeira entrevista foi com o gerente da equipe de soluções, a divisão que lidava com a clientela. Ele era corpulento e hirsuto, usava jeans desbotado e uma camiseta da empresa que declarava SOU BASEADO-EM-DADOS. Me contive para não perguntar se os hifens não estavam sobrando. Ele se sentou diante de uma das cadeiras ergonômicas, se recostou e ficou se balançando um pouquinho, como um bebê. Pela porta de vidro da sala de reuniões, onde estava grudada uma tabuleta escrita à mão designando-a O PENTÁGONO, vi um homem magro de camisa xadrez passar rebolando em um skate de duas rodas chamado RipStik, balançando um braço para manter o equilíbrio e berrando com entusiasmo em um celular dourado.

O gerente de soluções pôs os cotovelos na mesa e se inclinou em minha direção, explicando que veríamos juntos uma série de perguntas para que eu demonstrasse como solucionava problemas. "Então", ele disse, como se me pedisse para lhe contar um segredo, "como você calcularia o número de pessoas que trabalham para o Serviço Postal dos Estados Unidos?" Ficamos um instante em silêncio. Eu não calcularia, pensei: olharia na internet. Me perguntei se talvez não fosse um teste da minha tolerância a papo furado e ineficiência — se a resposta mais atrevida não poderia ser a resposta certa. Não fazia ideia do que o gerente de soluções queria. Em seguida, ele me entregou um marcador e apontou para o quadro branco. "Que tal você ir até o quadro e me mostrar como resolveria a questão?", pediu. Não era uma sugestão.

Nas quatro horas seguintes, o gerente de soluções e o homem magricelo que eu tinha visto de passagem, um engenheiro de vendas, me conduziram por uma série de perguntas e quebra-cabeças. O engenheiro de vendas parecia ter mais ou menos a minha idade, e sua energia naturalmente pachorrenta e frenética contagiava. Suas falas eram empesteadas por aforismos populares. "Massageia meu ego", ele disse quando elogiei a enorme fivela de seu cinto. "Agora sim estamos pondo a mão na massa", comentou ao me ensinar a inverter uma combinação de caracteres no quadro branco, antes de pedir que eu repetisse o procedimento.

Tanto o engenheiro de vendas como o gerente de soluções só se referiam ao software de análise de dados como "a ferramenta". Ambos fizeram perguntas constrangedoras e exasperantes. "Qual foi a coisa mais difícil que você fez na vida?", indagou o gerente de soluções, girando a aliança de casamento sem parar. "Como explicaria a ferramenta à sua avó?"

"Como descreveria a internet a um agricultor medieval?", perguntou o engenheiro de vendas, abrindo e fechando os botões perolados de sua camisa, enfiando, de maneira ponderada, a mão até o cós da calça.

Como a entrevista na startup de e-books tinha sido tranquila e cômoda, eu esperava a mesma coisa da empresa de análise. Ninguém tinha me avisado que em San Francisco e no Vale do Silício entrevistas eram de fato punitivas, mais um rito de iniciação do que um incontestável sistema de seleção. Uma gigante dos motores de busca em Mountain View era famosa pelos quebra-cabeças das entrevistas, e, embora já tivesse censurado a prática, declarando-a inútil como indício do desempenho futuro no emprego, outros insistiam em conservá-la como tradição: aprender com os erros de outra empresa adquiria um novo sentido quando eles haviam se mostrado lucrativos. Por toda a baía, candidatos periodicamente tinham que responder a perguntas como "Quantos metros quadrados de pizza são consumidos nos Estados Unidos por ano?" e "Quantas bolas de pingue-pongue seriam necessárias para encher um avião?". Algumas delas, feitas para determinar se o entrevistado era compatível culturalmente, haviam sido sacadas da cafonice digna da quinta série. "Se você fosse um super-herói, qual seria o poder que teria?", perguntavam profissionais de recursos humanos, com ar sério. "Quando você entra numa sala, qual é sua música-tema?" Naquela tarde, a minha era um canto fúnebre.

Depois de algumas horas, o CTO entrou na sala de reuniões, parecendo autoconfiante em seu despreparo. Ele observou, com um pedido de desculpas, que não fizera muitas entrevistas e não tinha muito o que perguntar. Porém, explicou, o gerente administrativo programara uma hora para a nossa conversa.

Eu achava que tudo bem: imaginei que conversaríamos sobre a empresa, eu faria as habituais perguntas complementares, e finalmente eles me deixariam ir embora, como uma aluna do ensino fundamental, e a cidade absorveria a mim e a minha humilhação. Em seguida, o CTO me disse que a namorada ia tentar entrar na faculdade de direito, e ele a estava ajudando a se preparar. Em vez de uma entrevista convencional, disse, simplesmente me daria uma seção da prova de admissão. Observei seu rostinho de bebê à procura de sinais de que estava brincando.

"Se você achar que tudo bem, vou ficar aqui checando meu e-mail", ele comentou, deslizando o teste até meu lado da mesa e abrindo o notebook. Em seguida, ligou um cronômetro no celular.

Terminei cedo, como sempre superando as expectativas. Verifiquei o teste duas vezes. Brinquei que nunca tinha chegado tão perto de me candidatar à faculdade de direito — minha mãe morreria de orgulho. O CTO me deu um sorrisinho, pôs as folhas debaixo do computador e saiu da sala.

Fiquei ali sentada, questionando o que eu esperava. Não tinha nem sombra de dúvida de que não conseguiria o emprego. Não só demonstrara claramente que era imprestável como tinha certeza de que havia sido uma caricatura viva da graduada em humanas excêntrica, desleixada — a antítese de tudo que a indústria tecnológica defendia.

Porém, embora tivessem sido vazias, as entrevistas só serviram para me instigar. Queria impressionar. Queria ser levada a sério. Ali estava uma falha de caráter em exposição, o pano de fundo do meu mercado: eu sempre reagia bem a tentativas de manipulação através de ofensas leves.

Passaria anos me questionando se a startup de análise tinha me oferecido o emprego porque todo o processo de entrevista revelara um grau de obediência desejável em uma representante da assistência técnica e em uma funcionária — se eles sabiam que no fundo eu seria leal, volúvel e fácil de controlar. Com o tempo, descobri que na verdade era apenas por eu ter gabaritado a seção da prova de admissão que tinham me dado. Essa informação me deixava ao mesmo tempo convencida e deslocada, de inteligência excepcional e tolice esmagadora. Em certa medida, esperava que eles tivessem visto algo latente e singular, certo potencial. Estava sempre pensando demais nas coisas.

A oferta incluía planos de saúde e dental pagos pela empresa, uma ajuda de custo de transferência de 4 mil dólares e um salário inicial de 65 mil dólares por ano. O gerente me avisou que o salário estava acima do mercado e era inegociável. Fugia à minha imaginação ser alguém que ganhasse tanto dinheiro, que dirá alguém que tentaria negociar mais. Com as minhas habilidades, ou a falta delas, nem acreditava que alguém pudesse querer me pagar tanto para fazer o que quer que fosse. O gerente de soluções não mencionou participação acionária, e eu não perguntei. Não sabia que o acesso precoce à participação acionária era um motivo para as pessoas entrarem em empresas privativas no estágio inicial — que essa era a única maneira pela qual alguém, além dos investidores e fundadores, conseguia enriquecer. Nem sabia que a participação acionária era uma opção. O recrutador interno da empresa acabaria por interferir, para recomendar que eu negociasse ao menos uma participação pequena. A lógica dele era simples: todos os outros tinham alguma. Ninguém me disse quanto valia, ou qual era o tamanho do consórcio, e eu não sabia o que devia perguntar.

Eufórica com a sensação de ser profissionalmente desejável, disse ao gerente de soluções que pensaria a respeito.

A startup de análises me deu três semanas. No Brooklyn, convidei amigos para irem à minha casa enquanto encaixotava as coisas do apartamento. Uma noite, depois de alguns drinques, uma grande amiga perguntou se eu tinha certeza de que estava tomando a decisão certa. Eu gostava de trabalhar no mercado editorial, ela lembrou, estourando um plástico-bolha com os dedos. Será que não era precipitado jogar a toalha? Ela prometeu não me julgar se resolvesse, no último minuto, não ir embora. "Análise de dados de aplicativos móveis", disse, provando um par de saltos vintage que eu tinha comprado durante uma crise de identidade. "O que é isso? Você tem interesse nisso? E assistência técnica — você não tem medo de que isso acabe com a sua alma?"

Eu tinha medo de muitas coisas: solidão, terremotos, fracasso. Mas não me preocupava muito com a minha alma. Minha personalidade sempre teve dois lados: um era sensato e organizado, bom de matemática, apreciador da ordem, das realizações, da autoridade, das regras. O outro lado fazia o possível para solapar o primeiro. Eu me comportava como se o primeiro lado prevalecesse, mas não era verdade. Queria que fosse: a praticidade, eu pensava, era um porto seguro contra o fracasso. Me parecia um jeito mais fácil de circular pelo mundo.

No entanto, tinha dificuldade em admitir para o meu grupo de amigos que estava me mudando para o outro lado do país só para trabalhar em uma startup. Era constrangedor explicar como estava animada para descobrir o porquê daquele alvoroço todo — parecia, entre meus amigos criativos da contracultura, ardiloso e cáustico ter curiosidade pelo ramo. Estava me vendendo. Na realidade, não prestava atenção: quem entendia nosso movimento cultural via que se vender — ter cargos em empresas, sociedade, fiadores — se tornaria a principal aspiração da nossa geração, a única forma de obter um salário.

Na época, porém, era uma pieguice manifestar entusiasmo perante a tecnologia ou a internet. De modo geral, meus amigos foram adeptos tardios e relutantes. Possuíam contas nas redes sociais que todo mundo odiava, mas só as usavam para responder a convites de leituras de poesia e espetáculos caseiros a que não tinham nenhuma intenção de comparecer. Alguns ousavam, com despeito, usar celulares dobráveis sem acesso à internet, preferindo ligar para nós, que trabalhávamos em escritórios, sempre que estavam fora de casa e precisavam saber como chegar a um endereço. Ninguém tinha um leitor de livros digitais. Enquanto a maré se digitalizava, meu meio fincava os pés no mundo material, tangível.

Por autopreservação, me agarrei à narrativa de que estava me mudando para o outro lado do país só para tentar uma coisa nova. Nunca tinha sequer vivido longe de Nova York. San Francisco contava com um ótimo ambiente musical, eu declarava, em tom pouco convincente, a quem me desse ouvidos. Tinha maconha medicinal. Trabalhar em análise de dados seria uma experiência de separação da minha vida profissional e meus interesses pessoais. O bico na startup era só um ganha-pão, eu alegava, algo que me sustentaria enquanto, no mais, era criativamente produtiva. Talvez começasse a coletânea de contos que sempre quis escrever. Talvez passasse a fazer cerâmica. Poderia finalmente aprender a tocar baixo.

Era mais fácil, em todo caso, inventar uma narrativa romântica do que assumir que eu era ambiciosa — que queria que minha vida pegasse ritmo, que acelerasse.

Quando voltei a San Francisco, de corte de cabelo novo e duas bolsas de pano puídas, me achei valente e pioneira. Não sabia que milhares de pessoas já tinham tomado o rumo do oeste para tentar conquistar o novo sonho americano, que já faziam isso havia anos. Estava, segundo muitos critérios, atrasada. Era um momento de subserviência empresarial a homens jovens. Empresas de tecnologia importavam recém-formados em ciência da computação do mundo inteiro, botavam todos em apartamentos mobiliados, pagavam suas contas de tevê a cabo, internet e celular, e ofereciam bônus na casa das centenas de milhares de dólares na assinatura do contrato, a título de agradecimento. Os programadores chegavam com uma enxurrada de gente sem conhecimento técnico: ex-alunos de doutorado e professores de escola, defensores públicos e cantores de música de câmara, analistas financeiros e operadores de linhas de montagem, eu.

Reservei outro quarto usando a plataforma de compartilhamento de casas, dessa vez no bairro South of Market, a alguns quarteirões do escritório. O aposento ficava no térreo de um dúplex, junto a um pátio de concreto acessível por um beco, passando pelas lixeiras de recicláveis. Era decorado com a mesma mobília leve, fácil de montar, que havia no quarto de metade dos meus amigos do Brooklyn. A mulher que alugava o quarto era empreendedora no setor de energia renovável e declarava nunca estar em casa. Algumas caixas pequenas com meus livros, roupas de cama e peças de vestuário já estavam na startup de análises, empilhadas no almoxarifado. Eu não queria gastar o custeio da transferência, pois preferia economizar o dinheiro da empresa. Em certa medida, me preocupava com a possibilidade de que, se eu gastasse muito, a oferta seria rescindida. Não queria que meu novo gerente me achasse frívola. Outros tinham gastado em móveis novos, refeições, semanas de aluguel, mas eu não sabia. Ainda agia de acordo com a austeridade editorial.

A plataforma de compartilhamento de casas propiciava uma fantasia atraente que eu apreciava. No mundo inteiro, as pessoas apertavam a pasta de dentes de estranhos, pegavam o sabonete de estranhos no chuveiro, assoavam o nariz na fronha de estranhos. Ali estava eu, como sempre, apenas dormindo na cama de uma estranha, tentando botar no lugar o rolete para papel higiênico de uma estranha, comprando casacos com a rede wi-fi de uma estranha. Gostava de examinar a seleção de produtos alheia, julgar suas bagunças. Não pensava que a plataforma de compartilhamento de casas talvez estivesse aumentando o preço dos aluguéis, desalojando moradores ou minando a mesma autenticidade que daria sentido à venda. De modo geral, o fato de que funcionava, e de que ninguém havia me assassinado, parecia um milagre.

Tinha me dado alguns dias para me adaptar antes de começar no emprego. De manhã, comprava café na lavanderia, consultava um aplicativo de críticas com colaboração coletiva para achar o que comer e voltava ao meu quarto para passar o resto do dia lendo documentos técnicos do software de análises e entrando em pânico. A documentação me era indecifrável. Não sabia o que era uma API ou como usá-la. Não sabia como seria possível oferecer apoio técnico a engenheiros — não sabia nem fingir.

Na noite anterior ao meu primeiro dia de trabalho, muito desligada e aturdida para dormir, fiquei lendo as críticas dos hóspedes anteriores do meu quarto e me dei conta de que o dono do apartamento era um dos fundadores da plataforma de compartilhamento de casas. Procurei o nome do fundador e li uma entrevista em que detalhava como designers poderiam seguir seus passos e virar empreendedores. Ele os chamava "designpreendedores". Assisti a um vídeo dele fazendo uma palestra em uma conferência de tecnologia, respirando com avidez ao microfone. Descobri que ele e seus dois cofundadores tinham conseguido mais de 100 milhões de dólares, e investidores estavam loucos para lhes dar mais.

Olhei ao redor, para as paredes brancas, a porta do closet torta nas dobradiças, as barras na janela, com ânsia de identificar pistas de seu sucesso. Mas fazia anos que o designpreendedor não dormia naquele quarto. Ele se mudara para um depósito transformado em casa reluzente, cheia de arte, perto do escritório. Não tinha deixado nada para trás.

A startup de análises fazia um produto enxada-durante-a--Corrida-do-Ouro, do tipo que os investidores de risco adoravam apoiar. A história considerava a Corrida do Ouro uma lição, mas no Vale do Silício as pessoas se orgulhavam de usar suas metáforas, já que estavam do lado certo da situação. Enxadas geralmente eram produtos de empresa para empresa. Infraestrutura, não serviços. Assim como as startups de Nova York estavam loucas para se assentar sobre o legado cultural já existente na cidade, inventando serviços para mídias e finanças — ou, o que era mais comum, bolando interfaces fluidas para vender coisas que exigiriam mais tempo, dinheiro, energia ou gosto se compradas em outro lugar —, o mesmo poderia ser dito sobre a baía, onde engenheiros de software tentavam usurpar empresas de tecnologia estabelecidas ao criar ferramentas para outros engenheiros de software. Era a época do big data, conjuntos de dados complexos amparados por uma capacidade de processamento computacional exponencialmente mais veloz e guardados, como mandava a moda, na nuvem. Big data englobava indústrias: ciência, medicina, agricultura, educação, policiamento, vigilância. As descobertas certas podiam valer ouro, inspirando produtos novos ou revelando a psicologia do usuário, ou gerando campanhas publicitárias engenhosas, hiperdirecionadas.

Nem todo mundo sabia do que precisava no big data, mas todo mundo sabia que precisava dele. Só a perspectiva já incitava a cobiça de gerentes de produto, executivos da publicidade e especuladores do mercado de ações. A coleta e a conservação de dados eram desreguladas. Investidores salivavam perante a análise preditiva, o potencial lucrativo do casamento de padrões elevado ao cubo e a possibilidade de levar os algoritmos de aprendizado de máquina às massas — ou, pelo menos, às maiores empresas dos Estados Unidos. Transparência para as massas não era o ideal: melhor que não vissem as informações que as empresas do setor de dados tinham sobre elas.

A startup de análises não estava perturbando nada, mas sim desbancando as empresas dominantes de big data: empresas colossais lentas cujos produtos eram tecnicamente rudimentares e tinham traços inconfundíveis dos anos 1990 em suas interfaces de usuário. A startup não só possibilitava que outras empresas coletassem dados customizados sobre o comportamento de seus usuários sem ter que escrever tantos códigos ou pagar o armazenamento, mas também oferecia formas de analisar esses dados em dashboards coloridos, dinâmicos. Os fundadores tinham priorizado a estética e contratado dois designers gráficos logo de saída: homens com penteados inconfundíveis e um grande número de seguidores em uma rede social para pessoas que se referiam a elas mesmas como criativas e se empolgavam com coisas como tamanho de fontes e imagens superdimensionadas de produtos. Em geral, era difícil dizer o quê, exatamente, os designers faziam o dia inteiro, mas os dashboards eram tanto simpáticos quanto elegantes. O software parecia especialmente agradável, confiável, inquestionável. O bom design de interface era como uma mágica, ou uma religião: cultivava a suspensão da descrença em massa.

Eu não tinha apreensões quanto a abalar empresas existentes no setor de ad-tech, nem nostalgia ou afeto herdados pelas grandes empresas. Gostava dos azarões. Gostava da ideia de trabalhar para dois garotos mais novos do que eu, que tinham largado a faculdade e estavam subvertendo o roteiro do sucesso. Era emocionante, nesse sentido, ver alguns caras de vinte e poucos anos competir com os líderes de meia-idade da indústria. Tinha a impressão de que poderiam vencer.

Fui a funcionária número vinte, e a quarta mulher. Antes da minha chegada, a equipe de soluções — cinco homens, entre eles o gerente — lidava sozinha com reclamações dos clientes, atacando a fila de assistência em rodadas no final do expediente, assumindo a responsabilidade de evitar madrugadas consecutivas no escritório. A estratégia deu certo por um tempo, mas o número de usuários estava crescendo. Eles não conseguiam manter a prática: tinham as próprias tarefas a cumprir. Reorganizaram seus pertences na mesa de trabalho e abriram espaço para mim.

Os homens da equipe de soluções não eram como os homens da startup de e-books. Eram mais esquisitões, mais engraçados, mais difíceis de acompanhar. Usavam botas esportivas australianas, flanela e regatas de poliéster duráveis, recicladas, tomavam doses de energéticos no fim da tarde e sempre ingeriam vitamina D de manhã para manter o foco e a atenção. Mascavam tabaco sueco em pó, deixando acúmulos suculentos atrás das gengivas. Deep house e dance eletrônico vazavam de seus fones enormes. Nas reuniões de equipe bebiam uísque puro e, nas manhãs seguintes, tendiam a tomar um líquido viscoso cheio de eletrólitos — vendido como remédio para crianças pequenas com diarreia — para levar a ressaca embora. Tinham frequentado faculdades particulares de primeira qualidade e eram fluentes no jargão dos estudos de comunicação e teorias literárias. Me lembravam meus amigos que tinham saído de San Francisco, mas eram mais adaptáveis e aproveitavam mais as oportunidades, eram mais felizes.

O gerente de soluções me apontou um parceiro de integração, Noah, um sujeito de 26 anos de cabelo cacheado com tatuagem em sânscrito no antebraço e um guarda-roupa de jaquetas de algodão e casacos de lã. Noah era simpático e loquaz, animado, bonito. Me parecia o tipo de pessoa que convidava mulheres para fumar um baseado e olhar livros de arte e escutar Brian Eno, e realmente passava a noite fazendo isso mesmo. Eu tinha estudado com caras assim na faculdade: homens que se acomodavam no chão, com as costas apoiadas na cama, homens que se diziam feministas e jamais tomavam a iniciativa. Na mesma hora consegui imaginá-lo fritando carne de glúten na panela wok, sugerindo uma caminhada na chuva. Aparecendo numa emergência e pensando que sabia exatamente o que fazer. Noah falava em termos absolutos e na linguagem da psicanálise, oferecendo narrativas definitivas para todo mundo, para tudo. Eu tinha a sensação incômoda de que poderia me convencer a fazer qualquer coisa: atravessar os Estados Unidos de bicicleta, participar de uma seita.

Noah e eu passamos minhas primeiras semanas em vários cantos do escritório, levando sempre uma tigela transbordante de granola e um quadro branco com rodinhas, onde ele pacientemente traçava diagramas do funcionamento do rastreamento por cookies, do envio dos dados para o lado do servidor, como mandar um pedido de HTTP, como evitar uma condição de corrida. Era paciente e encorajador, e me olhava nos olhos à medida que resolvíamos séries de problemas a partir de perguntas hipotéticas feitas por clientes, diversas situações em que o software — ou, sendo mais realista, o usuário — desmoronasse.

O produto, na verdade, era extremamente técnico, mas a empresa ressaltava sua usabilidade. A quantidade de informações que eu precisava absorver para ser ao menos um pouco útil a nossos clientes era assustadora. A curva de aprendizado me parecia invencível. Noah me dava deveres de casa e palavras de incentivo. Dizia que não era para eu me preocupar. Nossos colegas de equipe me davam cerveja no fim da tarde, e estavam seguros e confiantes de que eu também acabaria melhorando. Eu confiava plenamente neles.

Estava feliz; estava aprendendo. Pela primeira vez na minha vida profissional, não era a responsável por fazer o café de alguém. Estava resolvendo problemas. Meu trabalho abarcava examinar a base de códigos de estranhos e lhes dizer o que dera errado na integração do nosso produto com o deles, e como resolver o problema. A primeira vez que olhei um bloco de códigos e entendi o que estava acontecendo, me senti nada mais nada menos que um gênio.

Não levei muito tempo para entender o fetiche com o big data. Conjuntos de dados eram hipnotizantes: fluxos digitais de comportamento humano, respostas a perguntas que eu não sabia que tinha. A cada segundo havia mais. Nossos servidores, e a conta bancária da empresa, absorviam essa onda irrefreável.

Nosso feijão com arroz era o engajamento: ações que demonstravam de que maneiras os usuários interagiam com um produto. Era um desvio do padrão do setor, havia muito consagrado, que priorizava métricas como número de acessos e tempo no site, parâmetros que o CEO chamava de bobagens. O engajamento, disse ele, era distinto da bobagem porque era implementável. O engajamento gerava um circuito de feedback entre usuário e empresa. O comportamento do usuário ditaria as decisões dos gerentes de produto. Essas sacadas alimentariam o aplicativo ou o site para ditar ou prever os comportamentos subsequentes do usuário.

O software era flexível, concebido para ter um funcionamento fácil tanto para aplicativos de rastreamento fitness e processadores de pagamentos como para os de edição de fotos e caronas. Poderia ser integrado a butiques on-line, megalojas digitais, bancos, redes sociais, sites de streaming e de jogos. Coletava dados para plataformas que possibilitavam às pessoas agendar voos ou hotéis ou reservar restaurantes ou espaços para casamentos; plataformas para comprar casas ou achar uma faxineira, encomendar comida ou arrumar um encontro. Engenheiros, cientistas de dados e gerentes de produto introduziam trechos do nosso código em suas próprias bases de códigos, especificavam quais comportamentos queriam rastrear e começavam a coletar dados imediatamente. Tudo que os usuários de um aplicativo ou site fizessem — apertar um botão, tirar uma foto, enviar um pagamento, passar para a direita, mandar um texto — podia ser gravado em tempo real, guardado, agregado e analisado naqueles belos dashboards. Sempre que explicava isso aos meus amigos, eu parecia um anúncio de podcast.

Dependendo dos metadados, as ações dos usuários poderiam ser examinadas de forma microscópica, no nível mais granular imaginável. Os dados poderiam ser segmentados segundo qualquer fator que o aplicativo coletasse — idade, gênero, afiliação política, cor do cabelo, restrições dietéticas, peso corporal, faixa de renda, filmes prediletos, grau de instrução, esquisitices, propensões — além de alguns padrões baseados no IP, como país, cidade, operadora de celular, tipo de aparelho, e um código de identificação exclusivo do aparelho. Se as mulheres de Boise usavam um aplicativo de exercícios principalmente entre as nove e as onze horas da manhã — somente uma vez por mês, geralmente num domingo, e por um período médio de 29 minutos —, o software tinha como saber. Se as pessoas em um site de namoro estivessem mandando mensagens a todo mundo a uma curta distância, ou que praticassem ioga, aparassem os pelos pubianos e de modo geral fossem monogâmicas, porém estivessem procurando um ménage durante uma passagem por Nova Orleans, o software também tinha como saber. Os clientes só precisavam rodar um relatório; precisavam apenas pedir.

Oferecíamos também um produto secundário, uma ferramenta de análise de dados aplicada à gestão de pessoas, pela qual alguns clientes pagavam um valor extra. A ferramenta arquivava perfis individuais de usuários em determinada plataforma do cliente. Eles continham fluxos de atividades personalizadas, pesquisáveis, bem como os metadados identificadores. A ideia da ferramenta era facilitar o acesso ao público com base no comportamento e estimular o engajamento. Uma loja de e-commerce poderia pesquisar na própria base de dados quais homens, exatamente, enchiam os carrinhos de compras de lâminas de barbear e óleos hidratantes para a barba mas nunca concluíam a compra, e mandar e-mail a esses homens dando incentivos ou descontos ou apenas com um lembrete passivo-agressivo de que talvez já fosse hora de se barbear. Um aplicativo de entrega de refeições, depois de registrar que um usuário pedira comida da dieta paleolítica seis noites seguidas, poderia acionar um aviso dentro do aplicativo sugerindo um carboidrato. Um aplicativo de exercícios poderia identificar que um usuário havia interrompido uma série na parte do burpee, com flexão seguida de salto, e automaticamente enviar uma notificação perguntando se ele ainda estava vivo. A ferramenta tinha a liberdade de usar um certo limite, depois do qual os dados eram medidos. Se as empresas-clientes adquirissem mais usuários próprios, o volume de dados aumentava e as faturas mensais subiam na mesma proporção. Isso queria dizer que a ferramenta era intrinsecamente lucrativa, pois todas as companhias queriam crescer. A suposição latente era de que, se nossos clientes trouxessem mais usuários, também trariam mais dinheiro; de que renda e uso estavam interligados.

No final das contas, foi uma hipótese generosa. Muitas startups não tinham modelo de receitas, para começo de conversa, preferindo otimizar a penetração no mercado. Nesses casos, o capital de risco ocupava o lugar do lucro: empresas conquistavam mais usuários sem trazer mais dinheiro, como se fossem meras intermediárias entre nós e as contas bancárias de seus investidores. Nossa estrutura de pagamento era cristalina, simples, sóbria. Seria também lógica, caso a lógica — ou a economia básica — tivesse algum domínio sobre o ecossistema amparado no capital de risco.

Para cumprir minha função com eficácia, eu tinha de conseguir ver o código dos clientes, bem como seus dashboards. Era assim para qualquer pessoa com o papel de encarar os clientes; era quase impossível resolver os problemas dos usuários se não estivessem bem diante dos nossos olhos. A forma mais simples de a startup de análises realizar tal feito era garantir a nós, que fazíamos parte da equipe de soluções, acesso à base de dados de todos os nossos clientes: ver a ferramenta como se estivéssemos conectados à conta de determinado usuário, a fim de experimentar o produto através da visão deles.

Chamávamos essa configuração de Modo Deus. Não eram as informações institucionais, de pagamento e de contatos dos nossos clientes — embora também conseguíssemos vê-los, se necessário —, mas os conjuntos de dados verdadeiros que coletavam dos próprios usuários. Era um posto privilegiado do qual observar o setor tecnológico, e tentávamos não falar disso. "Não estamos simplesmente vendendo jeans para mineiros", Noah constatou. "Estamos lavando a roupa suja de todo mundo." O Modo Deus era uma formação empresarial. As estatísticas de engajamento contavam a história da vida inteira de uma startup. Startups que diziam ser espaçonaves engasgavam para sair do chão. Aplicativos de jogos cresciam e se apagavam em semanas. A queda em direção à obsolescência era quase sempre amortecida por almofadas de capital de risco, mas percebíamos o rumo que as coisas tomariam.

Todos sabíamos que as autorizações internas, que limitavam o que víamos dos conjuntos de dados dos clientes, acabariam vindo. Também sabíamos, pelo menos por enquanto, que isso não era prioridade para a nossa equipe de engenharia. Esse nível de acesso por parte dos funcionários era normal na área — comum para startups pequenas, novas, cujos engenheiros eram sobrecarregados. Funcionários de startups de caronas, ouvi dizer, tinham como pesquisar o histórico de viagens dos clientes, rastreando os trajetos-padrão de celebridades e políticos. Até a rede social que todo mundo odiava tinha sua versão do Modo Deus: os primeiros funcionários ganharam acesso às mensagens particulares e senhas dos usuários. A autorização era de fato um rito de passagem. Era uma concessão às demandas do crescimento.

Além do mais, os primeiros funcionários eram de confiança, como se fossem da família. Supunha-se que só olharíamos os conjuntos de dados dos nossos clientes por necessidade, e somente quando os próprios clientes pedissem; que sob nenhuma circunstância veríamos perfis individuais de nossos amantes e parentes e colegas nas bases de dados dos aplicativos de namoro e serviços de compras e rastreadores fitness e sites de viagens. Jamais, por curiosidade sociológica, surfaríamos nos conjuntos de dados de plataformas de vigilância de ruas e programas on-line para homens cristãos que tentavam se livrar do hábito de se masturbar. Supunha-se que não checaríamos como os ex-funcionários estavam se saindo em comparação conosco. Supunha-se que nunca discutiríamos as incoerências gritantes entre as narrativas públicas que rodeavam as nossas clientes startups e as anedotas que seus dados contavam: se fosse para ler matérias emocionantes, frívolas, de blogs de tecnologia acerca das empresas que desconfiávamos estar fracassando, bastaria sorrir e fechar a aba do navegador. Supunha-se que se uma companhia de capital aberto usasse nosso software — e, se sentíssemos vontade, pudéssemos mapear a saúde geral da empresa segundo seu conjunto de dados, ou criar modelos preditivos de quando seu valor total cresceria ou recuaria — resistiríamos a comprar ou vender suas ações.

Nossa empresinha feita de gente de vinte e poucos anos funcionava na base da boa-fé. Se a boa-fé falhasse, haveria um registro detalhado de todos os atos dos empregados: os fundadores tinham implementado nosso produto na nossa própria ponta. Ele rastreava quais conjuntos de dados de clientes tínhamos consultado e os relatórios específicos que tínhamos rodado. Mas ninguém nunca usou as palavras "abuso de informações privilegiadas". Ninguém tinha contatos na imprensa. Não havia regras a respeito de vazamentos. Não que precisássemos disso — estávamos todos, como o CEO gostava de nos lembrar, Defendendo a Causa.

San Francisco era uma cidade desventurada que lutava para absorver um influxo de alfas ambiciosos. Há tempo era um oásis para hippies e queers, artistas e ativistas, frequentadores do festival Burning Man e homossexuais sadomasoquistas, marginalizados e esquisitões. Também tinha um governo historicamente corrupto e um mercado imobiliário construído em cima de políticas racistas de renovação urbana — os imóveis foram beneficiados, em valores, tanto pela negação sistemática de serviços a moradores de certos bairros como por práticas de zoneamento discriminatórias e campos para prisioneiros de guerra de meados do século — mas essas narrativas, junto com a realidade de uma geração inteira perdida precocemente para a aids, solaparam sua reputação como meca dos livres e libertinos, das pessoas à margem. A cidade, aprisionada na nostalgia de sua mitologia, empacada na alucinação de um passado maravilhoso, ainda não estava a par da recente força da tríade sombria da tecnologia: capital, poder e uma masculinidade heterossexual insípida, hipercorreta.

Era um lugar estranho para futuristas jovens e endinheirados. Na ausência de instituições culturais vibrantes, o núcleo de prazer da indústria talvez fosse simplesmente o exercício: as pessoas cortejavam o sublime em corridas por trilhas e caminhadas diurnas, acampamentos glamorosos em Marin e chalés alugados em Tahoe. Vestiam-se para trabalhar como se estivessem embarcando em uma expedição alpina: uma jaqueta leve de alta performance e casacos para climas inclementes, mochilas com mosquetões decorativos. Pareciam prontos para catar gravetos e levantar um telheiro, não para dar telefonemas a compradores e abrir solicitações em escritórios sem paredes climatizados. Pareciam fantasiados para interpretar suas personas de fim de semana.

A cultura que esses residentes procuravam e cultivavam era um estilo de vida. Eles se relacionavam com o novo lar através de sua classificação. Aplicativos de avaliação coletiva lhes davam oportunidades de atribuir notas a qualquer coisa: comida chinesa, pracinhas, trilhas de caminhada. Futuristas saíam para comer e confirmavam que a comida era exatamente como os outros avaliadores tinham dito que seria; postavam fotografias redundantes de entradas no prato e imagens meticulosas da atmosfera do lugar. Buscavam a autenticidade sem perceber que a coisa mais autêntica que havia na cidade era, naquele momento, eles mesmos.

As políticas passivo-agressivas, progressistas, permissivas da cidade tendiam a irritar os transferidos, mas os autodesignados representantes do setor tecnológico também não agradavam a todo mundo. A cada três meses, um engenheiro ou aspirante a empreendedor, recém-chegado à cidade, postava uma ladainha em uma plataforma de blogs sem modelo de receitas. Desancava os pobres por se agarrarem à regulamentação governamental do preço dos aluguéis e assim provocar a subida dos valores dos apartamentos, ou desancava as séries de barracas à beira da autoestrada por serem feias. Sugeria a monetização dos sem-teto, transformando-os em pontos de wi-fi. Recriminava os fracos times esportivos da cidade, a abundância de ciclistas, a neblina. *Como uma mulher que está sempre de TPM*, o fundador de 23 anos de uma plataforma de financiamento coletivo escreveu sobre o clima. Estender a misoginia casual ao clima foi uma atitude criativa, mas os embaixadores digitais tampouco pareciam gostar de mulheres de verdade: resmungavam que as mulheres de San Francisco eram nota cinco, não dez, e reclamavam que não eram muitas.

Assim como a maioria das empresas de hardware mais amplas, mais antigas, mais sérias, os novos-ricos da internet tinham se acocorado na suburbana Península, a oitenta quilômetros da cidade. Seus terrenos tinham lojas de doces e ginásios com paredões de escalada, oficinas de conserto de bicicletas e consultórios médicos, cafeterias gourmet e cabeleireiros, nutricionistas e creches. Não havia motivação para sair. A área era acessível por transporte público, mas o transporte público não oferecia wi-fi. Todo dia útil, ônibus particulares circulavam pelos bairros residenciais da cidade, parando nos pontos de transporte público para pegar os trabalhadores.

Os trabalhadores usavam crachás de empresas presos nos passadores de cinto e pendurados sobre as jaquetas, como crianças tentando não se perder no shopping. Formavam filas para o ônibus com suas mochilas e xícaras de café reutilizáveis; alguns carregavam sacos de roupa suja nos ombros. Pareciam cansados, conformados, reticentes. Acima de tudo, olhavam seus celulares.

Funcionários de startups vindos de fora se queixavam da infraestrutura de trânsito, um sistema antigo repleto de falhas que se encerrava quase totalmente à meia-noite — não que alguém que ganhasse um salário de médio escalão na indústria tecnológica fosse pegar ônibus. Uma fartura de aplicativos de transporte havia surgido para ocupar o posto dos bondes decadentes de San Francisco e de sua duvidosa frota de táxis. A maior era uma startup de caronas sob demanda, uma empresa empenhada na dominação a qualquer preço, inclusive o da lucratividade.

O principal concorrente da startup de carona tinha um negócio quase idêntico, mas a identidade de marca era muito mais fofa. A concorrente fofa exigia que os motoristas — trabalhadores contratados que dirigiam os próprios veículos — prendessem enormes bigodes fúcsia feitos de pele sintética à grade do carro e cumprimentassem os passageiros com um "toca aqui". Apesar dos pesares, deu certo. A empresa conhecia seu público: as pessoas de San Francisco, moradoras de bairros em que metade das lojas tinha um trocadilho no nome, eram piegas.

Abandonei minhas expectativas de como as cidades deveriam ser. Bares e cafés abriam tarde e fechavam cedo; o trânsito parecia dar ré, descer morro abaixo. A cidade era especializada em duplas improváveis. Um estúdio de ioga pague-quanto-quiser dividia suas escadas rangentes com a sede de uma plataforma de comunicações criptografadas. Um mercadinho que vendia cigarros a varejo ficava embaixo de um laboratório comunitário anarquista. Os prédios comerciais mais antigos, esplêndidos e descuidados, com chão de mármore e pintura descascando, abrigavam ortodontistas e negociadores de livros raros, além de empresas de quatro pessoas que tentavam transformar recursos humanos em games ou converter a meditação em um produto. Cientistas de dados fumavam maconha no Dolores Park com adolescentes suburbanos que brincavam de bambolê e estavam em êxtase. Os cinemas independentes passavam anúncios de eletrodomésticos ligados em rede e software de empresa para empresa antes de projetar clássicos cult dos anos 1970. Até os cabides das lavanderias aludiam a uma cidade em transição: fardas de policiais engomadas e peles sintéticas neon, cobertas de plástico, penduradas ao lado de ternos sob medida e pulôveres que podiam ser lavados na máquina.

Acampamentos dos sem-teto brotavam à sombra dos condomínios de luxo. As pessoas dormiam e cagavam e se injetavam nas estações de trem, deitadas debaixo de anúncios de lojas de fast-fashion e aplicativos de produtividade, enquanto marés de trabalhadores tomavam o cuidado de evitar olhá-las. Acordei certa manhã com o barulho de alguém uivando por misericórdia na esquina do meu quarteirão: uma mulher berrando a plenos pulmões, arrastando uma das pernas, usando só uma blusa rasgada estampada com o logotipo de uma multinacional de produtos eletrônicos. Essa concentração de dor pública era uma novidade para mim, inquietante. Nunca tinha visto uma justaposição tão vergonhosa de sofrimento escancarado e idealismo afluente. Era uma disparidade muito divulgada, mas eu a subestimara. Como nova-iorquina, me imaginara preparada. Achava que já tinha visto de tudo. Me senti mortificada e ingênua — e culpada, o tempo inteiro.

    Me mudei para um apartamento no Castro, onde já moravam um homem e uma mulher de vinte e tantos anos, companheiros de casa que tinham rebolado para conseguir uma locação de segunda mão. Também trabalhavam no setor tecnológico. A mulher tinha um cargo de nível médio, como gerente de produto, na rede social que todo mundo odiava; o homem era cientista de dados em uma startup de energia solar que enfrentava dificuldades. Ambos eram maratonistas e ciclistas de longa distância. Não tinham gordura corporal. Tampouco tinham obras de arte no apartamento. Na geladeira havia uma coleção incrível de ímãs novos arrumados em retas perfeitas.
    O apartamento era gigantesco, um dúplex com duas salas de estar e vista para a baía. Os dois alegavam querer viver com independência mas não conseguiam abandonar o preço controlado do

aluguel. Com uma renda domiciliar combinada que facilmente ultrapassava os 400 mil dólares — sem incluir as ações da gerente de produto —, não éramos as pessoas às quais os aluguéis controlados se destinavam, mas ali estávamos nós. Quando assinei a sublocação em troca das chaves, meus novos companheiros de casa me parabenizaram pela sorte que tive.

Eu me entendia melhor com a gerente de produto, embora ocupássemos espaços diferentes: eu estava no mundo das startups, a terra da juventude eterna, e ela era uma adulta como qualquer outra, lidando com uma empresa, fazendo seu papel, negociando seu lugar. Tinha formação clássica em violino e colecionava livros antigos com encadernação de couro, como uma personagem de Tchékhov. Me senti inculta em comparação, com minhas pilhas de brochuras coloridas de autores contemporâneos e uma queda por indie rock elaborado. Ela parecia me achar divertida, talvez um pouco digna de pena. Eu a admirava e não compreendia. De modo geral, falávamos de exercícios.

O quarto que eu sublocava tinha um colchão de ar e uma escada de incêndio. Uma a uma, fui tirando minhas caixas do almoxarifado da startup. Empilhei meus livros no chão, abri um edredom de camping na cama, pendurei minhas camisas e vestidos transpassados no armário. Minhas roupas pareciam ser de outra pessoa, provavelmente porque eram mesmo. Depois de algumas semanas, dobrei todas as peças e mandei tudo para uma amiga de Nova York que trabalhava no mercado editorial e ainda se vestia para as outras mulheres do escritório.

A escada de incêndio me dava um caminho particular para o telhado, e de vez em quando eu subia para fazer um balanço. Olhava as casas vitorianas em tons pastel, as magnólias rumorejantes, a neblina correndo sobre os montes, os navios de carga que espumavam pela baía. Vez por outra, sentia até uma onda de carinho por San Francisco, uma emoção que parecia esperança — uma sensação, apesar de leve, de que poderia se tornar minha terra.

Quando a gerente de produto completou trinta anos, demos uma festinha com queijos e vinhos no nosso apartamento. Ou melhor, ela deu a festa. O cientista de dados e eu fomos convidados.

Os amigos dela chegaram pontualmente em trajes de coquetel. Tinha gastado centenas de dólares em queijos, e a música clássica corria pela casa. A gerente de produto intimidava em um vestido de seda preto. Um homem abriu uma garrafa de champanhe, que garantiu ser mesmo da França. As pessoas aplaudiram quando a rolha estourou.

Me sentindo a criança na festa dos meus pais, fui para o meu quarto, tranquei a porta, tirei as roupas de trabalho — casaco largo, jeans de cintura alta — e pus um vestido justíssimo. Tinha ganhado uns três ou quatro quilos de granola. Quando voltei à sala de estar, encolhi a barriga e deslizei por entre as costas das pessoas, procurando uma conversa. No sofá, dois homens de paletó comentavam oportunidades relativas à maconha. Todo mundo parecia bem à vontade e ninguém falava comigo. Inclinavam suas taças de vinho no ângulo correto; tiravam migalhas das palmas da mão com graciosidade. A palavra que eu mais ouvia era "renda". Talvez "estratégia".

Aquela era a classe neomilionária emergente, constatei. Não eram todos ricos, não até aquele momento, mas estavam no caminho certo. Meus colegas de trabalho também eram ambiciosos, mas tinham outro estilo. Nenhum deles se prestaria a usar um paletó feito sob medida em uma festinha caseira.

Acabei no telhado com um grupo de homens. À distância, via-se a ponta da famosa bandeira de arco-íris de Castro Street, esvoaçante. Senti uma pontada de saudade de casa, o golpe de estar a cinco mil quilômetros da minha mãe. "A gente está querendo comprar em Oakland", um dos homens dizia. "Arriscado demais", respondeu outro. "Minha esposa jamais aceitaria a ideia." "Claro que não", retrucou o primeiro, girando o vinho no copo, distraído. "Mas você não compra para ir viver lá."

Quando o último convidado foi embora, eu já estava de legging e moletom, meio bêbada, fazendo a limpeza: recolhendo cascas de queijo, lavando os copos de plástico, pegando fatias de bolo de chocolate com as mãos molhadas. Minha companheira de casa veio dar boa-noite e estava linda: tonta, mas não bêbada, radiante pela afeição absorvida. Ela se retirou para o quarto com o namorado. Da outra ponta do corredor, escutei quando tiraram as roupas, quase em silêncio, se acomodaram na cama e caíram no sono.

Em geral, eu trabalhava até tarde da noite. A vizinhança em torno do escritório ficava deserta após o anoitecer. Uma loja de departamentos com preços especiais reluzia na esquina. Homens de calças retalhadas arrastavam os pés na frente da estação de trem, gritando com ninguém.

Baixei os aplicativos de carona que todo mundo dizia que eu iria querer, mas aos quais resistia. Achava a premissa sinistra: jamais gostaria de entrar no carro de estranhos, detestava pedir carona, tinha passado a vida inteira ouvindo que jamais deveria fazer isso. Ser conduzida por outros adultos no veículo deles não me parecia um luxo, me parecia um transporte solidário — só que a ideia do transporte solidário era fazer um bem social que favorecia o meio ambiente. Me parecia um cinismo e um retrocesso pagar uma empresa particular para forçar o transporte solidário botando mais carros na rua.

No entanto, os ônibus atrasavam e quebravam; o veículo leve sobre trilhos em direção a Castro passava a cada quarenta minutos. Um carro, por outro lado, era um túnel para casa. Me peguei entrando nos sedãs de estranhos noite após noite, esticando docilmente a mão para o "toca aqui", tagarelando sem pensar no banco de trás. Segurando firme as minhas chaves, cruzando os dedos.

Como parte do processo de integração, a gerente de operações marcou almoços comigo e com os colegas de todas as áreas da empresa. Saí com um gerente de contas cuja mesa ficava de frente para a minha no círculo. Ele vivia fingindo jogar golfe, para aperfeiçoar sua tacada, enquanto falava ao telefone com clientes. Chamava o bairro Mission de "Mish", mas eu gostava muito dele. Era fácil de conversar; era fácil de conversar para ganhar meu sustento. O gerente de contas e eu compramos enormes sanduíches desmazelados e nos sentamos na praça que separava dois hotéis. Ficamos observando os turistas malvestidos. Perguntei como ele tinha escolhido trabalhar em uma startup de análises — afinal, estudara história. Não era uma formação que eu associasse a vendas adicionais. "Ué", ele disse. "Ouvi falar que tinha um bando de gente de vinte e poucos anos mandando ver no Vale. De quanto em quanto tempo acontece uma coisa dessas?"

É relativamente frequente, eu havia imaginado. A praça estava cheia de pessoas iguaizinhas a nós: brancas e jovens e exaustas, se escorando na cafeína e nos carboidratos simples. Só naquele mês, uma startup de treze pessoas, criadora de um aplicativo de compartilhamento de fotos, havia sido adquirida por 1 bilhão de dólares pela rede social que todo mundo odiava. "É um esquema para enriquecer rápido", disse o gerente de contas. "A gente construiu uma ferramenta que está o quê, cinco, dez anos à frente do nosso tempo? Ninguém nunca viu uma coisa dessas. O produto praticamente se vende sozinho."

Não tinha me dado conta da raridade que era a startup de análises. Noventa e cinco por cento das startups afundavam. Não estávamos só indo contra todas as probabilidades: nós as superávamos com louvor. Era o que todo mundo que se mudava para a baía almejava, mas não era para acontecer de verdade. O CEO da startup de e-books tinha razão: a startup de análises era uma espaçonave. Apesar do tamanho e da idade, a empresa já era bem-vista e legítima, destinada a virar um unicórnio. Estávamos a caminho de uma valorização de 1 bilhão de dólares. Nossa renda crescia mês a mês. Estávamos vencendo, e seríamos ricos.

"Essa empresa vai valer 1 zilhão de dólares", afirmou o gerente de contas, dando uma garfada na salada de batata. "A gente está em franca ascensão. Temos as melhores pessoas, as mais inteligentes. Estamos em um caminho imutável rumo ao sucesso. Estamos todos prontíssimos a dar o que for preciso para fazer isso acontecer. Só estão nos pedindo que a gente ponha o coração e a alma nesse gigante irrefreável." Ele acabou com o café gelado. "Francamente", disse, "acho uma ótima troca."

Fui a outro almoço arranjado, com o diretor-chefe de tecnologia. Nunca tínhamos nos falado; ele havia cancelado o compromisso duas vezes. Segundo meus colegas de equipe, o diretor-chefe de tecnologia era brilhante e complicado. Autodidata, não havia se formado no colégio, mas conseguia criar sozinho o tipo de infraestrutura para uma base de dados complexa que, em outro lugar, exigiria uma equipe de cientistas computacionais experientes. Não sabia se era uma hipérbole, mas não tinha importância: era o único funcionário a quem os fundadores se submetiam. Não se tratava apenas da supremacia do programador, apesar de sua popularidade. Ele era o único que realmente entendia o cerne da tecnologia. A empresa não sobreviveria sem ele.

O diretor-chefe de tecnologia tinha trinta e poucos anos, com uma barba rala malcuidada e belos olhos afastados. Era normal cheirar a mentol. Enquanto os outros engenheiros tinham apartamentos em condomínios na Marina ou apartamentos vitorianos reformados à beira de Dolores Park, ele morava no Tenderloin, um bairro com alto índice de criminalidade e concentração de cortiços e comércio de drogas a céu aberto — *de propósito*, Noah comentou uma vez, as sobrancelhas erguidas de admiração. O diretor-chefe se arrastava escritório adentro todas as tardes, de fones nos ouvidos, segurando um copo de papel com café e evitando contato visual. Ele sempre usava uma camiseta com o logotipo da empresa e um moletom com capuz azul-marinho sem marca.

Pedimos salada em um café falsamente francês no distrito financeiro e nos sentamos a uma mesa bamba ao ar livre, observando o fluxo do meio-dia de homens com pastas e mulheres em vestidos folgados. Pareciam bem mais velhos que nós, em seus tecidos inofensivos e sapatos de couro fajuto de jacaré. Pareciam ter vindo direto de outra época, como a década de 1990. Fiquei me questionando sobre que impressão nós passávamos: dois preguiçosos de bochechas arredondadas, de blusa e tênis, comendo fatias de frango grelhado como adolescentes depravados com um cartão de crédito roubado. Enfiei minha mochila debaixo da mesa para que ninguém a visse.

Meus colegas tinham me avisado que o diretor-chefe de tecnologia era inescrutável e reticente, mas depois de alguns minutos me questionei se não seria porque nunca tinham lhe feito perguntas. Fiquei surpresa ao descobrir que ele possuía um senso de humor sombrio, sarcástico. Tínhamos mais em comum do que eu poderia imaginar: éramos leitores compulsivos; tínhamos insônia. Se eu passava minhas noites em claro olhando para o teto, preocupada com a mortalidade dos meus entes queridos, ele fazia bicos de programação. Às vezes passava o tempo, entre a meia--noite e o meio-dia. em um simulador de longas viagens de caminhão. Era tranquilizante, ele declarou. Havia um rádio digital pelo qual podia se comunicar com outros jogadores. Eu o imaginei sussurrando na escuridão.

Pensar nele acordado às três da madrugada, dirigindo por uma estrada digital, mexendo nos controles de uma boleia digital, abrindo caminho a estranhos, me fez ponderar como se sairia no Brooklyn, entre pessoas que poderiam valorizar ou incentivar sua curiosidade por outras coisas além dos códigos. Ainda me agarrava, com condescendência, à ideia de que a arte poderia ser uma cura existencial. De que a exposição à música ou à literatura era a única coisa que faltava às pessoas. De que essas atividades eram mais genuínas, mais satisfatórias do que software. Não cogitava que talvez gostasse da vida dele — que não quisesse que a vida dele parecesse a minha em sentido nenhum.

Ao caminharmos de volta para o escritório, contei dos meus amigos de Nova York e como pareciam não entender o encanto de trabalhar com tecnologia. No elevador, brincamos sobre criar um aplicativo que suscitasse o interesse deles, que através de algoritmos sugerisse pares de receitas de drinques e literatura, de acordo com a atmosfera, a época e os temas do livro. Voltei à minha mesa e não pensei mais nisso — até a tarde seguinte, quando o diretor-chefe de tecnologia me mandou uma mensagem pelo chat da empresa dizendo que tinha feito o aplicativo.

A startup fazia uma reunião mensal para quem tinha curiosidade por dados, um happy hour com bufê e apresentações de gerentes de produto e engenheiros, tirados de nossa lista de clientes, e como usar ferramentas analíticas para rodar testes A/B, ou growth hacking, ou monitorar o fluxo de usuários. Embora adorasse ir às festas do mercado editorial, onde assistentes tagarelas abandonavam logo o networking profissional para fofocar e reclamar, beliscar pretzels amanhecidos e biscoitos festivos comprados na farmácia, e tomar muito vinho barato — o que sempre dava a essas noites uma sensação latente de energia sexual peculiar —, eu nunca tinha ido a eventos de networking do setor tecnológico nem em Nova York, nem em San Francisco. Estava curiosa, no dia da minha primeira happy hour do big data, quanto a quem passaria a noite voluntariamente no escritório alheio, ouvindo uma apresentação patrocinada sobre análise de dados de aplicativos móveis.

O evento ficou cheio. Quase todos os participantes eram homens jovens com a duplinha típica das startups, de casaco de marca com capuz e zíper aberto, revelando a camiseta com o mesmo logotipo. Não que eu pudesse julgar — todos usávamos nossas camisetas com marca, a maioria roubada do almoxarifado, os vincos das dobras ainda visíveis. Uma equipe pequena do bufê trabalhava sem parar na cozinha, arrumando travessas de queijos e reabastecendo isopores de cerveja e garrafas de vinho branco de vinhedos locais. Havia um engradado de cerveja-de-raiz para o gerente de soluções, que era mórmon. Achei a cerveja comovente.

Os rapazes circulavam em grupos, como calouros de faculdade na semana de orientação. Paravam ao lado das nossas mesas de almoço cobertas com toalhas e pratos biodegradáveis cheios de frios e frutas, crudités e hors d'oeuvres: sanduíches de cordeiro, pães com churrasco de porco no vapor, rolinhos primavera de camarão. Não havia uma sensação latente de energia sexual peculiar, ou qualquer energia sexual: tudo era objetivo, escancarado.

Os participantes eram claros quanto ao que queriam. Queriam que suas empresas crescessem. Ficavam empolgados ao falar de suas startups, e toda a conversa fiada era um prelúdio a uma tentativa de vender o peixe. Eu também cometi esse crime: tinha orgulho do lugar onde trabalhava, e precisávamos muito contratar.

Com uma canetada, nossa equipe foi mandada para um canto do escritório, no amontoado de mesas marcado com o papel onde se lia ZONA DAS SOLUÇÕES. Fiquei de pé na Zona e me senti poderosa. Como o produto do nosso trabalho era intangível, a sensação de encontrar clientes era incrível — convalidada. Eles se aproximavam, nos diziam o nome de suas empresas e pediam ajuda para rodar relatórios. Nunca solicitávamos seus crachás ou alguma forma de identidade. Nenhum deles jamais questionou por que nos era tão fácil puxar seus conjuntos de dados. As empresas deles também tinham suas equipes de assistência técnica.

A apresentação daquela noite foi de primeira qualidade: um bate-papo junto da lareira entre dois investidores em capital de risco. Não havia lareira de verdade, mas os dois estavam suados, quase encharcados. Mesmo da última fila, sentia-se a umidade do escritório. Eu nunca tinha estado em um ambiente com tão poucas mulheres, tanto dinheiro e tantas pessoas empolgadas por uma provinha. Era como ver dois caixas eletrônicos conversando. "Quero big data sobre homens falando de big data", sussurrei para um dos engenheiros, que me ignorou.

Depois do evento, fomos em grupo ao bar da esquina. O bar era subterrâneo e a ideia era que parecesse clandestino, com pesadas cortinas de veludo, uma banda de jazz ao vivo e bartenders que se denominavam mixologistas. O falso bar clandestino, na ponta de um bairro cheio de escritórios onde não havia papelada, tinha como tema os jornais. Jornais que pareciam ter sido mergulhados em chá preto forravam as paredes. Máquinas de escrever espelhadas serviam de objetos de decoração.

Meus colegas de trabalho estavam reluzentes, exaustos, orgulhosos. Tiraram fotos, se acotovelaram, tentaram chamar a atenção do CEO. Me vi em uma mesinha com ele, por pouco tempo, bebendo algum drinque bem enfeitado com hortelã. "Quero que mais cedo ou mais tarde você vire chefe da Assistência", disse ele, se aproximando. "A gente precisa de mais mulheres em papéis de liderança." Desfrutei de sua atenção. Quando terminei meu drinque, deixei o gelo derreter e o bebi também. Não cogitei mencionar que, se ele queria mais mulheres em papéis de liderança, talvez devêssemos começar contratando mais mulheres. Não observei que, mesmo se contratássemos mais mulheres, havia aspectos da nossa cultura organizacional que mulheres poderiam achar incômodos. Na realidade, disse que eu faria o que ele precisasse.

Mais tarde, na fila do banheiro, fiquei atrás de duas mulheres de salto e vestidos que caíam bem tanto de dia quanto à noite. Pareciam ter mais ou menos a minha idade, mas eram sofisticadas — mais brilhantes. Pareciam ser o tipo de mulher que eu queria, e não conseguira, ter me tornado no mercado editorial: controlada, graciosa com os outros, bem-cuidada. A noite delas provavelmente era outra. Nós três nos encostamos na parede de azulejos e manuseamos nossos eletrônicos: minha caixa de entrada estava cheia de e-mails de clientes. Tentei não olhar para minha blusa fora da calça e meus tênis, meu quadril saltando pelo cós do jeans, o crachá no meu peito onde se lia SOLUÇÕES! Tentei não me imaginar no lugar delas.

Quando voltei ao bar, grata pela meia-luz, me dei conta de que ninguém do nosso grupo se dera ao trabalho de trocar de roupa antes de sair do escritório. Assim como quem acampa em uma viagem de pesquisa, estávamos todos usando camisetas da empresa. SOU BASEADO-EM-DADOS, nossos peitos anunciavam ao mundo.

Todas as terças-feiras, exatamente ao meio-dia, mais de cem sirenes sincronizadas berravam por San Francisco, um teste do sistema de alarmes de emergência da cidade. As sirenes também sinalizavam, na startup de análises, que estava na hora da nossa reunião semanal. Os mais obedientes se empoleiravam nos dois sofás no meio do escritório e o resto virava as cadeiras que usavam em suas mesas, ladeando o CEO em um semicírculo como crianças em um jardim de infância progressista.

No começo de cada reunião, a gerente de operações distribuía pacotes contendo métricas e atualizações da empresa inteira: números de vendas, novos inscritos, acordos fechados. Todos tínhamos acesso a detalhes e minúcias de alto nível, dos nomes e avanços de candidatos a empregos à receita prevista. Isso nos dava uma visão panorâmica do negócio. Contribuições individuais eram perceptíveis: era uma sensação gostosa identificar e medir o impacto que tínhamos. No fim da reunião, os pacotes eram recolhidos, contados e prontamente retalhados.

O destaque das reuniões era sempre o CEO, que nos inteirava

da saúde financeira da empresa, do plano de atuação do nosso produto, de seus projetos macro. Conforme ditava a moda do ecossistema, abraçávamos a transparência. Decisões realmente importantes ainda eram tomadas no "Pentágono", ou em canais de chat que a maioria de nós não sabia que existia. Mas ainda assim era bom nos sentirmos incluídos.

Estávamos nos saindo bem — estávamos sempre nos saindo bem. Em uma cultura em que a lucratividade conferia o direito de alguém se gabar, não nos faltavam motivos para presunção. Nossos gráficos de renda pareciam caricaturas de gráficos de renda. Os engenheiros tinham feito um website interno para monitorar a receita, em que podíamos ver o dinheiro entrando, em tempo real. A mensagem era clara e inebriante: a sociedade valorizava nossas contribuições e, por conseguinte, nos valorizava.

A oferta pública inicial de ações parecia iminente. Ainda assim, o inimigo de uma startup bem-sucedida era a complacência. Para combater isso, o CEO gostava de inculcar medo. Ele não tinha uma presença física formidável — seu cabelo vivia cheio de gel, pontudo; era delgado; volta e meia usava jaquetas verdes da porta para dentro, supostamente para enfrentar o frio — mas morríamos de medo dele. Falava em termos militares. "Estamos em guerra", dizia, parado à nossa frente, de braços cruzados e o maxilar tensionado. Pelo mundo, Síria, Iraque e Israel viviam a violência. Estávamos em guerra com concorrentes por fatias do mercado. Olhávamos para as nossas garrafas de kombucha ou suco de laranja e assentíamos com seriedade.

O CEO não era muito inspirador, mas impressionava. Não era apenas a pessoa mais poderosa da sala — embora fosse, é claro, sempre a pessoa mais poderosa da sala. Nós o tratávamos como a um oráculo. Tudo que ele tocava parecia virar ouro. Quando destacava um de nós por ter feito algo bom, um raro acontecimento, era profundamente gratificante. Ficávamos loucos para agradá-lo. Nunca parávamos quietos. Nós Defendíamos a Causa. Defender a Causa: a máxima estava nos nossos anúncios de emprego e nas nossas comunicações internas. A ideia era pôr a empresa em primeiro lugar, a maior forma de elogio. O auge era receber um agradecimento do CEO em pessoa — ou, melhor ainda, no chat da empresa — por Defender a Causa. Isso acontecia, de tempos em tempos, se um de nós fizesse algo especialmente útil que extrapolasse a descrição de nossas funções. Se ele estivesse de bom humor. Se tivéssemos sorte.

    A camaradagem veio fácil. O escritório era amplo a ponto de mantermos distância uns dos outros, se assim quiséssemos, mas ficávamos perto. Todos sabiam quem estava de ressaca. Todos sabiam se alguém sofria de síndrome do intestino irritável induzida por estresse. Nos guiávamos pelo que, de brincadeira, chamávamos métrica bunda-na-cadeira: nossa presença era a prova. Fazer corpo mole não era opção. Se alguém faltava, havia algo errado. As pesquisas mostravam pouca correlação entre produtividade e muitas horas de trabalho, mas o setor tecnológico prosperava seguindo a ideia de que era excepcional: os dados não se aplicavam a nós.

    Além do mais, nos divertíamos. Evitávamos as chateações e os protocolos do mundo corporativo: havia sempre uma oportunidade de avançar logo rumo à gerência, como se pulássemos uma série na escola, como se pulássemos três. Nos vestíamos como queríamos. Nossas esquisitices eram perdoadas. Contanto que fôssemos produtivos, poderíamos ser autênticos.

    O trabalho tinha se embrenhado nas nossas identidades. Éramos a empresa; a empresa era todos nós. Tanto os pequenos fracassos quanto os grandes sucessos eram um reflexo de nossas imperfeições pessoais ou brilhantismos individuais. A intensidade era contagiante, bem como a sensação de que éramos todos indispensáveis. Sempre que víamos um estranho na academia usando uma blusa com o nosso logotipo, sempre que nos mencionavam em redes sociais ou no blog de um cliente, sempre que recebíamos uma avaliação positiva, compartilhávamos a história no chat da empresa e sentíamos orgulho, orgulho genuíno.

Passei a usar roupas de flanela. Comprei botas australianas e pedalava até o trabalho, suando. Incorporei vitamina B ao meu regime e me sentia mais desperta, mais alegre. Comecei a ouvir música dance eletrônica. Era um vestígio do festival Burning Man, que nunca saía de moda na baía, assim como ecstatic dance, esculturas cheias de LED e leggings psicodélicas.

Escutar música dance eletrônica enquanto trabalhava me dava ilusões de grandeza, mas me fazia manter o ritmo. Era o gênero da minha geração: a música dos video games e efeitos de computador, a música das 24 horas em atividade, a música de se vender com orgulho. Era decadente e barata, a música da não história, ou da globalização — ou talvez do niilismo, mas divertida. Dava a sensação de que eu tinha acabado de cheirar uma carreira de cocaína, só que feliz. Dava a sensação de que eu chegaria a algum lugar.

Era essa a sensação de se lançar mundo afora em um estado de pura autoconfiança?, eu me questionava, apertando as têmporas com os dedos — era essa sensação de ser homem? O simples êxtase do desnível fazia com que tudo ao meu redor parecesse parte de uma propaganda de tênis de corrida ou de um carro de luxo, embora eu não conseguisse me imaginar dirigindo ou sequer fazendo compras on-line ao som de música dance eletrônica. Não me imaginava botando a música para tocar para os meus pais. Me debruçava sobre minha mesa elevada e dançava enquanto batucava e-mails, assentindo em solidariedade ao resto da equipe. Meus pés poderiam muito bem estar girando o mundo.

Meus colegas de equipe eram todos habilidosos com o RipStik, um skate de duas rodas. Deslizavam pelo escritório, dando guinadas e se abaixando com os notebooks na mão, atendendo a ligações de clientes com seus celulares particulares, indo da mesa para a cozinha e à sala de reuniões. Dominar o RipStik era um rito de passagem, e eu não consegui. Depois de algumas semanas tentando, comprei um skate pela internet, uma peça de plástico verde neon com quatro rodinhas que parecia mais legal quando estava parada. Eu ia ao escritório no fim de semana para praticar skate, aperfeiçoando meu equilíbrio. Era veloz, perigosamente veloz. Em geral, eu o botava debaixo da minha mesa elevada e subia nele, balançando para a frente e para trás enquanto trabalhava.

Nossos principais usuários eram programadores e cientistas de dados, quase todos, pela natureza do setor, homens. Passei a me sentir confortável falando com eles sobre tecnologia sem realmente entender a tecnologia. Me vi debatendo com segurança cookies, mapeamento de dados, a diferença entre o lado do servidor e o lado do cliente. É só acrescentar lógica, ponderei com entusiasmo. Isso não me dizia nada, mas geralmente soava bem entre os engenheiros.

Duas vezes por semana, eu fazia um webinar ao vivo para instruir os novos clientes. Dividia minha tela com grupos de estranhos e clicava em dashboards demonstrativos feitos com conjuntos de dados de empresas hipotéticas. *Não se preocupem*, eu lhes garantia, executando um roteiro bem gasto, *os dados são fic-*

tícios. Pedi a meus pais que assistissem, como para provar que tinha me mudado para longe deles a fim de fazer algo útil. E uma manhã, eles assistiram. Depois da sessão, minha mãe me enviou um e-mail para oferecer seu feedback. *Não perca esse tom pomposo!*, ela escreveu, acabando comigo. A ferramenta deveria ser objetiva. Era, em tese, tão simples que poderia ser usada por um gerente de marketing. Pelo menos, era o que meus colegas de trabalho diziam — uma bênção em forma de software moderno. Por anos a fio, a frase de efeito tinha sido *Tão fácil que sua mãe conseguiria usar*, mas ela havia se tornado deselegante e politicamente incorreta, uma frase a ser usada somente em reuniões sem a presença de mulheres, que existiam aos borbotões. Mas nossos usuários tinham uma criatividade inesgotável para implementar coisas incorretas. Ativavam o próprio código, mas aí descobriam que o nosso estava em silêncio, inerte. Verificavam seus dashboards, atualizavam as páginas e reiniciavam os navegadores. Em seguida, mandavam um e-mail raivoso.

Não vejo dado nenhum, escreviam. Queriam saber: qual era o problema do software? Nossos servidores estavam fora do ar? A gente sabia que eles estavam nos pagando rios de dinheiro, e a troco de nada? Tinham certeza de que a ferramenta estava estragada; tinham certeza de que a culpa não poderia ser deles. Esses comentários eram cobertos de ansiedade. Alguns clientes entravam em pânico, faziam acusações, desmereciam a empresa nas redes sociais. Havia uma pequena parte de mim que saboreava a frustração deles: eu sabia que arrumaria o problema. Não havia problema insolúvel. Talvez não houvesse nem problema, somente erros.

Minha função era assegurar que o software não estava estragado — lembrar que nosso software jamais estava estragado. Passo a passo, eu ia depurando seus procedimentos. Às vezes era necessário olhar os códigos-fonte ou os dados do cliente para, já estando dentro deles, poder começar a consertar os erros. Era como passar um alfinete por um colar enrolado: devagar, ponderado, passível de reveses. Com uma satisfação silenciosa, eu explicava aos clientes exatamente onde as coisas tinham degringolado, e então achava meios de assumir a responsabilidade pelos erros deles. Eu os convencia de que nosso produto era complicado, embora não devesse ser complicado para eles. Admitia que nossa documentação deveria ter sido mais clara, apesar de eu mesma ter sido a autora da documentação. Pedia desculpas, várias vezes, por erros que eles haviam cometido. O que estou falando faz sentido? Eu fazia perguntas de poucos em poucos minutos, com a delicadeza de uma professora particular, dando-lhes a chance de jogar a culpa de volta para mim.

Em casos especialmente difíceis, recorríamos ao telefone. Como não tínhamos telefones na mesa, eu dava o número do meu celular pessoal. Em um setor baseado em mensagens de texto, falar ao telefone era de uma intimidade surpreendente. A não ser que o cliente cometesse abusos verbais, eu gostava. De modo geral, eles entendiam que a assistência técnica não vinha de uma central de atendimento terceirizada no centro de Indiana: vinha de mim. Eu empurrava a cadeira até a sala do servidor, com um ar condicionado brutal, tomava chá, e me repetia até sentir que tínhamos chegado a um acordo. Às vezes o cliente e eu optávamos pela videoconferência com compartilhamento de tela, mas me parecia exposição demais, pessoalidade demais. Sempre ficava nervosa ao entrar na reunião e ver minha própria cara boiando acima da cabeça pixelada de um estranho, que me olhava de volta.

Off-line, longe dos portais gélidos de suas caixas de entrada e do nosso sistema de apoio ao cliente, a tendência deles era ir para o lado mais pessoal. Na equipe de Soluções, volta e meia falávamos de como "surpreender e encantar" nossos usuários — uma lição do atendimento ao cliente fomentada pela superloja on-line —, mas às vezes eram nossos usuários que me surpreendiam. Falavam dos conflitos no local de trabalho; falavam de seus divórcios e sites de namoro.

Um dos clientes me disse para olhar o blog dele, o que fiz na mesma hora, passando os olhos nos posts sobre viagens e treinamento de força enquanto, pelo telefone, eu lhe dava instruções de como usar nossa interface de programa aplicativo para exportação de dados. Esclareci como formatar os parâmetros de solicitação enquanto olhava fotos de sua ex-mulher comendo sanduíche de lagosta; com as mãos na cintura em diversas montanhas; segurando o gato deles, que havia falecido. Alguns dias depois, entabulamos uma correspondência por e-mail extraprofissional — sobre minha saudade de Nova York e dos pontos fracos dele em relação aos sites de encontros —, mas recuei quando ficamos íntimos demais. Nunca nos conhecemos pessoalmente.

Em certos dias, ao ajudar homens a resolver os problemas que tinham criado sozinhos, eu me sentia um software, um robô: em vez de ser uma inteligência artificial, era um artifício inteligente, um textinho compreensivo ou uma voz carinhosa, dando instruções, escutando com uma atitude reconfortante. No alto de todos os e-mails que os homens recebiam, meu avatar, uma foto tirada no Brooklyn por uma grande amiga, sorria timidamente detrás de uma cortina de cabelo.

Duas vezes por semana, por volta das seis ou sete da noite, fornecedores de um aplicativo de entrega de comida saíam do elevador empurrando carrinhos cheios de tinas de lata resistentes. A gerente de operações alinhava as tinas em uma bancada perto da cozinha e, assim que tirava as embalagens de folha metálica, meus colegas de trabalho saltavam da cadeira e corriam para se servir antes dos outros. Não tinha importância, para mim, que as refeições no escritório não fossem uma oportunidade de entrosamento ou um gesto de cuidado, mas uma decisão comercial — um incentivo para que ficássemos ali dentro mais tempo, para que continuássemos a labuta. A comida tinha pouco carboidrato e era deliciosa, bastante digna do dinheiro alheio, mais saudável do que qualquer coisa que eu já tivesse cozinhado. Ficava contente em dividir mais uma refeição com meus colegas de equipe. Nos sentávamos alegremente à mesa de jantar, enfiando a comida nos nossos corpos.

Uma noite, durante o jantar, o CEO me incentivou a ampliar minha área de atuação: aprender a escrever códigos, começar a fazer trabalhos que extrapolassem a descrição dos meus deveres. "Para que eles não tenham alternativa a não ser te promover", ele recomendou. Quem eram "eles"?, perguntei em silêncio. "Eles" não eram ele? O CEO tinha me dito que me promoveria a arquiteta de soluções se eu conseguisse bolar um jogo de damas para dois jogadores conectados em rede. Ao voltar para a mesa dele, me enviou por e-mail o PDF de um manual de programação que prometia tornar iniciantes proficientes em JavaScript em um fim de semana.

Os engenheiros que eu conhecia diziam que o mundo havia se aberto para eles na primeira vez que escreveram uma linha de código funcional. O sistema lhes pertencia; o computador faria o que mandassem. Estavam no controle. Poderiam construir qualquer coisa que imaginassem. Falavam de atingir o fluxo, um estado prolongado de concentração mental e foco prazeroso, como o barato que maratonistas obtinham sem precisar de exercícios. Eu adorava ouvi-los usar essa terminologia. Soava tão menstrual...

Trabalhar no setor tecnológico sem conhecimento técnico era como se mudar para um país estrangeiro sem saber a língua. Eu não me incomodava em tentar. Programar era tedioso, mas não difícil. Encontrei certo prazer naquela objetividade: era como matemática ou preparação de textos. Havia uma ordem, uma distinção nítida entre certo e errado. Quando eu editava ou selecionava manuscritos na agência literária, agia principalmente por instinto e emoção, com o constante terror de que pudesse arruinar o trabalho criativo alheio. Códigos, por outro lado, eram reativos e indiferentes. Ao contrário de tudo na minha vida, quando eu cometia um erro, eles me avisavam na mesma hora.

Passei o fim de semana fazendo zelosamente os exercícios de programação enquanto pensava em outras coisas que preferiria fazer, como ler um romance ou escrever cartões-postais para os amigos da minha cidade, ou explorar um bairro novo de bicicleta. Não estava empolgada por ter o controle da máquina. Não atingi o fluxo. Não precisava de nada nem desejava nada do software. Não havia nada que eu quisesse hackear ou criar. Não precisava terceirizar outra parte da minha vida a um aplicativo, e nunca tinha jogado damas. A parte do meu cérebro que obtinha certo prazer na codificação também se alimentava de comportamentos obsessivo-compulsivos e do perfeccionismo. Não era uma parte do cérebro que eu quisesse cultivar.

Mais tarde relatei o desafio a engenheiros, que ficaram estarrecidos: jogo de damas em rede, disseram eles, não era atividade para iniciantes — o CEO tinha me passado uma tarefa impossível. Mas na época, minha falta de interesse em aprender JavaScript me pareceu uma falha moral. Voltei na manhã de segunda-feira e disse ao CEO que não tinha conseguido criar o jogo. Parecia, naquele ambiente, um mal menor do que a falta de vontade.

Por volta da marca dos três meses, o gerente de soluções me levou para uma caminhada pela vizinhança. Andamos devagar por uma pracinha bem adequada a breves almoços de negócios e rompimentos de relações inconsequentes. Passamos por uma boate de strip-tease, um espaço benquisto para festas durante conferências de desenvolvedores, que meus colegas alegavam ter um bufê excelente no almoço. Passamos em frente de pessoas que comiam saladas de dezoito dólares; desviamos de outras que dormiam em cima das grades fumegantes.

O gerente de soluções disse estar orgulhoso de mim, que eu tinha melhorado rápido: já era capaz de responder à maioria das perguntas da caixa de entrada, mantinha o autocontrole diante de uma implementação grosseira, dava excelente assistência aos nossos clientes. A empresa achava que tinha feito um bom investimento. Como um gesto de boa-fé, declarou ele, estavam me dando um aumento. Me olhou com bondade, como se tivesse me dado à luz.

"Estamos te oferecendo mais dez mil dólares", ele disse, "porque queremos que você continue com a gente."

Abandonei o apartamento com aluguel controlado. Saí de Castro e fui para um apartamento de um quarto no primeiro andar de um edifício eduardiano decrépito no norte da cidade, acima da linha formada pela neblina. Peguei carona na caçamba do caminhão de mudanças com um colchão, duas bolsas de pano e minhas seis ou sete caixas de pertences: oitocentos metros Divisadero abaixo, oitocentos metros Haight acima. Os caras da mudança levaram trinta minutos, de porta a porta — um trabalho tão rápido, tão patético, que na hora de pagar eles insistiram em me dar desconto.

O apartamento era minúsculo e iluminado e meu. Havia barras na janela da sacada, mas não liguei — havia sacada, e dava vista para uma melaleuca antiga e retorcida. No banheiro havia um boxe estreito com chuveiro que me dava a sensação de ser uma vaca de Damien Hirst. A porta dos fundos dava para o porão, pelo qual eu chegava a um jardim compartilhado com uma sequoia e uma palmeira esplêndida, agonizante.

O aluguel era de 1,8 mil dólares por mês, cerca de 40% do

meu salário líquido, mas eu não esperava ficar ali mais de um ano: me reinventaria profissionalmente e voltaria a Nova York com um cargo administrativo de médio escalão e habilidades vendáveis. Além disso, nunca havia morado sozinha, e agora tinha 25 metros quadrados só para mim. Sentia que minha privacidade era total. Tinha quatro trancas na porta.

O corretor de imóveis que me mostrou o apartamento pedira que eu o encontrasse de manhã, e 48 horas depois que ele me entregou as chaves entendi o motivo. O apartamento era de frente para a rua e as pessoas ficavam na esquina tocando violão, provocando brigas e, em sussurros gritados, vendendo drogas aos pedestres. Agachavam-se contra a árvore e se injetavam, enlouqueciam, brigavam, mijavam. Alguns tinham baratos longos, ruins, e gritavam sobre Deus e por suas mães. Alguns se arrastavam diante de um cinema antigo virando a esquina, recém-reinaugurado como uma comuna moderna que atendia ao círculo de nômades digitais, acarinhando seus bichinhos e mendigando. Um vizinho se referia a eles como filhos dos fundos fiduciários. "Dá para ver pelos dentes quem passou pelo ortodontista", ele declarou, revirando os olhos, enquanto pegávamos nossas correspondências de caixas adjacentes. Não sabia se ele estava falando dos millennials sem-teto ou dos nômades digitais, e não perguntei.

À noite, quando eu chegava em casa, tinha a sensação de estar em outra cidade. Havia rastros mínimos do ecossistema. Os microbairros de San Francisco eram comprometidos com identidades urbanas bem puídas: o Castro, uma pista de pouso do varejo carregada de insinuações descendo de uma praça onde nudistas tomavam café em mesas de bistrôs, os genitais enfiados em meias esportivas, foi um curso intensivo sobre certo estilo de nostalgia revisionista. Mas o Haight, com homens fora de si passando cantadas e fornecedores adolescentes de cannabis purple kush, talvez fosse o mais comprometido de todos.

O bairro havia incubado a contracultura dos anos 1960, e quase cinquenta anos depois ninguém parecia disposto a abrir mão dessa identidade. Visitantes do mundo inteiro chegavam como se estivessem em peregrinação, à procura de algo que talvez nunca tivesse existido. Famílias perambulavam pela rua principal, entrando em tabacarias e lojas vintage, tirando fotos em frente a murais retratando músicos famosos e há muito falecidos. Desviavam de adolescentes deitados no meio-fio na frente da clínica gratuita e evitavam olhar para as vans estacionadas na rua, suas janelas à manivela tampadas com toalhas e jornais.

Ao anoitecer, na porta das lojas que vendiam leggings tie-dye e cartões-postais de pioneiros do ácido, as pessoas se encolhiam em tendas de acampamento de segunda mão e em cima de caixas de papelão, uma opção um pouco mais segura do que dormir na praça. Era possível que os turistas que circulavam pela área comercial interpretassem a epidemia dos sem-teto em San Francisco como parte da estética hippie; era possível que os turistas nem pensassem na epidemia dos sem-teto.

Os fins de semana, depois que o trabalho terminava, eram um desafio. Às vezes me encontrava com colegas de trabalho, mas passava a maior parte do tempo sozinha. Me sentia livre, e invisível, e muito só. Nas tardes de calor, ia ao Golden Gate Park, me deitava na grama e escutava música dance, fantasiando sair para dançar. As pessoas atiravam bolas de tênis para os cachorros em corredores de luz, e eu sentia inveja. Observava grupos de entusiastas dos exercícios físicos pulando e me perguntava se eu era o tipo de pessoa capaz de fazer amizades durante agachamentos.

As áreas verdes da cidade transbordavam de casais heterossexuais correndo juntos e pedalando lado a lado em bicicletas com cestos de vime combinando. Era impossível atravessar uma praça sem ver um homem de blusa cinza correndo a todo vapor ou fazendo abdominais oblíquos. Havia, à vista de todos, um nível inconcebível de salubridade. Eu dava longos passeios de bicicleta. Levava meu celular para jantar fora. Passeava pela curva de Lands End escutando Arthur Russell e me compadecendo de mim mesma. Caminhava até o cinema independente de Japantown para ver uma amiga da faculdade em seu primeiro longa-metragem. Seus lábios gigantescos se abriam na tela; engoli com força um copo de água com gás e segurei as lágrimas.

Escutava às escondidas as conversas em praças e restaurantes, prestando muita atenção a estranhos da minha idade fofocando sobre outros estranhos. Escrevia descrições longas, detalhadas, sobre o nada e as enviava por e-mail a amigos. Frequentava shows sozinha e tentava manter um profundo e prolongado contato visual com os músicos. Levava revistas a bares e me sentava junto a lareiras elétricas encardidas, esperando e não esperando que alguém falasse comigo. Ninguém nunca falou.

Meus colegas solteiros estavam em vários aplicativos de encontros e me incentivavam a seguir o exemplo. Mas me percebia recém-cautelosa, receosa de revelar muitos dados íntimos. O Modo Deus me deixava paranoica. Não era o ato de coleta de dados em si, ao qual eu já havia me resignado. O que me fazia hesitar era quem poderia me ver na outra ponta — pessoas como eu. Eu nunca sabia com quem estava dividindo minhas informações.

Em vez de postar a fotografia do meu rosto no aplicativo, carreguei a colagem de um filósofo esloveno responsável por reintroduzir o marxismo a certo subconjunto da minha geração — de modo geral, homens cujas salas de estar tinham enormes coleções de vinil e bibliotecazinhas suntuosas cheias de teoria crítica e livros de história da arte que tinham lido pela metade na faculdade — sobrepostos a uma roupa de astronauta laranja. Tinha feito a colagem anos antes, provavelmente para sinalizar a um paquera que eu era ao mesmo tempo engraçada e séria, o tipo de pessoa com quem um homem poderia conversar por horas a fio sobre redes topológicas de biorracismo ou a necropolítica da reciclagem. Passava horas na cama, tomando café e manuseando o celular. Fazia planos com dois homens que pareciam enfadonhos e agradáveis, ainda que bem versados em teoria social, antes de decidir que não conseguia ir adiante: que tipo de sociopata, eu me perguntava, seria atraído pelo meu perfil? Parei de responder e deletei o aplicativo.

Uns dias depois, me sobressaltei ao ver que um dos homens havia me mandado mensagem na rede social que todo mundo odiava. Eu nunca lhe dissera meu nome completo. Havia tomado o cuidado de reduzir minhas pegadas digitais. Tentei fazer a engenharia reversa de como ele me identificara e não consegui.

Não tinha sido difícil me encontrar, alegou o sujeito. Eu gastaria horas da minha vida tentando descobrir como.

Um amigo da escola me mandou e-mail para apresentar a um engenheiro que ele conhecia, e o engenheiro e eu concordamos em sair para tomar uns drinques. Não estava claro se haviam armado um encontro para nós ou se a ideia era que fizéssemos contato profissional; não estava claro se haveria muita diferença. Fui de vestido só para garantir. Decote entre os seios. Short de ciclismo por baixo.

O engenheiro era lindo e doce de maneira afetada, o tipo de homem que provavelmente entrava no site para pessoas que se consideravam criativas. Trabalhava em uma grande empresa de mídia social, e tinha sido contratado tão no começo de sua existência que falava dela com um tom de posse. Brindamos um ao outro com a história oral de nossos currículos enquanto comíamos tonkatsu em pratos biodegradáveis.

Depois de afastar nossa própria mesa, o engenheiro sugeriu que fôssemos a um barzinho minúsculo no Tenderloin. Ao passarmos por um mercado de drogas a céu aberto, perguntei a mim mesma se esbarraríamos com o diretor técnico; perguntei também se ele ficaria decepcionado ao me ver com outro desenvolvedor de softwares e não com todos os amigos da contracultura dos quais eu me gabava no almoço.

O bar tinha papel de parede texturizado e um leão de chácara esquelético. Fotografias eram proibidas, o que queria dizer que o lugar era para ser vazado em redes sociais, um golpe de marketing de guerrilha. Todo mundo dentro do bar parecia muito orgulhoso de si.

"Não tem cardápio, então não dá para simplesmente pedir, sei lá, um martíni", o engenheiro me disse, como se eu fosse fazer uma coisa dessas. "Você fala três adjetivos para o bartender e ele personaliza um drinque para você. Passei o dia inteiro pensando nos meus adjetivos." Como era ser divertido? Como era a sensação de que fizera por merecer?

Tentei manipular o sistema pedindo uma coisa esfumaçada, salgada e raivosa, cruzando os dedos por mescal; deu certo. Nos encostamos na parede e bebemos. O engenheiro me contou do loft que tinha em Mission, de suas bicicletas especiais, dos acampamentos que costumava fazer nas noites da semana. Falamos de SLR digital e de livros. Ele me parecia do tipo que tinha opiniões sobre fontes.

Quando o engenheiro foi ao banheiro, procurei sua conta no aplicativo de compartilhamento de fotos e dei uma olhada: neblina em Lands End, neblina em Muir Beach, ondas se quebrando, montes acobreados. A ponte Golden Gate ao amanhecer, ao anoitecer, à noite. Metade das fotos retratava ou sua bicicleta ou uma pista de carro vazia. Eram, tenho que admitir, de altíssima resolução.

Me parecia estressante cultivar uma imagem pública ou uma estética pessoal — como o estilo de mentalidade que poderia levar uma pessoa a se preocupar, durante o sexo, se a iluminação estaria cinematográfica o bastante. Sabia que não me encaixaria na vida de curadoria meticulosa do engenheiro. Sabia que nunca mais sairíamos juntos, embora também soubesse que eu tentaria. Mesmo assim, voltei pedalando para casa naquela noite com a sensação de que algo, ainda que pequeno, havia se erguido.

Acabou que a namorada do CEO também precisava de amigos. Amigas, do sexo feminino, ele esclareceu. *Façam uma noitada só das mulheres*, ele escreveu, nos apresentando por e-mail. A única coisa que eu sabia de sua namorada era que ela também era engenheira de software, em um estúdio de animação digital famoso pelo entretenimento infantil de ponta; que eles moravam no mesmo prédio — os apartamentos separados por um andar, um arranjo intencional que eu achava genial — e, claro, que ele a amava.

Nos encontramos em uma adega virando a esquina da startup de análises e nos acomodamos em pufes de couro branco perto da porta. A adega parecia um vestígio da primeira explosão tecnológica, toda camurça e cromo, iluminação rebaixada: um quadro de visualização dos anos 1990. A música lounge invadia o ambiente. Parte do bar estava reservada a um evento comercial feito por uma empresa de capital de risco. Homens de jeans japonês, camisas brancas e crachás gesticulavam entre si, olhando por cima dos ombros alheios, procurando pessoas melhores com as quais travar contato. Eu já ficava feliz só em sair do escritório.

A namorada do CEO era segura de si, eloquente, franca, equilibrada. Tinha cabelo de comercial de xampu e vestia um blazer elegante, sutil. Descrevia seu trabalho como interessante e divertido. Os produtos que ajudara a criar alegravam as pessoas, ela declarou. Tudo me parecia muito descomplicado.

Enquanto trocávamos observações comedidas sobre ser mulher no setor tecnológico, tentei conceber uma vida em que teríamos nos tornado amigas íntimas. Embora fosse fácil imaginá-la me visitando no hospital se eu tivesse uma doença terminal, achei mais difícil nos imaginar fumando um baseado e pintando aquarelas, ou indo a uma apresentação de dança experimental. O que faríamos, falaríamos de sexo? Falaríamos de sexismo?

Tentei imaginar uma vida em que eu fosse simplesmente a vela dela e do CEO. Poderíamos nos sentar à beira da quadra de basquete em Potrero Hill e vê-lo jogar uma partida improvisada. Ela poderia me ensinar a fazer escova no cabelo, e não só na parte da frente. Eu nos imaginei viajando de férias juntos, nós três tomando água com gás e discutindo programação funcional. Talvez eu também pudesse virar executiva se andasse com atuais e futuros executivos. Poderia ficar por dentro. Poderíamos passar os feriadões em Sonoma, alugar casas inteiras na plataforma de compartilhamento de casas e nos postar em volta de ilhas de cozinha feitas de mármore para beber vinhos biodinâmicos e dividir nossas ideias comerciais. Era tão difícil imaginar quanto nós duas suando em um show caseiro que transgredisse as leis, ou trocando insights chapados sobre a ideia de que o passado fosse um lugar.

Quando a namorada do CEO perguntou do meu emprego, desviei do assunto. Trabalho era um tema de conversa padrão, e superabrangente para mim, mas não sabia muito bem o quanto ela realmente queria saber, ou o quanto ela já sabia. Não tinha certeza se transmitiria ao namorado algo que eu dissesse. A possibilidade conferia àquela noite o sentido de uma crítica extraoficial — embora a possibilidade de que não falasse nada fosse ainda pior. Isso me deixou mais insegura do que se eu estivesse em um encontro de verdade.

O CEO estava conosco sem estar conosco, e isso me impedia tanto de me revelar quanto de vê-la como um ser humano independente. Sentia vergonha da minha incapacidade de vê-la por inteiro. Não gostava que minha principal moldura para ela fosse a de namorada de alguém, uma aliada, um apêndice, mas não conseguia superar minhas angústias trabalhistas. Talvez o desejo mútuo de amigos não bastasse para uma amizade. Talvez não tivéssemos muito em comum. Cada uma tomou uma taça de vinho, dando golinhos curtos, vagarosos. Falamos dos livros que estávamos lendo ou tínhamos comprado com o objetivo de abrir assim que desse tempo. Concordamos, ambas mentirosas, que iríamos a uma peça teatral em sua segunda montagem. Sorrimos meio que pedindo desculpas ao cair no silêncio enquanto bochechávamos o vinho, como se estivéssemos bebendo algo mais sofisticado do que o vinho branco da casa. Por fim, terminamos nossas taças e, com uma intimidade impecável, tácita, ambas recusamos quando o garçom nos ofereceu a segunda rodada.

Em pleno verão, foi divulgada a notícia de que um funcionário da NSA, a Agência de Segurança Nacional, tinha vazado informações confidenciais sobre os enormes programas de vigilância, cheios de tentáculos, do governo dos Estados Unidos. No almoço, meus colegas e eu ignorávamos os aplicativos de mídia que entupiam nossos celulares de notificações sobre a história, e debatíamos onde comprar nossas quentinhas: na praça de alimentação do shopping que ficava no final do quarteirão ou no restaurante mexicano? Voltamos com uma comida tailandesa passável e lámen cheio de sal, e nos sentamos às grandes mesas comunitárias, onde conversamos sobre podcasts e programas televisivos de excelência, encontros amorosos ruins e as férias que estavam por vir. Em seguida, retornamos às nossas mesas e continuamos a desenvolver, vender, respaldar e promover nosso software.

Dentre as revelações do informante havia a de que a NSA lia as comunicações pessoais de cidadãos: e-mails e mensagens de texto, mensagens diretas em plataformas de redes sociais. Estava coletando listas de contatos e criando mapas de comunicação, rastreando onde e quando e com quem os americanos congregavam. A NSA sondava a atividade das pessoas na internet sem o conhecimento ou o consentimento delas. Fazia isso juntando cookies, o que possibilitava que o comportamento do usuário fosse mapeado e concatenado web afora. Cookies eram algo de que eu sabia um bocado: eram uma tecnologia crucial para o software de análise de dados.

Para obter algumas dessas informações, a agência de segurança havia recorrido à nuvem. A ideia da nuvem, a transparência e a efemeridade subentendidas, escondia a realidade física: a nuvem era apenas uma rede de hardware, guardando dados para sempre. Todo hardware podia ser hackeado. Os servidores das empresas de tecnologia globais tinham sido invadidos e pilhados pelo governo. Certas pessoas diziam que as empresas de tecnologia haviam colaborado conscientemente, criando backdoors. Outras defendiam a inocência delas. Era complicado saber com quem simpatizar, ou quem temer.

A parte da história que chamou minha atenção foi um detalhe bobo, praticamente uma notinha. Foi feita a revelação de que funcionários de baixo escalão da NSA, inclusive prestadores de serviços, tinham acesso às mesmas bases de dados e consultas que seus superiores de alto escalão. Agentes espionavam regularmente seus parentes e interesses amorosos, inimigos e amigos. Pelo que tudo indicava, um pesadelo. Mas não era difícil de imaginar.

Na startup de análises, nunca tocamos no assunto do informante, nem mesmo no happy hour. Em geral, raramente discutíamos as notícias, e claro que não iríamos começar por essa história. Não nos considerávamos parte da economia de vigilância. Claro que não pensávamos no nosso papel para facilitar e normalizar a criação de bases de dados desreguladas, de capital fechado, sobre o comportamento humano. Estávamos apenas possibilitando que gerentes de produto fizessem testes A/B melhores. Só estávamos ajudando desenvolvedores a criar aplicativos melhores. Era tudo muito simples: as pessoas adoravam nosso produto e o alavancavam para aprimorar os próprios produtos, pois assim as pessoas os adorariam também. Não havia nada de execrável nisso. Além do mais, se não o fizéssemos, alguém o faria. Não éramos nem de longe a única ferramenta de análise terceirizada que havia no mercado.

O único dilema moral do nosso espaço que reconhecemos de imediato foi a questão de vender ou não os dados a anunciantes. Era uma coisa que não fazíamos, e éramos íntegros nesse ponto. Nossos clientes podiam ter coletado dados com a nossa ferramenta e vendido, mas isso era prerrogativa dos clientes: eram donos de seus próprios dados. Éramos apenas uma plataforma neutra, um conduto.

Caso alguém fizesse perguntas sobre as informações que nossos usuários estavam coletando, ou da possibilidade de que usassem de maneira indevida o nosso produto, o gerente de soluções tentava nos trazer de volta à realidade lembrando que não éramos corretores de dados. Não criávamos perfis que cruzavam dados de várias plataformas. Não envolvíamos entidades externas. Os usuários podiam até não saber quando eram rastreados, mas isso era entre eles e as empresas clientes.

"Não se esqueça de que estamos do lado certo", o gerente de soluções dizia, sorrindo. "Nós somos os mocinhos."

Estávamos atolados no trabalho, inundados de clientes novos. Todas as equipes precisavam contratar. Nosso bônus de recomendação, um dote para recém-contratados, subiu de 5 mil dólares para oito. Noah começou a embolsar uma renda extra substancial em bônus de recomendação, recrutando os irmãos mais novos e os pais para ajudarem na tropa de seleção.

O CEO era exigente nas contratações: os primeiros cem funcionários da empresa davam o tom de seu futuro, ele dizia. A cultura se multiplicava. Era essencial que tivéssemos cuidado ao definir seus rumos. Isso estimulava nosso senso de prepotência e gratidão pelo emprego que tínhamos: éramos os escolhidos, uma elite de poucos. Mas isso também significava que a ampliação era um desafio.

Entrevistei dezenas de candidatos à equipe de Soluções. Como você descreveria a internet para um agricultor medieval?, perguntei a prováveis engenheiros de assistência técnica, no tom mais assertivo que conseguia. Qual foi a coisa mais difícil que você já fez? Quase nenhum deles passou pelo crivo dos fundadores, que começaram a se irritar — eu estava desperdiçando o tempo deles. "Não contrate ninguém pior do que você", instruiu o CEO. Seu objetivo era me fazer um elogio.

O CEO e o gerente de soluções concordaram que precisávamos de mais mulheres na Assistência, mas não contrataram nenhuma. Na verdade, criamos um pequeno núcleo de millennials homens superqualificados fugindo do direito, das finanças, da educação e dos empreendedores dos dormitórios universitários. Um era ex-analista de participações privadas, recém-chegado de Nova York, que me chamava de "amor" e se vestia como um adolescente desafiando Wall Street: coturno, jeans skinny e casacos felpudos, enormes. Outro tinha lecionado matemática nas escolas públicas de Boston — a tritura da startup, ele declarou, parecia férias em comparação. Um terceiro tinha acabado de obter o doutorado em biologia computacional por uma universidade da Ivy League, e se referia a si mesmo como doutor. Era apenas uma brincadeira. À exceção do doutor, todos eram, mais uma vez, mais novos que eu.

Os meninos eram mais técnicos do que eu na época em que comecei — melhores do que eu —, o que me causou um trauma.

Porém, nos entrosamos facilmente. Eles admiravam meu tempo de casa e elogiavam minha inteligência emocional. Corrigiam minha programação; eu corrigia a gramática deles. Eram competitivos, e viviam atrás de reconhecimento e respeito do CEO. Me sentia responsável por eles, queria protegê-los.

Quando alguns dos engenheiros de assistência técnica começaram a dar sinais de esgotamento, sugeri ao CEO que elogiar o trabalho deles poderia ser de grande valia. Uma massagem no ego lhes faria bem, afirmei. Além do mais, um estímulo positivo não prejudicaria a produtividade — talvez até víssemos seus reflexos nos indicadores de sucesso individuais deles, que eu apresentava à empresa nas reuniões de terça-feira. Eu detestava os indicadores de sucesso, mas gostava de ser quem os monitorava.

O CEO e eu nem sempre falávamos a mesma língua. Eu tinha interesse em conversar sobre empatia, uma palavra da moda tão usada que havia se tornado pura abstração, e em ensinar os engenheiros de assistência técnica a utilizar a pontuação certa. O interesse dele era em rodar uma complexa análise de dados do desempenho da nossa equipe e responsabilizar os garotos pelos números. Eu falava em análise compassiva. Ele falava em otimização. Eu queria uma equipe de corações moles. Ele queria uma equipe de máquinas.

"Por que agradecer a alguém por fazer bem o trabalho?", o CEO indagou, franzindo a testa. "É para isso que eu estou pagando."

Não levei muito tempo para perceber que no Vale do Silício os não engenheiros eram pressionados a provar o valor que tinham. Contratar o primeiro funcionário não técnico era sempre o fim de uma era. Inchávamos a folha de pagamentos; diluíamos as conversas do almoço; criávamos processos e burocracias; pedíamos aulas de ioga e recursos humanos. Nossa tendência, entretanto, era dar uma contribuição positiva para os indicadores de diversidade.

A hierarquia era dominante na startup de análises, arraigada no desdém do CEO pelo marketing e na insistência de que um bom produto se venderia sozinho. Isso se refletia nos nossos salários e participações acionárias. Apesar dos indícios de que a inteligência emocional, ao contrário da linguagem de programação ou do desenvolvimento ágil de software, não podia ser ensinada — não era sem motivo que a compaixão se tornara um grande obstáculo para a inteligência artificial —, as habilidades interpessoais eram subestimadas. Isso me irritava muito.

Nossa gerente de operações, uma defensora pública antes de imigrar para os Estados Unidos, por exemplo, administrava a folha de pagamentos, planejava eventos, fazia as vezes de recrutadora técnica, trabalhava como decoradora de interiores, auxiliava o CEO e servia como nosso departamento de Recursos Humanos ad hoc. Conversava em espanhol com a equipe de serviços gerais e preparava o material das reuniões do conselho. Aguentava reclamações sobre a escolha de aperitivos e tolerava as merdas por botar lencinhos umedecidos para bebês no banheiro masculino. Os fundadores haviam-na contratado, ela me contou uma vez, porque sabiam que ela faria as coisas, e os fundadores tinham razão: em silêncio, a moça dirigia o espetáculo. Eu não entendia por que essa série de habilidades devia ser menos valorizada, fosse no aspecto cultural ou monetário, do que a capacidade de escrever um aplicativo de transporte público.

Porém, eu era suscetível ao mito. Procurava técnicos com iniciativa. Priorizava os que tinham curiosidade por programação. "Ele aprendeu sozinho a codificar durante o verão", me peguei dizendo sobre um candidato a emprego uma tarde. Saiu da minha boca com o fascínio de alguém que contasse um milagre.

* * *

A gerência organizou um exercício para fomentar o espírito de equipe, marcado para uma noite de semana. Nos preparamos nas mesas de almoço do escritório, bebendo à meia-luz e com a música alta. O gerente de soluções corajosamente engolia cervejas--de-raiz. O peixe beta da equipe de engenharia vibrava em seu aquário turvo. Caminhamos em grupo até um espaço minúsculo na boca do Stockton Tunnel. Dois loiros cheios de energia, um homem e uma mulher, nos deram faixas de cabelo coloridas de marca. Ambos eram atraentes e atléticos, as pernas fortes envoltas em leggings de elastano e shorts curtíssimos, e nós éramos seus contrastes: uma tropa de barrigas flácidas e pescoços duros, as mãos tensionadas pela ameaça do túnel do carpo. Noah ficou estupefato: um dos loiros era amigo dele da escola. A situação me deixaria mortificada, mas eles se abraçaram, aos risos, o retrato da despreocupada amizade masculina californiana.

    O espaço ia ficando calorento à medida que as pessoas se embebedavam e saltitavam pelo ambiente, tirando selfies com o diretor técnico e dando "toca aqui" sem ironia nos fundadores. Fizemos brincadeiras de carnaval, jogamos bolinhas de basquete no aro de cestas em miniatura. Nos aglomeramos junto do bar e fizemos mais uma rodada, mais duas.

    Por fim, nos mandaram em uma caça ao tesouro pela cidade. Vazamos do prédio para a rua, nos espalhando na San Francisco da hora do rush, em busca dos pontos de referência. Fizemos pirâmides humanas no meio da Union Square, estalamos as faixas de cabelo na testa uns dos outros, nos fotografamos no meio de um salto diante de um banco antigo, esplêndido. Passamos correndo pelos turistas e fustigamos taxistas, irritamos porteiros e tropeçamos em pessoas sem-teto.

Éramos nossos piores representantes: rasgando a cidade, berrando pedidos de desculpas por cima dos ombros. Estávamos suados, competitivos — até mesmo felizes, talvez felizes.

Certa manhã, uma reunião foi misteriosamente colocada em nossas agendas. Da última vez que isso tinha acontecido, recebemos formulários que pediam que classificássemos vários princípios em uma escala de 1 a 5: nosso desejo de liderar uma equipe; a importância do equilíbrio entre vida e trabalho. Atribuí aos dois a nota 4 e me disseram que meu desejo de ambas as coisas não era suficiente.

No horário marcado, nos arrastamos até a sala de reuniões encolhendo os ombros. A sala tinha uma vista de 1 milhão de dólares para o centro de San Francisco, mas as venezianas ficavam abaixadas. Do outro lado da rua, um baterista de balde tocava uma batida de coração irregular.

Formamos uma fileira, as costas para a janela, os notebooks abertos. Olhei ao redor e senti uma onda de carinho por aqueles homens, aquele grupinho de desajustados que eram as únicas pessoas que entendiam o cerne da minha nova vida. Do outro lado da mesa, o gerente de soluções andava de um lado para outro, mas sorria. Pediu que escrevêssemos o nome das cinco pessoas mais inteligentes que conhecíamos, e obedecemos sem pestanejar.

Inteligente exatamente como, eu perguntava a mim mesma, tampando e destampando a caneta. Não estava acostumada a fazer classificações forçadas dos meus amigos segundo a inteligência. Escrevi cinco nomes: um escultor, um escritor, um físico, dois alunos de pós-graduação. Olhei a lista e pensei na saudade que sentia deles, em como era péssima em responder a seus telefonemas e e-mails. Me questionava como tinha parado de criar um tempo para as coisas e pessoas que me eram queridas. Senti minhas bochechas enrubescerem.

"Ok", disse o gerente de soluções. "Agora me digam: por que essas pessoas não trabalham aqui?"

Por que meus amigos mais inteligentes não trabalhavam ali? Era difícil de encarar, mas não porque fosse complicado. Meus amigos não achariam o trabalho gratificante ou importante. Não tinham interesse nos indicadores comerciais das outras empresas. Não ligavam para tecnologia e, de modo geral, não eram motivados por dinheiro, não até aquele momento. Quem era motivado por dinheiro conseguia ganhar mais trabalhando com outra coisa: finanças, medicina, advocacia, consultoria. Já trabalhavam. A cultura das startups não era para eles. Teriam dado uma olhada no site da empresa e vacilado. Uma apresentação de slides piscava nas páginas de empregos: fotos em grupo em que todos usávamos nossas camisetas "baseado-em-dados"; fotos em grupo em que estávamos sentados nos ombros uns dos outros, fazendo caretas. Fotos do CEO e dos meus colegas participando voluntariamente de uma prova de resistência ao medo perto de Tahoe, uma enorme rota com obstáculos em que nadaram em caçambas de água gelada e atravessaram campos enlameados enquanto recebiam eletrochoques de ex-atletas da segunda divisão. Fotos minhas, desfilando com a camiseta da empresa, de pescoço encolhido, sorrindo.

Meus amigos trabalhavam muito e eram comprometidos, mas suas vocações, mal recompensadas, tornavam suas escolhas de vida, em comparação, totalmente sem graça. Eram do tipo que certas pessoas do setor tecnológico desdenhavam por não dar uma contribuição significativa à economia, embora o menosprezo viesse de ambos os lados — se alguém da nossa idade se apresentasse como empreendedor, meus amigos teriam rolado de rir em sua superioridade presunçosa.

Em todo caso, o universo dos meus amigos era sensorial, sentimental, complexo. Era teórico e expressivo. Às vezes, caótico. Não se tratava do universo que o software de análises facilitava. Era um universo que eu não tinha certeza se ainda poderia chamar de meu.

Se, em Nova York, eu nunca havia concebido que havia gente por trás da internet, em San Francisco era impossível me esquecer disso. Os logotipos borbulhantes das startups reluziam no alto de armazéns e torres de escritórios e salpicavam os bonés, camisetas e kits de ciclismo das pessoas que iam até o centro para trabalhar. A cidade pontilhava-se de lembranças de que a língua inglesa estava sendo perturbada. O trecho da rodovia que se estendia pelo Vale do Silício, de San Francisco a San Jose — onde o dinheiro realmente começava a diminuir; onde o espaço nos outdoors custava mais —, era ladeado por anúncios vendendo produtos de software a desenvolvedores em uma linguagem que só lembrava um pouco a língua moderna. As propagandas transcendiam todo o contexto e as estruturas gramaticais. PRODUZIMOS A JANTA (entrega de comida). COMO FUNCIONA O AMANHÃ (armazenamento de arquivos). PERGUNTE AO SEU PROGRAMADOR (comunicações baseadas na nuvem). Eram futurísticos e estranhos ao lado das propagandas mais tradicionais, embora as indústrias mais antigas estivessem começando a entender melhor o novo público-alvo.

Uma empresa de serviços financeiros — que existia há mais de um século, oferecia seguros de vida, gestão de investimentos e, na década de 1980, fraude escancarada — obedecia às convenções da gramática, mas botava um espelho na frente de um público que talvez não quisesse se enxergar. O anúncio dizia DOE A UMA CAUSA VALIOSA: SUA APOSENTADORIA.

Uma noite, descendo a escada rolante da estação de trem, reparei em um anúncio que cobria a plataforma lá embaixo. O produto era um aplicativo de armazenamento de senhas — identidade como serviço —, mas a empresa não se promovia para os usuários; estava anunciando suas vagas de emprego. Estava anunciando para mim.

A propaganda tinha cinco pessoas formando um V de braços cruzados. Usavam moletons azuis idênticos. Também usavam máscaras emborrachadas de unicórnio idênticas. Saí da escada rolante e pisei na cabeça deles. No texto, lia-se CRIADO POR HUMANOS, USADO POR UNICÓRNIOS.

Do que as pessoas viviam falando? As pessoas falavam coisas como "coexecutar" e "upleveling"; usavam "solicitar" e "anexar" e "falhar" como substantivos. Faziam piadas com "adultar". Substituíam aceitação social por memes virais. Usavam gírias da internet como se fossem um vocabulário — como se as siglas já não estivessem no lugar de outras palavras. "Sabe aquele GIF com a animação do bonequinho?", um colega de trabalho de vinte e poucos anos me perguntou, a fim de descrever seu estado emocional. Eu não sabia. "Kkk", ele disse, sem rir. "Haha", respondi. Sem rir.

Nenhuma das startups do ecossistema tinha sido batizada para a posteridade, nem para a história, sem sombra de dúvida. Os padrões de denominação eram ditados pela disponibilidade do URL, forçando novas empresas a usar a criatividade. Em algum lugar, uma agência de branding ganhava dinheiro convencendo os fundadores a parecer iletrados. Fundadores de startups formavam sociedades de responsabilidade limitada sob neologismos fabricados, ou substantivos sem as vogais. Me resignei a um futuro em que, se eu desse sorte, as mensalidades da faculdade dos meus netos seriam pagas graças a uma empresa que parecia uma metátese acidental ou um ato falho.

Às vezes eu tinha a impressão de que todo mundo falava uma língua diferente — ou a mesma língua com normas radicalmente diferentes. Não havia léxico em comum. Na verdade, as pessoas usavam uma espécie de não linguagem, que não era nem bela nem muito eficiente: uma mistura de jargão empresarial com metáforas atléticas e de guerra, infladas com ostentação. Chamados à ação; linhas de frente e trincheiras; bombardeios. Empresas não faliam, elas morriam. Não competíamos, íamos à guerra.

"Estamos fazendo produtos", disse o CEO, nos incentivando em uma reunião de terça-feira, "que podem fazer evoluir a humanidade."

Em uma manhã gelada no final do verão, a neblina ainda persistindo, fizemos uma excursão para ver nossos próprios outdoors recém-revelados na rodovia. Todo mundo chegou cedo ao trabalho. A gerente de operações encomendou suco de laranja fresco e doces, copinhos de parfait com estrato de granola. Havia uma garrafa de champanhe em cima da mesa, fechada.

Me orgulhava da nossa diretora de comunicações, e me sentia nervosa por ela. Não estava claro quais indicadores poderiam ser correlacionados a um outdoor na rodovia. O CEO já não acreditava em marketing. Acreditava em redes de contatos. Propaganda boca a boca. Ele acreditava em fazer algo tão útil, tão necessário, tão bem projetado que se imiscuiria na vida das pessoas sem pressões externas. Outdoors eram caríssimos. Seria difícil, se não impossível, provar o retorno do investimento. Andamos até o South of Market em bando, as mãos no bolso. Tiramos uma fotografia em grupo diante de um dos nossos anúncios, os braços em torno uns dos outros, sorridentes e orgulhosos. Encaminhei a foto aos meus pais em Nova York, prometendo, acometida pela culpa, ligar em breve.

Noah me botou debaixo de suas asas. Conhecer os amigos dele era como abrir o portão para uma faceta da baía da qual eu pensava ter sido expulsa. Havia chefs e assistentes sociais, acadêmicos e músicos, dançarinos e poetas. Poucos tinham emprego em tempo integral. Praticavam uma sinceridade radical e acreditavam na orientação espiritual não religiosa. Falavam a linguagem dos grupos de encontros. Sentavam-se no colo uns dos outros e se aconchegavam em público. Tinham caixas de fantasias. Não era incomum, em festas, entrar em um quarto e deparar com alguém aplicando reiki.

Todo mundo estava descobrindo uma forma de viver. Algumas das mulheres tinham instituído sistemas de reparação de gênero com seus parceiros homens. Ateus convictos compravam cartas de tarô e se preocupavam com a melhor maneira de impregná-las com uma energia potente; discutiam ascendentes e comparavam mapas astrais. Iam a postos avançados em Mendocino para zelar uns pelos outros em longas viagens com altas doses de LSD com o objetivo de revelar suas crianças internas aos adultos que eram. Escreviam diários e os discutiam. Faziam retiros em acampamentos de verão para se libertar da tecnologia, onde trancavam seus smartphones e trocavam seus nomes de batismo por pseudônimos que evocavam animais, frutos, fenômenos meteorológicos. Iam a fazendas de meditação silenciosa à beira de penhascos, e depois passavam dias perambulando, desconexos e antissociais. Alguns difundiam um programa de autoajuda e liderança famoso. Quando o pesquisei, descobri que era geralmente considerado uma seita.

Parecia que metade dos antiquados modernosos passava grande parte do tempo livre em sofás estofados de segunda mão, tomando chá e processando. Processar era uma rotina, uma atividade grupal. As pessoas consultavam as outras sobre suas relações amorosas, seus problemas financeiros, suas questões profissionais, suas hemorroidas. Todo mundo vivia fazendo contato.

Eu tinha dificuldade de assimilar. Tentei ecstatic dance, mas passava a maior parte do tempo à distância, arrumando as meias. Participei de rodas de massagem, totalmente vestida. Pedi a uma ativista pelos direitos dos ânimos sem nenhum talento gráfico que pintasse meu rosto em uma festa, e dancei nos cantos, tentando forçar minha mente a sair do corpo. Fui a festas com tema de spa em uma casa coletiva e fiquei passeando pelas dependências de robe, tentando evitar a banheira de hidromassagem — um banho de genitálias sous-vide.

Processar como hobby me levava a sentir afinidade com o papo furado descolado, impessoal, da cultura empresarial. A sinceridade radical volta e meia me parecia o colapso da barreira entre subjetividade e objetividade. Podia parecer uma crueldade. Mas também parecia dar certo.

Não queria julgá-los. Admirava a coletividade, que eu achava salutar e profunda. A confiança entre amigos era familiar, generosa, otimista. Havia comunhão genuína. O futuro era embaçado e o presente, instável. A vida se caracterizava, em medidas diversas, pela precariedade constante. Todo mundo fazia o possível para fincar os pés na cidade, para manter parte da cultura sacrossanta, para construir o que acreditavam ser um mundo melhor.

Em uma festa de aniversário ao norte de Panhandle, Ian, que dividia o apartamento com Noah, se sentou ao meu lado e entabulou uma conversa. De repente, me senti linda e interessante. Nunca na vida tinha feito um homem atravessar uma sala apinhada para falar comigo. Mais tarde, descobriria que era assim que Ian lidava com reuniões sociais: como era um engenheiro de softwares que convivia quase exclusivamente com pessoas formadas em humanas, ficava sensibilizado com os excluídos, predisposto a procurar e envolver a pessoa da festa que parecesse mais entediada. Ele me viu sentada sozinha no sofá, sem falar com ninguém, tentando impedir meus pés de batucarem ao som do tropical house que vinha do celular de alguém, olhando fixo para a estante de livros: manuais de programação, livros sobre a ética poliamorosa. Ian tinha uma bondade serena.

Sua voz suave assobiava um pouco ao pronunciar a letra S. Tinha um cabelo eriçado pela estática e um sorriso doce, estreito. Fazia perguntas e depois vinha com perguntas complementares, uma novidade. Levei um tempo para voltar a conversa para ele. O que você faz, perguntei, como a carreirista da Costa Leste que eu era. Ele trabalhava com robótica, mas não queria falar disso na festa. Um homem que trabalhava com tecnologia que não queria falar de tecnologia: um encanto.

Nossas trajetórias tinham sido assintóticas, descobrimos. Ian e eu tínhamos amigos em comum — de modo geral, editores e escritores do Brooklyn, que ele conhecia da faculdade. A banda dele havia feito um show no porão do dormitório onde morei no segundo ano da universidade. Eu tinha até estado no apartamento dele, me lembrei, em um desvio durante uma saída especialmente regada a álcool da equipe de Soluções. Estava em casa naquela noite, ele contou, preparando o jantar nos fundos. Quanto mais trocávamos ideias, mais estranho parecia que ainda não nos conhecêssemos. Eu queria pôr as mãos no cabelo dele.

Fomos à cozinha juntos, em busca de bebida gelada. Uma turma estava sentada no linóleo, bebendo vinho em potes de geleia. "Qual é o traço de personalidade herdado dos seus pais de que você mais gosta e menos gosta?", um deles perguntava, em um tom muito solene. Um homem de macacão de fleece com direito a pezinhos se inclinou para a frente, apoiando o queixo na palma das mãos. "Resiliência", afirmou. Todo mundo fez que sim. "E você acha que eles veem isso em você?", perguntou outra pessoa.

Que pesadelo, pensei. Mirei a porta dos fundos. A ideia de participar de maiêuticas terapêuticas com um grupo de estranhos era estressante. Não conseguia conceber questionar minha relação com meus pais como forma de socializar. Me sentia tensa, conservadora, reprimida, corporativa em comparação — mas também me sentia bem assim. Ian pegou duas latas de cerveja e indicou o corredor.

De volta à sala de estar, as pessoas começavam a se mobilizar para o karaokê: umedeciam o carvão para o narguilé, recolhiam copos vazios, embrulhavam cervejas para o trajeto em lenços e papéis reciclados. Ian e eu continuamos a conversa enquanto a festa se dirigia a Japantown. Ficava tranquila perto dele, em casa. Serpenteando pelo Alamo Square Park, ele delicadamente pegou minha mão e a pôs no bolso do casaco, segurando-a durante a caminhada.

* * *

Noah e Ian moravam no segundo andar de um antigo quartel de bombeiros no Mission, em uma ruazinha que se estendia pelo quarteirão inteiro, apertada entre duas avenidas que representavam, em um estilo quase dickensiano, a fissura socioeconômica da cidade. De um lado havia a praça caótica na Mission com a 16th Street — uma reunião de trabalhadores, vendedores de rosas, pessoas sem-teto, viciados, prostitutas, pombos e bêbados de olhar terno —, que se abria para uma avenida agitada de lojas de rosquinhas, confeitarias mexicanas, mercados de peixe, igrejas pentecostais, lojinhas de 1,99, botecos cheios de caixas de sapato, grelhas portáteis exalando cheiro de linguiça e cebola, tabacarias, restaurantes simples e salões de beleza com placas pintadas à mão. Do outro lado ficava Valencia Street, um diorama vivo do último estágio da gentrificação: cafeterias artesanais que vendiam paleo--latte, casas de sucos que ostentavam doses de cúrcuma, australianos emaciados segurando sacolas de compras de butiques frugais.

O apartamento era aconchegante e acolhedor, repleto de artefatos estranhos: um piano vertical com as cordas à mostra, um manequim sem cabeça coberto de hieróglifos feitos à mão. No banheiro, uma pequena fileira de velas de havdalá pela metade na beirada da banheira. O terceiro colega de apartamento fazia residência médica e seus horários eram impossíveis, portanto só aparecia de vez em quando para fazer panelas enormes de mingau ou receber círculos de homens na sala de estar. Parecia ser o tipo de lugar onde os companheiros de apartamento dividiam toalhas, reivindicando a que menos cheirava a mofo, e era mesmo. Eu adorava estar ali.

Naquele outono, Noah experimentava uma forma mais ampla de vida comunitária e tinha sublocado seu quarto para começar um coletivo em Berkeley. No nosso horário de almoço, ele falava em tom solene de tabelas de afazeres, agendas sincronizadas, canteiros de legumes, reuniões de moradores. O quarto dele era um telheiro, ilegalmente convertido, ao lado do qual seu irmão caçula cultivava cogumelos. Fiquei aliviada por não ter que me preocupar em esbarrar nele no apartamento de Mission, um de nós, ou os dois, tagarelando em trajes mínimos, derrubando a barreira já corroída entre trabalho e vida.

A cama de Ian não tinha estrado ou edredom, e as paredes do quarto eram pintadas com um azul primário de doer os olhos — mas ele era daltônico e eu gostava de dormir rente ao chão. Pequenas coleções de objetos psicologicamente reveladores salpicavam o quarto: bolotas de carvalho, fitas cassete, cartões-postais, uma caixa de ferramentas cheia de peças eletrônicas. De manhã, ficávamos na cama observando a luz se movendo pela parede, e eu me sentia, abaixo do nível da mesa e da mesinha de cabeceira e da estante de livros, submersa. No último segundo, nos vestíamos e colocávamos o capacete, carregávamos as bicicletas escada abaixo e nos despedíamos no portão do prédio, tomando o cuidado de pedalar desviando das poças de cacos de vidro.

Ian trabalhava em um pequeno estúdio de robótica que funcionava em um amplo armazém de Potrero Hill. O estúdio era cheio de máquinas operatrizes, experimentos de fabricação, acessórios e estúdios com isolamento acústico. Dois funcionários tinham uma pequena produção de cerveja na salinha ao lado. No ambiente principal havia braços robóticos de tamanho humano, tipicamente usados em linhas de montagem, que Ian e uma pequena equipe programavam para servir de câmeras de filmes e comerciais. Os filmes eram lindos, pessoais e arrebatadores ao mesmo tempo.

No começo daquele ano, o estúdio foi comprado por uma ferramenta de busca gigante. Um dos fundadores ganhara um conjunto de alto-falantes de 400 mil dólares como presente de boas-vindas; quando uma caixa de skates elétricos chegou ao estúdio, Ian e os colegas entenderam que o acordo tinha sido fechado. A aquisição foi parte de uma compra desenfreada multibilionária, a serviço de uma nova divisão de robótica batizada em homenagem a um androide de um filme de ficção científica dos anos 1980. Os recém-adquiridos engenheiros e inventores, às centenas, seriam incumbidos de construir o futuro autônomo, enxuto, físico.

Para alguns, ser comprado pelo gigante motor de busca era um fim de linha para o Vale do Silício — uma fantasia realizada. Ian se sentia afortunado, mas tinha dúvidas sobre a transição. Havia uma razão para ele nunca ter procurado emprego em nenhum dos grandes conglomerados de tecnologia, uma razão para preferir a escala menor. Gostava de fazer parte de uma empresa em que o número de engenheiros fosse superado pelo de artistas, arquitetos, designers e diretores de cinema.

Porém, ele parecia cautelosamente empolgado. A gigante do setor de busca tinha comprado uma gama impressionante de empresas de robótica. "Minha sensação é de que temos a chance de participar de um projeto que realmente pode deixar uma marca no setor", ele disse uma noite, enquanto fazíamos o jantar na minha cozinha. "Parece que vamos ver de pertinho algo bem grande."

Grande como?, eu quis saber. Havia boatos públicos sobre o que a divisão de robótica andava fazendo, mas Ian era proibido de falar dos projetos. Ele se recusava a confirmar meus palpites. Estaria trabalhando com carros autônomos? Eu tinha muitas perguntas. Eram robôs de busca e resgate? Os drones de entregas? Havia um ônibus espacial? Em quanto tempo veríamos humanoides? Devíamos sentir muito ou pouco medo?

"Me perguntam isso o tempo todo", ele responde, franzindo a testa. "Medo nenhum. Sério." Mais, eu pedi — conta mais. Em uma cidade onde bares e cafeterias e festas eram nuvens de etiquetas sob segredo industrial, essa era uma prova dos nove específica à região. Mas mesmo quando estávamos caindo pelas tabelas de tão bêbados, ou deslizando os pés no chuveiro de Hirst, Ian guardava os segredos da empresa. Era fácil confiar nele.

No final do outono, Ian me levou a uma festa no escritório de uma startup de hardware clandestina que funcionava em um armazém de tijolos cobertos de hera em Berkeley. Drones zuniam sobre a turma de jovens profissionais que usavam sapatos confortáveis e coletes de fleece. Uma criança corria sob nossos pés. Eu estava arrumada demais com uma blusa de seda da época do mercado editorial.

Depois de circular, Ian desapareceu com um colega de trabalho para investigar o protótipo de uma linha de móveis modulares automontáveis, me deixando em um grupo de meia dúzia de roboticistas. Beberiquei uma cerveja e esperei que alguém me notasse. Na realidade, discutiram seus projetos de trabalho usando codinomes secretos. Discutiram suas pesquisas de mestrado ou doutorado. Um tinha passado sete anos tentando ensinar robôs a fazer diferentes tipos de nós, como os escoteiros mirins. Perguntei se ele estudava robótica em uma das universidades da baía. Não, ele respondeu, me olhando de cima a baixo — ele era professor.

A conversa se desviou para carros autônomos. Um dos engenheiros mencionou um evento recente, o Dia de Levar o Filho ao Trabalho, em que a unidade de carros autônomos pediu às crianças visitantes para pular e dançar e rolar na frente dos sensores. A tecnologia era de primeiro mundo, mas ainda precisava de treinamento em não adultos. Era um momento extremamente empolgante para o transporte, declarou ele: os obstáculos que enfrentavam não eram técnicos, mas culturais. A maior barreira era a opinião pública.

Até que ponto os carros autônomos eram plausíveis, de verdade, perguntei em voz alta. Tinha acabado minha cerveja e estava entediada. Queria atenção, algum reconhecimento. Queria garantir que todo mundo soubesse que eu não era a namorada de um engenheiro que ficava parada nas festas só esperando que ele pusesse o lado geek para fora — embora estivesse fazendo exatamente isso.

Eu estava cética, disse aos homens. O alarde da imprensa parecia um enorme exagero: carros autônomos eram parte de uma visão de futuro não só improvável como ia além da fantasia. Não tínhamos acabado de deixar claro que os carros não conseguiam sequer identificar crianças? O grupo se voltou para mim. O professor líder dos escoteiros ficou entretido.

"O que é que você faz mesmo?", um dos sujeitos indagou. Expliquei que trabalhava em uma empresa de análise de dados de aplicativos móveis, torcendo para que presumissem que eu fosse engenheira. "Ah", ele disse em tom generoso, "e o que é que você faz lá?" Assistência técnica, declarei. Os homens se entreolharam. "Não se preocupe com isso", disse o professor. E se voltou para os outros.

No trem, a caminho de casa, encolhida em um banco forrado que cheirava um pouco a almíscar e urina, me aproximei de Ian e relatei a interação. Que machistas descarados, eu disse. Como é que eles têm a audácia de ser tão desdenhosos, só por eu ser mulher — só por eu ser da assistência técnica e ser considerada não técnica. A vida deles não era melhor que a minha. As opiniões deles não eram mais válidas que as minhas.

Ian se arrepiou e me puxou mais para perto. "Você não vai gostar do que eu vou te falar", ele disse, "mas você tentou falar merda de carros autônomos para alguns dos primeiros engenheiros que já montaram um desses."

Uma noite, alguns de nós ficaram até tarde para assistir a um filme de ficção científica sobre hackers que descobrem que a sociedade é uma realidade simulada. Era o filme preferido do CEO, ele havia mencionado uma vez: era uma das primeiras ocasiões em que via um hacker representado na cultura popular. Todos tínhamos ouvido o CEO falar com entusiasmo de suas escapadas quando adolescente, da liberdade que sentia invadindo games multijogadores e pregando peças em seus rivais on-line. Noah ficou impressionado, mas eu tinha o palpite de que o CEO fora apenas um menino entediado em um subúrbio deserto com acesso ao computador da família. O filme tinha sido lançado no ano em que ele completara dez anos.

A exibição fora ideia minha. Estava sempre tentando ser a namorada, irmã, mãe de todo mundo. O gerente de soluções me criticara havia pouco tempo, durante uma reunião, por estar sempre querendo agradar. Guardava rancor dele por ter dito isso, pois era verdade.

Nos acomodamos nos sofás no meio do escritório, em torno

de uma televisão de tela plana. A televisão foi plugada em um notebook, e ao longo do dia vários colegas o alimentaram de conteúdo, fazendo streamings silenciosos de documentários sobre a natureza e gravações de estranhos jogando video games. Cervejas circulavam. O CEO se sentou com o notebook aberto, trabalhando enquanto assistia.

O filme era uma alusão cristalina à alegoria da caverna de Platão, ou era o que dizia a internet — eu nunca tinha lido Platão. Também era uma alegoria deliciosa do ciberlibertarianismo, e provavelmente do LSD. Era fácil entender por que o filme causava simpatia. Do ponto de vista canônico, o que os hackers acessavam era a capacidade de vigiar sem consentimento. Eu sabia da emoção genuína de observar uma amostra representativa da sociedade fluir por um sistema, tendo uma visão panorâmica, de alto nível — o mapa inteiro, o tráfego, a torrente de dados brotando na tela. O filme não só fazia os hackers parecerem sexy. Exaltava a fraude, a busca virtuosa da verdade pelos excluídos, a superioridade e a onisciência dos intrusos.

Olhei para o CEO. Como aquele homem era meu chefe? Não passava de um menino. Sabia que ele era da primeira geração de americanos, filho de imigrantes indianos. Mencionava, não raro, a esperança dos pais de que terminasse a graduação. Imaginei o que pensava de seus funcionários de humanas que procuravam reconhecimento e sentido no trabalho; se me achava mimada e irritante. Perguntei em silêncio se pensava muito nos funcionários. Se eu já tinha entendido o que estava em jogo para ele, ou ao menos o que ele queria.

Eu esperava que valesse a pena. Na tela, dois homens vestidos como garotos que entram em escolas atirando circulavam por um universo distópico. Nossos rostos estavam suaves e pálidos sob aquela luz.

* * *

Em momentos de crueldade incomum e incisiva, os caras da equipe de Soluções brincavam que o CEO tinha usado a empresa para criar seu próprio grupo social. Enchera o escritório de homens bonitos, socialmente habilidosos, da sua faixa etária. Estavam convictos de que ele ainda guardava rancor da época da escola — não que alguém o tivesse ouvido falar de sua vivência na escola. Pelo que sabíamos, podia ter sido o rei do baile de formatura. Por mais que tentássemos, não éramos os amigos do CEO. Éramos seus subordinados. Ele menosprezava nossas ideias e nos humilhava em reuniões em particular; acenava com responsabilidades e prestígio, mas os recolhia de forma inexplicável. Não estava acima de dar gelo nos funcionários. Controlava os mínimos detalhes, era vingativo, nos dava a sensação de que éramos prescindíveis e incompetentes. Volta e meia lhe trazíamos feedback dos clientes, feito cachorros abocanhando bolas de tênis, e ele volta e meia nos ignorava.

Vários dos parceiros dos meus colegas de trabalho haviam lançado moratórias sobre conversas centradas no CEO. Trabalhar para ele saía caro: pelo menos três dos meus colegas faziam terapia semanalmente para discutir a relação que mantinham com ele. Não preciso nem dizer que ele não retribuía a homenagem.

Alguns conjecturavam que o sonho do CEO fosse uma empresa totalmente self-service. "Aposto que ele preferiria ter milhares e milhares de clientes nos pagando cento e cinquenta dólares por mês do que lidar com um cliente de milhões de dólares", um engenheiro de vendas comentou. "Clientes de milhões de dólares têm relevância. Quando você tem um cliente de milhões de dólares, precisa ouvir o que ele diz."

Assim como eu, os homens da equipe de Soluções não queriam nada além de aproveitar a luz do CEO. Apesar de eu raramente o vir, reconhecia que ele tinha um belo sorriso; era sensacional fazê-lo rir, romper o verniz. Já o tínhamos visto feliz. Sabíamos que tinha bons amigos, muitos dos quais eram fundadores em sua "classe" na aceleradora de startups. Todos havíamos comemorado o aniversário de cinco anos da empresa no terraço de seu prédio, onde ele deu bolo na boca do fundador técnico enquanto o fundador técnico também lhe dava bolo. Éramos fascinados por sua psicologia. Queríamos decifrá-lo.

"Se eu tivesse que apostar", um engenheiro de vendas disse uma noite, enquanto bebíamos, "apostaria que na infância as pessoas não foram exatamente legais com ele. Eu não teria sido legal com ele. Mas como ele nunca se sentiu incluído, desconfia muito da motivação dos outros, e defende com unhas e dentes o poder que consegue ganhar."

"Não acho que ele goste de ver os outros sofrerem", disse um gerente de contas, "mas ele sabe que gerar sofrimento nas pessoas é produtivo."

"Pesquise sistema doente", disse Noah. "Pesquise ligações traumáticas. É a coisa da seita: mantenha as pessoas ocupadas até que elas se esqueçam das partes da vida que deixaram para trás."

Todos sabíamos que o CEO possuía seus demônios. Tinha que ser cheio de dor e medo, como todo mundo. Vivia falando a palavra "paranoico", mas, claro, era pelo menos um pouquinho paranoico — como não seria? Ele provavelmente se questionava, todo santo dia, quando viria a tragédia; quando tudo em que tocava pararia de virar ouro.

Eu relutava em cultivar a ideia de que o CEO era ególatra ou vingativo. Gostava dele. Havia nele algo familiar que me confortava. Lembrava meus colegas na escola voltada para matemática e ciências de Manhattan: meninos brilhantes em matemática e meio desajeitados socialmente, incentivados mas subestimados, e, em quase todos os casos, sujeitos a um grau inacreditável de pressão. Gostava que ele tivesse entusiasmo pela tecnologia, por entender como as coisas funcionavam. O lance dele não era dinheiro, eu tinha certeza. A questão era fazer algo que as pessoas valorizassem, resolver um novo problema, acertar na mosca. Supus que ele tivesse suas razões, algo a provar. Um endereço de e-mail desconhecido era colocado em cópia oculta de todos os nossos e-mails a clientes; o gerente de soluções insinuou que fosse da mãe do CEO. De qualquer forma, sempre gostei das pessoas cujos elogios e afeto não vinham de mão beijada. Supunha que a reticência do CEO demonstrasse que ele falava sério. Supunha que todo mundo dava o seu melhor. Não estava, na época, pensando em poder, manipulação e controle.

Eu tinha muita vontade de proteger o CEO — ou pelo menos a ideia que fazia dele. Por bastante tempo, cultivei uma empatia crônica por quem eu imaginava não ter tido a chance de vivenciar a juventude como eu a vivenciara. Ele nunca tivera a oportunidade de fazer merda. Vivia sob a pressão — e certo grau de vigilância — de investidores em capital de risco, dos jornalistas e dos colegas do ramo desde o fim da adolescência. Na idade em que eu estava com os meus amigos me embebedando com garrafas de limonada com baixo teor alcoólico e dando de cara com shows de ska, dividindo cigarros de cravo e indo a saraus com competição entre poetas, ele estava se preocupando com o número de funcionários, lendo sobre receita direta e custos associados. Eu explorava a minha sexualidade; ele comparava operadoras de planos de saúde e fazia auditorias de segurança. Agora, aos 25 anos, era responsável pelo sustento de outros adultos. Alguns dos meus colegas de trabalho tinham família, embora tentassem não falar muito dos filhos no escritório. Claro que ele sentia o peso.

Eu levaria um tempo para perceber como o mundo do CEO era rarefeito. Ele era rodeado de gente que estava arrasando, e gente que o escolhera. Os mandachuvas. Gente que não gostava de assumir suas derrotas. A comunidade do CEO era a comunidade dos negócios, e tomaria conta dele. Ele não corria riscos. Mesmo se a empresa fosse um fracasso, seria fácil, para ele, arrecadar fundos e criar outra, ou, na pior das hipóteses, se tornar investidor em capital de risco. Ao contrário de nós, ele jamais poderia retroceder. Quando a família do CEO ia visitá-lo, ele fazia um breve passeio pelo escritório. Seus pais devem morrer de orgulho de você, comentei quando ele voltou ao nosso aglomerado para responder e-mails. Sabia que o sentimentalismo não era seu tom emocional predileto. Sabia que estava sendo terna demais, mas não me contive — tinha por ele uma enorme compaixão. *Eu* morria de orgulho dele — embora guardasse segredo disso.

O CEO deu de ombros. "Pode ser", ele respondeu.

Fazia um ano que Noah estava na startup, e se preparava para sua avaliação anual. Antes da reunião, ele me mandou sua autoavaliação e um memorando que havia escrito, pois queria meu feedback. Como um dos primeiros funcionários, muito respeitado, Noah volta e meia era o ouvinte das queixas e preocupações dos colegas de equipe e dos clientes. No memorando, elas chegavam a um ponto crítico: ele pedia mudanças no produto e mudanças na cultura organizacional.

Também pedia por si: queria uma mudança de título, mais autonomia, aumento de salário e de participação acionária. Queria ações proporcionais às suas contribuições, cerca de 1% da empresa. Apresentava os dados: o número de contratações de pessoas que indicara, as contas que ele — e seus indicados — tinha adquirido e cultivado, a soma de dinheiro que calculava ter gerado para a empresa, tanto direta como indiretamente. Queria virar gerente de produto, líder de sua própria equipe e prevalecer sobre o CEO nas decisões relacionadas. Havia formulado um ultimato.

Dar um ultimato no diretor executivo não era uma atitude profissional, era uma loucura, mesmo para um dos melhores funcionários da empresa. Por outro lado, era uma empresa de gente de vinte e poucos anos administrada por gente de vinte e poucos anos. O CEO nunca tivera um emprego de tempo integral; trabalhara apenas em um estágio de verão. O ambiente de trabalho era daqueles em que um ultimato parecia dentro dos limites de conduta aceitável. Era um lugar incrivelmente estranho para alguém aprender a ser profissional.

O memorando era veemente; irradiava frustração. Li de cabo a rabo duas vezes. Depois respondi a Noah o que acreditava ser verdade: era arriscado, mas não absurdo. Torcia para que lhe dessem o que ele desejava.

Alguns dias depois, a caminho do trabalho, recebi uma mensagem de Noah, me contando que tinha sido demitido. Quando cheguei ao escritório, o aglomerado parecia uma funerária. "Nem tentaram negociar com ele", um engenheiro de vendas declarou, incrédulo. "Nem uma conversa que fosse. Mandaram embora uma das melhores pessoas que a gente tinha, só porque ninguém aqui tem experiência em administração."

"Sei lá", disse o gerente de contas, passando manteiga na torrada. "Sabe quando, quando está a fim de terminar com alguém, você faz de tudo para a pessoa terminar contigo?" Eu não sabia. Pensei no fato de que tinha aprovado o memorando de Noah e fiquei nauseada de tanta culpa.

As demissões anteriores tinham catalisado e-mails para a empresa inteira com o que provavelmente era um grau inadequado de detalhismo acerca dos motivos para o membro da equipe ter sido mandado embora. Em vez de um e-mail, os primeiros membros da equipe de Soluções foram encurralados em uma reunião não programada com o CEO. Nenhum de nós deveria ser inteirado das questões de recursos humanos dos outros, mas não tínhamos departamento de Recursos Humanos. Além do mais, queríamos saber. Todos perguntávamos se seríamos os próximos. O CEO pediu que nos sentássemos. Nos sentamos. Ele ficou na nossa frente, os braços cruzados. "Se vocês discordam da minha decisão de mandá-lo embora, convido vocês a entregarem seus pedidos de demissão", anunciou, falando devagar, como se tivesse ensaiado. Percorreu a mesa com o olhar, se dirigindo a cada um individualmente.

"Você discorda da minha decisão?", ele perguntou ao gerente de contas.

"Não", respondeu o gerente de contas, levantando as mãos como se lhe apontassem uma arma.

"Você discorda da minha decisão?", o CEO perguntou ao engenheiro de vendas.

"Não", o engenheiro de vendas respondeu. Suas pálpebras tremeram. Parecia estar passando mal.

"Você discorda da minha decisão?", o CEO me perguntou. Não, respondi. Mas eu discordava, sim; era óbvio que discordava. Sempre que me questionava se teria tomado a decisão errada ao entrar no setor tecnológico, Noah me serviria de parâmetro. O descontentamento na empresa era enorme, verdade — mas eu sempre olhava ao redor, via Noah e pensava: não deve ser tão ruim assim se *ele* ainda está aqui.

Depois da reunião, nossa inquietação queimava a fogo lento. O mercado de trabalho estava a nosso favor, brincávamos; melhor sair enquanto a empresa ainda ficava bem no nosso currículo. Tínhamos um compromisso renovado com os e-mails dos clientes. Tentávamos não atrapalhar.

À noite, alguns saíram do escritório e foram para o bar. Especulamos sobre a garantia do nosso emprego, reclamando dos trabalhos burocráticos, levando a culpa por empecilhos e decisões ruins quanto ao produto. Falamos da nossa oferta pública de ações como se fosse o deus ex machina descendo dos céus para nos salvar — como se fosse inevitável, como se nossa participação acionária fosse nos tirar do horror existencial. Sendo realistas, sabíamos que a oferta pública de ações poderia acontecer só dali a alguns anos, se é que estava no nosso destino uma oferta pública de ações; no fundo, sabíamos que o dinheiro era um remédio, não uma solução.

Começávamos a nos dar conta de que estávamos imersos na cegueira; começávamos a enxergar. Tínhamos sorte e estávamos em transe e então, sem que percebêssemos, viramos burocratas, batendo o ponto diante dos nossos computadores, tornando outras pessoas — uns garotos — extremamente ricas. Talvez nunca tivéssemos sido uma família. Sabíamos que nunca tínhamos sido uma família. Mas talvez o CEO estivesse nessa só pela grana. Não, rebateram meus colegas de equipe — poder. Parecia ser pelo poder; concordávamos quanto ao poder.

Nos concentramos em manter as esperanças. Nos convencemos de que era só uma fase; toda startup passava por dores do crescimento. O problema, discutíamos entre tragos de cigarro, era que realmente nos importávamos. Nos importávamos muito. Nos importávamos uns com os outros. Nos importávamos até com o CEO, que fazia com que nos sentíssemos uma merda. Queríamos uma vida boa para ele, assim como queríamos uma vida boa para nós mesmos: torcíamos para que ele tivesse a chance de vivenciar o comportamento confuso, imprudente, ambivalente típico dos vinte e poucos anos. Não admitíamos que talvez ele mesmo não quisesse isso — ele não era como nós, não nos invejava, não se importava.

Passado um tempo, ficamos bêbados o bastante para mudar de assunto, para lembrar de nosso lado mais pessoal: a pessoa que éramos no fim de semana, a pessoa que éramos há anos. Falamos de onde imaginávamos que estaríamos naquela fase: mais estáveis, menos ansiosos. Mais sob controle. Também queríamos poder. Jogamos nossos cigarros apagados na calçada e pisamos neles. Celulares foram abertos e motoristas terceirizados foram chamados; demos os últimos goles na cerveja enquanto carros desenhados se aproximavam na tela. Nos dispersamos, fomos aterrorizar companheiros de apartamento e amantes adormecidos, responder a só mais um e-mail, dois e-mails, antes de ir para a cama.

Oito horas depois, já estávamos de novo no escritório, engolindo café, saindo para comprar sanduíches congelados para o café da manhã, burilando programações medíocres e escrevendo e-mails sentidos, lançando olhares saturados e cúmplices para as pessoas do outro lado da mesa.

Ser a única mulher na equipe não técnica, dando assistência técnica a desenvolvedores de softwares, era como uma terapia de imersão para uma misoginia introjetada. Gostava de homens — tinha um irmão. Tinha namorado. Mas havia homens por todos os lados: os clientes, meus colegas de equipe, meu patrão, o patrão dele. Vivia consertando as coisas para eles, tentando não ferir a vaidade deles, torcendo por eles. Confirmando, evitando, confidenciando, colaborando. Defendendo o avanço de suas carreiras; pedindo pizza para eles. Meu emprego tinha feito com que eu, uma autodenominada feminista, me colocasse em uma situação de deferência incessante, profissionalizada, ao ego masculino.

De tempos em tempos, as mulheres do escritório iam a uma adega próxima com lareiras fajutas e pratos de frios suados, e tentavam afogar essas mágoas na bebida. Eu curtia essas saídas, embora carregassem o gosto metálico do dever — menos uma rede de apoio do que um reconhecimento mútuo. As outras mulheres eram inteligentes, ambiciosas e um pouquinho peculiares. Uma, a nova gerente de contas, trabalhava em uma mesa com esteira e conduzia uma série diária de abdominais e flexões no meio da tarde para combater a fraqueza e fazer fluir as endorfinas. Também era poeta, descobri, o que me animou. Devíamos ter nos dado mais bem do que nos dávamos, mas parecia impossível levar nossos interesses de fora para o trabalho: ficavam deslocados e meio tristes, como uma roupa que parecia arrumadinha e chique no começo do dia mas ridícula e exagerada ao anoitecer.

Eu vivia me questionando como era o trabalho para a nossa diretora de comunicação, que tinha trinta e tantos anos e chegara por intermédio dos investidores. Era muito mais experiente do que qualquer outra pessoa da empresa, e profissional demais para fofocar ou reclamar. Ia embora do escritório às 17h para buscar os filhos, e desconfiei de que fosse castigada por isso: marketing e comunicação não cresciam com o resto da startup. Não havia mais ninguém na equipe. O CEO tinha um desenho dele, feito por um dos filhos dela, preso ao quadro de cortiça ao lado de sua mesa.

Das outras mulheres que eu conhecia que trabalhavam em escritórios tomados por homens, todas tinham estratégias de enfrentamento especiais. Algumas encaravam como uma oportunidade de educar e corrigir rumos. Algumas gostavam de assustar e humilhar os colegas pelo sexismo descarado. Outras curtiam o jogo de poder dos flertes no escritório. Uma amiga me contou que estava sempre fazendo piada do CEO porque ele tinha um pau gigantesco, o que ela havia descoberto ao dormir com ele. "É só vivenciar o seu poder de sedução", ela aconselhou. "E usá-lo para foder com eles."

Se eu tinha algum poder de sedução, não queria vivenciá-lo no escritório. Queria apenas não ficar para trás. Havia uma pequena exceção: sempre que saíamos para beber, o gerente de contas, invariavelmente, se virava para mim no fim da noite e pedia que eu lhe desse um tapa na cara. Sabia que era bem provável que isso lhe trouxesse alguma satisfação sexual, mas não me importava — era muito catártico. Também não era como se estivesse me pedindo para cuspir dentro de sua boca. Queria que os homens me achassem inteligente e centrada, e jamais me imaginassem nua. Queria que me vissem como igual — me importava menos ser aceita pelos homens no sentido sexual do que ser aceita e ponto-final. Queria evitar, a todo custo, ser a estraga-prazeres feminista.

A equipe de Engenharia recrutou uma desenvolvedora back--end recém-saída de um prestigioso departamento de graduação: nossa primeira mulher engenheira. Ela entrou no escritório com autoconfiança no primeiro dia, com molejo e entusiasmo, usando uma bolsa de couro que não era grande o suficiente para um notebook. Admirei a atitude: definia as expectativas pelo acessório. O parceiro de integração da engenheira circulou com ela para fazer as apresentações. Ao se aproximarem do nosso canto, o gerente de contas se inclinou e tapou a boca junto à minha orelha: como se estivéssemos conspirando, como se tivéssemos cinco anos. "Tenho pena", ele disse, o bafo úmido no meu pescoço. "Todo mundo vai dar em cima dela."

Eu era a estraga-prazeres feminista. Não escolhia minhas brigas. Morria em todas as montanhas possíveis. Pedia a meus colegas que parassem de usar palavras como "bruxa" no chat da empresa. Era uma bruxa quanto ao fato de ser uma das seis mulheres em uma empresa de cinquenta pessoas. Perguntava em voz alta se talvez não fosse inadequado ter conversas com detalhes explícitos sobre ménages viabilizados por aplicativos em um escritório sem paredes. Parei de usar vestido a fim de estancar a torrente de elogios estranhos e incômodos que um recrutador fazia às minhas pernas, das quais falava como se eu fosse um móvel. Uma cadeira sem cérebro. Uma mesa com pernas bonitas.

Sexismo, misoginia e objetificação não definiam o ambiente de trabalho — mas estavam em todos os cantos. Assim como papel de parede, assim como o ar.

A equipe de Gerenciamento de Contas levou um homem que falava num jargão impenetrável e mantinha uma tropa robusta de contas nas redes sociais; tinha milhares de seguidores e agia como se fosse um influenciador. Vivia mudando o nome de seu cargo em um website onde as pessoas voluntariamente postavam seus currículos, dando a ele mesmo promoções a cargos inexistentes. Ele nos disse, com certa relutância, que tinha quarenta e poucos anos. A discriminação etária era absurda nessa área, ele declarou. Os cirurgiões plásticos da cidade estavam nadando em dinheiro.

O influenciador levou um patinete para o escritório e circulava vociferando em um fone de ouvido sem fio sobre growth hacking: propostas de valor, vantagem do pioneirismo, tecnologia proativa, paralelização. Soluções de ponta. Santo graal. Era um lixo de linguajar para os meus ouvidos, mas os clientes o adoravam. Eu mal conseguia acreditar que funcionava.

Uma tarde ele foi até a minha mesa. "Adoro sair com garotas judias", disse. "Você é muito sensual." Como ele sabia que eu era judia? Bem, era óbvio: nariz grande e aquilino, olhos enormes de caricatura, cílios tão compridos que batiam nas lentes dos meus óculos. Eu tinha o corpo rechonchudo e os seios fartos característicos da minha sensual família asquenaze. O que ele queria que eu dissesse, perguntei a mim mesma — *obrigada*? Os judeus dão muito valor à educação, murmurei.

Levei o comentário ao gerente de soluções durante uma de nossas reuniões particulares mambembes. Eu não estava tentando arrumar encrenca, declarei, ao passarmos na frente de uma lanchonete que exalava um cheiro artificial de pão, e o comentário não foi por si só ofensivo — mas tive que pensar nas preferências sexuais do influenciador no meio do meu expediente, e não queria que isso acontecesse.

Senti culpa por abordar o assunto: o gerente de soluções tampouco queria pensar nas preferências sexuais de seus colegas de equipe. Entramos em uma praça comercial com um chafariz brutalista. Tive uma breve fantasia de que me abaixava até entrar na pia e ia embora boiando. Lembrei da conversa que tivemos, em que ele dizia que a empresa queria que eu continuasse, e da minha reação horripilante: *Obrigada*, eu dissera. *Eu quero continuar.* Lembrei de sua crítica, de que eu sempre queria agradar. Queria tentar menos.

O gerente de soluções parecia constrangido. "Sinto muito pelo que aconteceu", ele disse, fitando a calçada. "Mas você sabe como ele é. Ele é assim mesmo."

No Natal, a startup de análises alugou o bar com tema de jornal que ficava na esquina. A festa foi marcada para as 16h; levamos nossas roupas arrumadas para o trabalho e nos lavamos no banheiro do escritório feito estudantes de ensino médio se preparando para um baile no ginásio. Estávamos empolgados e exaustos, prontos para comemorar.

Foi desconcertante ver meus colegas em roupas formais. Eu já havia discutido com algumas das mulheres até que ponto o inadequado era adequado, e, embora outras tenham se vestido em um estilo normal, fui conservadora. Optei por um vestido preto com gola, meia-calça preta e bota preta, com a leve sensação de que estava em uma fantasia ofensiva de Halloween: menonita sexy; lubavitcher safada. Uma das gerentes de contas mais novas, se apiedando de mim, fez cachos no meu cabelo. Fiquei olhando pelo espelho enquanto ela formava auréolas de spray fixador em torno da minha cabeça.

Já conhecia boa parte dos companheiros dos meus colegas, mas alguns eram um mistério. Fiquei encantada ao ver a gerente de contas fanática por exercícios aconchegada nos braços de um homem usando tênis que simulavam pés descalços com os dedos articulados.

Coquetéis na mão, o CEO e o fundador técnico subiram ao palco, entre as cortinas de veludo abertas, e proferiram um discurso sobre a distância que tinham percorrido. "Um agradecimento especial", disseram, levantando as taças, "às companheiras e esposas." As companheiras e esposas, que tinham saído mais cedo do emprego para estarem lá, bateram palmas cortesmente e deram beijos castos na bochecha de seus pares. Fiquei contente por Ian estar atrasado.

Fomos para um restaurante com estrelas Michelin, que a startup também havia alugado para aquela noite. Garçons silenciosos e vestidos de smoking nos serviram o caranguejo sapateira-do-pacífico e robalo queimado, bife Wagyu e empadão de lagosta, garrafas de vinho. O bar estava aberto. As pessoas trocavam amassos com os acompanhantes na cabine de fotografia, sem saber que era digital — todas as fotos seriam enviadas à gerente de operações na manhã seguinte. Doses de energéticos e carreiras de cocaína se materializaram no banheiro. Dançamos contra as janelas de vidro do restaurante — guardanapos jogados nas mesas, sapatos largados no chão —, evitando fazer contato visual com os garçons enquanto ultrapassávamos o horário da nossa reserva.

As pessoas se espalhavam na calçada para fumar. Parei de dançar para dar uma respirada e vi Ian sozinho, saboreando a sobremesa. "Essa é uma das refeições mais incríveis que já provei na vida", ele declarou, passando a colher na beirada do prato. As sobremesas tinham sido cuidadosamente dispostas à frente de cada um, e estavam intocadas, rejeitadas. Senti gratidão por ter Ian, e vergonha. Tinha mergulhado facilmente na sensação presunçosa de que fazia parte daquilo. Estava tão ocupada comendo, bebendo, interpretando minha petulância, que não tinha degustado a comida.

À medida que o inverno passava, a chuva deveria ter caído. Uma hora, acabou caindo, mas só de leve. Na startup de análises, as pessoas torciam por uma tempestade, embora a cidade viesse abaixo em virtude do clima inclemente: o transporte público desacelerava ou parava totalmente, as pessoas agiam como se fosse feriado, dormindo até tarde e chegando atrasadas, se conectando ao trabalho de casa. Parados na cozinha, esperando os tênis secarem, alguém comentava do trânsito ruim, ou do tempo que o ônibus demorara para passar. "Mas", era inevitável, imprescindível que alguém rebatesse, constatando o aquecimento global e a seca do estado, "a gente precisava disso. A gente precisava."

Às escondidas, eu havia torcido para que a seca continuasse. Chuva em San Francisco significava neve em Tahoe, o que queria dizer que a viagem anual à estação de esqui não aconteceria. Por mais que gostasse da maioria dos meus colegas, achava imprudente passar o fim de semana com eles — para não falar dos nossos superiores. Parecia mais um risco do que um privilégio: havia muito potencial para que dinâmicas novas e incômodas fossem introduzidas nas relações dentro do escritório. Não queria saber qual era a cara de todo mundo ao acordar, ou ouvir um gerente de engenharia grunhir no banheiro. Não queria ouvir colegas mais tagarelas fazendo a mesma piada sobre não ser uma pessoa matutina. Eu me imaginava caindo de ladeiras e precisando de ajuda, ou presa no teleférico e forçada a entabular um papo furado enquanto o nariz de todos nós escorria. Havia espaço demais para demonstrar vulnerabilidade, personalidade.

Também me ressentia do fato de que parecíamos não ter opção: fugir de um passeio era não Defender a Causa. Tinha a sensação de que eram férias obrigatórias, diversão obrigatória.

Apesar de ser uma gratificação, a viagem da empresa foi marcada para um feriadão de três dias, o que outros trabalhadores poderiam considerar tempo livre.

Nos encontramos no escritório às sete da manhã, segurando copos de papel com café e casacos de frio. A gerente de operações distribuiu ingressos de teleférico e vouchers de aluguel de esquis, e leu a alocação de carros. Os carros eram de funcionários que tinham se oferecido para dirigir, mas a equipe de Gestão queria incentivar a polinização cruzada dos bancos traseiros. Nos apegamos à distribuição dos assentos. A ideia era criarmos laços, portanto criaríamos laços. A viagem era de graça.

A caravana partiu logo. Nosso grupo parou no centro comercial para comprar bacon, ovos e pão, sacos de chips, trinta garrafas de cerveja de baixo teor alcoólico e garrafões de bebida com energético. Estaríamos por conta própria na maioria das refeições, a não ser por um jantar simbólico na última noite, cujo intuito seria prestar homenagem às raízes modestas da startup: o CEO e o fundador técnico prepariam espaguete e pão de alho para a empresa inteira, assim como no tempo das vacas magras. Empurrando o carrinho pelos corredores, atirando cereais açucarados e barras de proteína dentro dele, tive a nítida sensação de estar de férias com a família alheia.

A startup reservou uma série de quartos em um resort de South Tahoe, junto do lago. Os apartamentos rústicos eram genericamente confortáveis, com paredes de lambris, carpetes sempre úmidos, talheres descombinados, e suvenires diversos, alegres. Apesar do ambiente familiar, no entanto, nos faltava a despreocupação natural de parentes de sangue que escolhessem passar as férias juntos. Os grupos das acomodações foram preestabelecidos, sem consulta aos funcionários. Eu gostava mais de alguns colegas que de outros, mas fiquei praticamente indiferente ao esquema dos dormitórios. Havia uma pessoa com a qual torcia para não ter que compartilhar o quarto: algumas semanas antes, tinha dividido o táxi com um dos caras da equipe de Soluções, a caminho do bairro onde ambos morávamos, após uma noite em que ficamos até tarde bebendo no escritório. Durante o percurso, a mão dele havia subido pelas costas da minha blusa e, quando a empurrei, tinha descido pelo cós da minha calça. Continuei a conversa, empurrando as mãos dele, deslizando em direção à janela. Não havíamos conversado sobre a situação, e eu não tinha tocado no assunto — não tinha nada o que contar, e ninguém a quem contar. Eu o considerava um amigo. Porém, fiquei contente ao descobrir que a porta do quarto tinha tranca.

Na primeira noite, passeei pelo resort com Kyle, um esbelto desenvolvedor front-end que fora indicado por Noah. Era modesto e extremamente talentoso, e dizia-se que dera um golpe de sorte por ter sido um dos primeiros funcionários de uma empresa que fazia um game simulador de fazendas que tinha viralizado. Kyle era uma das pessoas mais serenas que eu conhecia — minha sensação era a de aumentar minha expectativa de vida quando estava perto dele — e no tempo livre ele criava video games lindos, oníricos, que não eram feitos para viralizar. No escritório, pregávamos peças um no outro, trocávamos cartuns enigmáticos em papeizinhos adesivos, fazíamos jogos de palavras no chat da empresa. Pedalávamos juntos de casa para o trabalho e vice-versa. Tinha certeza de que nossos colegas nos achavam irritantes, mas não me importava: era uma delícia ter um amigo, uma fonte de conforto e alegria.

  Fumamos um baseado minúsculo, pulamos pedrinhas e andamos pela praia, espiando pelas janelas do resort ao lado. Passamos pela banheira de hidromassagem, onde estavam os vendedores, bebendo em copos de plástico. Ouvi o gerente de soluções perguntando ao doutor sobre suas tatuagens, que cobriam seu peito e braços. Dava para perceber, ao vê-los se balançar com os jatos, a vontade que o doutor tinha de assumir a liderança, ainda que marginal, da Assistência. Soube que ele conseguiria.

Na happy hour, todos nos reunimos em um dos apartamentos, onde uma linha de montagem de gerentes de contas se ocupava de preparar enroladinhos de salsicha. A música eletrônica dance tocava em um aparelho de som bem equipado; mais tarde, as pessoas dançariam nos sofás, e puxariam uma bandeira americana acolchoada que pendia patrioticamente das vigas. Sentei-me diante de uma mesa comprida com o gerente de soluções, que tinha levado uma sacola de jogos de tabuleiro e estava compenetrado em uma partida acalorada de Scrabble com o doutor.

O CEO entrou na cabana e anunciou que estava mudando o rumo do roteiro: para que a equipe de Assistência Técnica pudesse ter um tempo livre, os engenheiros fariam o trabalho por nós. Tínhamos passado a manhã na estrada e o dia na montanha, e a fila de contatos dos clientes se estendia por horas e horas. A maioria de nós já estava bebendo. Alguns tinham passado a tarde inteira bebendo. Embora não parecesse claro que estávamos trabalhando enquanto festejávamos ou festejando enquanto trabalhávamos, a cena na cabana foi de frustração amistosa, pois os engenheiros tinham dificuldade de explicar aos nossos usuários o produto que eles mesmos desenvolveram. Os garotos da minha equipe zombavam dos engenheiros, revirando os olhos e se debruçando sobre os teclados para corrigi-los. Na época, essa divisão de trabalho foi uma trégua alegre, um revés na estrutura de poder. Mais tarde, porém, entendi a insinuação: nosso trabalho era tão fácil que qualquer um conseguiria fazê-lo. Conseguiam fazê-lo até bêbados.

Os negócios eram a maneira que os homens encontraram para falar de seus sentimentos. A internet foi asfixiada por homens cegados pela ambição, profissionalmente inexperientes, que trocavam ordens baseadas em histórias anedóticas e conselhos objetivos. *Dez lições essenciais para startups que você não vai aprender na faculdade. Dez coisas que todo empreendedor bem-sucedido sabe. Cinco formas de continuar com os pés no chão. Por que o mercado sempre vence. Por que o cliente nunca tem razão. Como lidar com o fracasso. Como fracassar melhor. Como fracassar com sucesso. Como depurar sua raiva. Como criar saídas para suas emoções. Como fazer testes A/B com seus filhos. Dezoito lugares-comuns para grudar em cima da tela do computador. Crie seu caminho rumo à perspicácia emocional. Como amar algo que não retribui seu amor.*

Uma tarde, entrei em uma lanchonete de fast-food durante o almoço e vi o CEO sentado sozinho, comendo um hambúrguer vegetariano e olhando para o celular. Eu me sentei e ele empurrou as batatas na minha direção. Estava lendo o livro de um dos nossos investidores, explicou. O livro era um guia de como navegar nas águas agitadas do empreendedorismo e vencer os demônios da insegurança e da pressão externa. Falava de aprendizados, lutas, jornadas. Os capítulos eram iniciados por uma epígrafe tirada de um rap. A luta era genuína.

Os homens que o CEO parecia admirar eram os mesmos que todos os outros homens no ecossistema admiravam: empreendedores, investidores. E a recíproca era verdadeira. O principal deles era o fundador da aceleradora de startups, um cientista da computação inglês, a coisa mais próxima de um intelectual que o ecossistema das startups tinha. Um gerador de aforismos que vivia escrevendo em um blog com seu estilo retórico descolado, racional e fleumático. Pontificava, em detalhes, sobre a conformidade intelectual. Tendia a fazer comparações favoráveis entre fundadores de startups e os grandes homens da história: Milton, Picasso, Galileu. Eu não botava em dúvida sua visão empresarial, mas não entendia por que ele acreditava que isso o tornava um expert em qualquer coisa — um expert em tudo.

Eu me compadecia de quem tentava compreender, e nutria certa empatia pelo CEO: embora jamais fosse admitir, ele devia estar perdido. Ainda assim, não conseguia me imaginar tomando como modelo de vida o investidor em capital de risco — não conseguia me imaginar lendo um livro simplesmente porque um intermediário financeiro que eu nunca tinha conhecido havia recomendado. É claro que não eram apenas figuras decorativas para o CEO, que os conhecia pessoalmente.

O livro era bom, o CEO me disse. Se você gosta disso aí, vai adorar terapia, eu não disse. Olhei para o celular dele. Estava na primeira página de um capítulo intitulado "Preparando-se para demitir um executivo".

"É coincidência", ele disse, olhando nos meus olhos. "Não leve muito a sério, não leve nem um pouco a sério." Demitir gente era horrível, ele afirmou. Era como terminar mal um namoro, só que pior — angustiante. Eu lhe disse que não se preocupasse: era só um livro.

Eu não poderia levar a sério, em todo caso. Na realidade, o CEO também era o presidente e o chefe do conselho. Supervisionava Produto, Engenharia, Soluções, Marketing. Era o único executivo verdadeiro que tínhamos.

Noah e eu nos encontramos para beber no SoMa, a alguns quarteirões do escritório. O bar cheirava a frigideira, e uma frota de motos pendia do teto. Não o via desde sua demissão, e estava nervosa: e se ele botasse a culpa em mim? Nos abraçamos como dois parentes que não se viam fazia muito tempo.

Noah parecia mais feliz — aliviado. As botas australianas estavam sujas de terra. Dormia melhor, ele declarou. Pensava em abrir uma padaria cujos donos seriam os funcionários — o único modelo de negócios ético era o das cooperativas — e tentava tirar a palavra "app" de sua vida. "A-pli-ca-ti-vo", disse Noah, corrigindo a ele mesmo. "A abreviação esconde que se trata de um software." Era algo proposital e execrável, refletido nos designs coloridos, caricaturais, até dos programas mais tecnicamente sofisticados. "Não somos um software!", ele estridulou. "Somos seus amigos!"

Fiz um balanço do status da empresa: o crescimento era complicado; o lucro escoava; Tahoe foi bizarro; tínhamos saudade dele. Reconstituímos sua demissão em detalhes lúgubres. O escritório estava ficando muito claustrofóbico e climatizado e estéril, ele declarou. Suas responsabilidades não mudavam. "Pensei: se eu vou fazer isso para sempre, melhor que daqui a cinco anos eu já esteja rico", ele explicou. "Queria que me pagassem para eu sair. Fui o décimo terceiro funcionário. Eu queria trabalhar lá, queria trabalhar muito, mas queria ter a certeza de que no fim eu teria uma porcentagem relevante da empresa."

Fui lembrada, não pela primeira ou a última vez, que minha participação acionária na empresa era minúscula. Como vigésima funcionária, tinha sido roubada. Quando assinei o contrato, o número de ações me parecera grande, mas não sabia que devia perguntar sobre o plano de opção de ações. Em uma aquisição decente, eu poderia lucrar 10 mil dólares. Engoli minha cerveja com força.

Noah parou e olhou para as motos lá em cima, depois voltou a olhar para mim. "Você poderia dizer que minha posição é totalmente irracional", ele disse. "Ou poderia dizer que pedi aquilo de que precisava, que era apenas muito mais do que eles estavam dispostos a dar."

De qualquer modo, Noah comentou, pelo menos sua consciência estava mais limpa. Perguntei o que ele queria dizer com isso.

"Ué! A gente trabalhava numa empresa de vigilância." Ele falou do denunciante da NSA, que tinha voltado à mídia. Mais revelações estavam sendo divulgadas — quase 200 mil documentos foram publicados. O aparato de vigilância era ainda maior e mais complexo do que se imaginava, e o Vale do Silício estava profundamente envolvido. "Não pensei nisso quando estava trabalhando lá porque o produto é muito voltado para as empresas", declarou Noah. "Não necessariamente via como um problema para a sociedade. Além do mais, acho que eu não tinha a informação de que toda a grana da internet vem da vigilância."

Por vigilância, esclareci, ele queria dizer ad-tech? Eu achava as propagandas digitais irritantes, mas nunca tinha pensado nelas como algo especialmente malicioso — porém, com base nas nossas empresas-clientes, estava claro que serviços gratuitos geralmente significavam que os usuários eram explorados de uma forma ou de outra. A maneira mais objetiva de explorá-los, naturalmente, era pela voraz coleta de dados.

"Não vejo diferença entre os dois, do ponto de vista funcio-

nal", afirmou Noah. "A gente facilitava a coleta de informações sem fazer ideia de como elas são usadas e por quem. Até onde nós sabemos, poderia bastar uma intimação para que tivéssemos de colaborar com serviços de inteligência. Se as notícias forem verdadeiras, a linha que separa ad-tech da vigilância do Estado é bem tênue."
Eu não sabia como reagir. Não queria corrigi-lo. Talvez fosse um sintoma da minha miopia, minha sensação de segurança, que eu não pensasse em coleta de dados como um dos dilemas morais da nossa época. Apesar das conversas no setor sobre escala, sobre mudar o mundo, eu não pensava nas implicações mais abrangentes. Mal pensava no mundo.

Fui assistir à orquestra sinfônica com meu amigo Parker, um ativista dos direitos digitais que eu conhecia de Nova York. Anos antes, tivemos um descompromisso casual cheio de idas e vindas, feito principalmente de ele dar explicações sobre as coisas e depois pedir desculpas. "E-mail é tão seguro quanto cartão-postal", ele me lembrava, enquanto circulávamos entre famílias na feira agrícola de Fort Greene Park. "Você não acha que o carteiro vai ler, mas ele bem que poderia." Eu ouvira pacientemente suas tentativas de me ensinar sobre criptomoedas e a promessa do blockchain, as falhas da autenticação de dois fatores, a necessidade de criptografia de ponta a ponta, a inevitabilidade de vazamento de dados.
Parker trabalhava para uma ONG focada nas liberdades civis digitais — privacidade, liberdade de expressão, uso aceitável — fundada na década de 1990 por tecnólogos utopistas com tendências ciberlibertarianistas. Era, em certo sentido, a âncora do ecossistema à história. O escritório era apinhado de servidores poeirentos e computadores antiquados que rodavam softwares decrépitos de código aberto. Quem realmente se importava com

tecnologia, Parker havia me explicado uma vez, nunca usava nada que fosse novo. A atitude-padrão era a desconfiança.

Nossa relação não durou muito tempo, mas depois dela adquirimos o hábito de trocar e-mails inseguros sobre temas de nicho, como design de interface dos anos 1980, códigos binários e arte em domínio público, e de vez em quando nos encontrávamos para atividades culturais geriátricas, castas.

Apenas um quarto da sala de concertos estava ocupado. Quando as luzes foram apagadas, fiz a promessa silenciosa de gastar mais tempo e dinheiro nas instituições culturais mais antigas de San Francisco. Participaria da vida cívica da cidade em que vivia. Renunciaria à minha carteira de motorista do estado de Nova York. Pesquisaria quem era o prefeito.

No intervalo, bebemos vinho branco em copos de plástico e dividimos um saquinho de bala. Parker estava estressado com a erosão da neutralidade da internet. Trabalhava em uma campanha para estimular trabalhadores do setor tecnológico que não estava ganhando o espaço que ele imaginara. Eu já sabia alguma coisa sobre neutralidade da internet, mas deixei que ele me explicasse o assunto. Nostalgia; pelos velhos tempos.

O problema, ele disse, era que as questões mais importantes enfrentadas pela indústria tecnológica também eram as mais tediosas. Era do interesse dela lutar, mas os fundadores e trabalhadores do setor não sabiam como se organizar. Não tinham paciência para fazer lobby. Não consideravam político o trabalho que faziam. "Todos presumem que vai durar para sempre", ele disse.

Observamos um elegante casal idoso passar por nós, os dois muito bem-vestidos para o programa noturno. Senti um pouquinho de culpa por arruinar a vista para eles. "A pior parte", disse Parker, "é que a tecnologia fica pior a cada dia. Está menos segura, menos autônoma, mais centralizada, mais vigiada. Todas as empresas de tecnologia, sem exceção, estão empurrando um desses eixos na direção errada."

Sentia minha garganta azeda. Ei, eu disse, e fiz uma pausa. Parker olhou para mim. O açúcar pontilhava seu lábio inferior.

"Você acha que eu trabalho numa empresa de vigilância?", indaguei.

"Ótima pergunta", ele respondeu. "Achei que você nunca fosse perguntar."

A startup vinha virando empresa. Vendíamos para grandes corporações de dentro e de fora do setor tecnológico. Vendíamos para o governo dos Estados Unidos. Estávamos ficando responsáveis. A empresa crescia. Nunca havia café. Nos postávamos ao lado da máquina, territorialistas, observando sua preparação. A gerente de operações instalara uma câmera de vigilância na cozinha, divulgando capturas de tela no chat da empresa dos delitos contra os recursos comuns: mãos sujas enfiadas em potes de pretzels e chips, chocolates catados da granola, tigelas de leite e cereais despejados na pia entupida. Quando escorreguei e derramei projéteis de granola, a gravação entrou imediatamente para os registros da empresa como GIF animado.

O escritório estava cheio de vendedores: animais sociais bem-arrumados com boa postura e sapatos formais, homens que davam gargalhadas e penteavam o cabelo para trás quando não conseguiam se conectar ao nosso VPN. Reservavam as salas de reuniões, anexavam o depósito do servidor, atendiam ligações na escada. As mesas deles eram tomadas por brindes dos nossos clientes, adesivos, porta-latas térmicos e pen drives. O boato era de que o salário-base deles era mais que o dobro do que os engenheiros de assistência técnica ganhavam. Tinham optado por dinheiro em vez de participação acionária e, portanto, não eram dignos de confiança.

Como primeiros funcionários, éramos perigosos. Tínhamos vivenciado uma versão arcaica, mais autônoma, insustentável, da empresa. Nós a conhecemos quando ainda não havia regras. Sabíamos muito bem como as coisas funcionavam, e nutríamos nostalgia e carinho pela forma como as coisas tinham sido. Não queríamos ficar grandes demais para a empresa, mas a empresa estava ficando grande demais para nós. Nenhum de nós tinha previsto que aquele sucesso seria em detrimento do que tornara aquele lugar especial — do que nos levava a sentir que ele era nosso. Os funcionários novos tratavam-no como um emprego qualquer. Os funcionários novos não faziam nem ideia.

"A nossa cultura está morrendo", dizíamos uns aos outros, em tom sério, profetas do apocalipse torrando baguetes na cozinha da empresa. "O que a gente faz quanto à cultura?"

Não eram apenas os vendedores, claro. Eles eram tanto consequência quanto prenúncio. Nossa cultura se dissolvia há meses. O CEO não parava de usar a palavra "paranoico". Nosso investidor principal tinha financiado uma rival direta. Era o que os investidores faziam, mas ainda parecia pessoal: o papai nos amava, só que nos amava um pouquinho menos. Temíamos que fosse a temporada de derrubadas e queimadas. Temíamos ter passado aquele tempo todo contratando nossos próprios substitutos. Havia a sensação de que algo pairava.

Porém, as semanas passavam sem incidentes. Nas tardes de terça-feira, a sirene do alarme de emergência sempre anunciava as boas novas: para nossos lucros, nossos investidores, nossas avaliações e, aparentemente, para nós.

Minha reunião veio sem convite para agendar evento, sem aviso prévio. Em uma sexta-feira à tarde, quando eu arrumava minhas coisas para ir embora, o CEO me chamou à sala de reuniões.

"No começo, achei você uma funcionária incrível", ele disse, as palmas da mão na mesa, a voz lenta. "Trabalhando até tarde todos os dias, a última a ir pra casa. Mas agora me pergunto se, para começo de conversa, o trabalho não era difícil demais para você."

Ele queria saber: eu Defendia a Causa? Porque, se não Defendia a Causa, estava na hora. Podia ser amigável. Fitei as letras de metal esculturais empoleiradas em uma prateleira no canto da sala de reuniões: D, A, C.

Eu lhe disse que defendia — claro que defendia. Tentei não girar na minha cadeira ergonômica. Eu me importava profundamente com a empresa, declarei. Era verdade. Não me passou pela cabeça me defender, destacar que a qualidade do meu trabalho não tinha mudado. Era boa na minha função. A reunião foi um golpe — feito para me assustar. Funcionou.

Se eu não quisesse continuar na empresa, disse o CEO, ele me ajudaria pessoalmente a achar outro emprego. De qualquer modo, eu não chefiaria a equipe de Engenharia de Assistência Técnica. "Cheguei à conclusão de que você não é analítica", ele disse. "Não acho que temos os mesmos princípios. Nem sei quais são os seus princípios."

É claro que sou analítica, pensei. Talvez não fosse de pensar em sistemas, mas poderia desconstruí-los até deixá-los no chão. Eu imaginava que compartilhássemos alguns princípios, pelo menos na superfície: éramos igualmente desiludidos com as hierarquias corporativas, gostávamos das azarões, ambos se diziam feministas. Gostávamos de vencer.

Apesar de todo meu esforço, chorei duas vezes na reunião, saindo no meio para pegar lencinhos no banheiro, evitando os olhares preocupados do grupo de Engenharia. Me debrucei sobre a pia e enxuguei o rosto com papel-toalha, assim como vira todas as outras mulheres da empresa fazerem em algum momento. Pensei nos meus amigos de Nova York. Pensei no quanto eu trabalhara duro e na humilhação que era ouvir que eu havia fracassado. Pensei nos meus princípios e chorei ainda mais.

Na sala de reuniões, o CEO aguardava pacientemente. Seu rosto estava inalterado quando voltei.

Em busca de verdades mais elevadas, Ian e eu fomos de carro a Mendocino para tomar ecstasy. Usando a plataforma de compartilhamento de casas, reservamos um quarto de hóspedes de um casal de idosos que parecia passar os dias gritando um com o outro do abismo da gigantesca sala de estar afundada. A vista do quarto dava para o vale: uma tigela e neblina. A paisagem gotejava.

Embora nenhum de nós tivesse muita experiência com substâncias controladas, Ian pelo menos confiava no processo. Eu não confiava em nada. Me sentei na bancada do banheiro e li páginas de comentários de usuários em um fórum da web dedicado à documentação de viagens. Procurei o endereço do hospital mais próximo. Depois tirei o e-mail de trabalho do meu celular, impossibilitando a mim mesma de contatar o CEO ou qualquer outra pessoa de que poderia me arrepender de contatar enquanto era artificialmente inundada de serotonina.

Tomamos as drogas e bebemos suco de laranja. Nos deitamos no sofá e ouvimos os ecos macios do casal idoso na casa principal. Pusemos um álbum de Karen Dalton para tocar e massageamos as costas um do outro e dividimos revelações sobre as nossas famílias. Contei meus piores segredos a Ian e fiquei satisfeita. Não me sentia chapada, ou eufórica — era exatamente eu mesma, mas só com as partes boas. Eu mesma, mas menos ansiosa, menos medrosa. Queria reproduzir a experiência com todo mundo que amava. Essa era minha maior missão, pensei: me sentar em um lugar lindo, conversar. Quis fazer videochat com todos os meus amigos de uma vez só. A vida reluzia em sua simplicidade. Pensei na amplitude da história, na improbabilidade da convergência. Nada parecia impossível. Tinha me mudado para a Califórnia para acelerar minha carreira, e agora estava vivenciando um ponto de inflexão histórica, eu me derramava — *nós* vivíamos um ponto de inflexão histórica. Ian tinha vestido a calça do moletom e estava se alongando, feliz, na frente do espelho. Essa era a nova economia, a nova forma de vida, eu declarei — estávamos à beira tênue de um mundo totalmente novo, e entre aqueles que o construíam. Bem, ele estava entre aqueles que o construíam. Mas eu estava *ajudando*.

Não sabia se acreditava em tudo que dizia, mas me senti bem em dizê-lo. "Que inspirador", Ian elogiou, radiante. "Você devia dar uma palestra. Nova carreira: futurista."

Na manhã seguinte, fomos a uma fonte termal e boiamos nus em uma piscina de ácido sulfúrico com pessoas cujos corpos começavam a traí-las. Uma sauna de madeira vibrava com pessoas brancas de cabelos brancos entoando canções dos indígenas americanos. Eu queria viver para sempre. Queria ver o que aconteceria.

Na volta para a cidade, o barato se dissipando, conversamos sobre o que viria a seguir. Ian me incentivou a largar o trabalho. Eu dera à startup de análises tanto espaço na minha vida quanto ela me pedira e mais um pouco, ele explicou. Aquele trabalho me deixava infeliz. Ele me lembrou que não era normal chorar no banheiro do escritório.

Expliquei que eu tinha um certo senso de lealdade. Queria me provar para o CEO.

"Ele não liga pra você", disse Ian. "Você é o menor dos problemas da vida dele. Você pode sair. Ele vai ficar legal." Não era a primeira vez que ele iniciava essa conversa. Era sempre bem-intencionado, mas o conselho não solicitado me irritava, e não só porque me negava a admitir que ele pudesse ter razão.

Como engenheiro de software, Ian nunca tinha enfrentado um mercado de trabalho sem espaço para ele; não sabia o que era não ter mobilidade, opção, não ser cobiçado. Ele adorava o que fazia e poderia facilmente exigir o triplo do meu salário. Nenhuma empresa jamais deixaria de lhe oferecer participação acionária. Ele era a própria rede de segurança.

Talvez ainda estivesse aflita com a falta de perspectiva de quem tem conhecimentos que não são nem únicos nem têm grande demanda. A ideia de que eu era descartável me fora incutida desde que trabalhava no mercado editorial, e sair sem ter planos era inconcebível. Todos os meses desde minha formatura existiam no meu currículo. Períodos sabáticos, a não ser para professores universitários, eram um novo conceito, e não me era digno de confiança.

Ian me amava como se ama alguém bem no comecinho: ele ainda acreditava que eu era do tipo que não deixava que a tratassem mal, que a fizessem se sentir uma merda. Uma pessoa virtuosa, de princípios. Uma pessoa que se dava o valor. Eu me compadecia de sua decepção. Também queria ser essa pessoa.

Defender a Causa — qual era a causa? Nossa causa era a empresa, mas a empresa também tinha suas causas. Impulsionar o engajamento; melhorar a experiência do usuário; diminuir o atrito; possibilitar a dependência digital. Ajudávamos gerentes de marketing a rodar testes A/B na linha de assunto dos e-mails para aumentar a proporção de cliques a partir de e-mails em massa; ajudávamos desenvolvedores em plataformas de comércio eletrônico a tornar mais difícil para os usuários abandonar carrinhos de compras; ajudávamos designers a estreitar o ciclo de realimentação de endorfina. Também ajudávamos empresas de carona remunerada a maximizar a produtividade da frota enquanto reduziam o pagamento que os motoristas levavam para casa. Ajudando as pessoas a tomar decisões mais acertadas, sempre dizíamos. Ajudando pessoas a pôr em dúvida suas suposições. A responder perguntas difíceis. Eliminar preconceitos. Desenvolver o que há de melhor em direcionamento de mensagem. Aumentar conversões. Melhorar os indicadores principais dos negócios. Medir a estratégia de adoção por parte do usuário. Priorizar o impacto. Promover o retorno do investimento. Growth hack. O que é medido é gerenciado, eu às vezes dizia aos clientes, citando um guru de gestão cujos livros nunca tinha lido.

O fim do jogo era igual para todo mundo: crescimento a qualquer custo. Escala acima de tudo. Perturbar, depois dominar.

No fundo havia uma ideia: um mundo aprimorado por empresas aprimoradas por dados. Um mundo de indicadores implementáveis, em que desenvolvedores jamais parariam de otimizar e usuários jamais parariam de olhar para suas telas. Um mundo livre de tomadas de decisões, do atrito desnecessário do comportamento humano, onde tudo — reduzido à sua versão mais veloz, simples, lustrosa — poderia ser otimizado, priorizado, monetizado e controlado.

Para meu azar, eu gostava da minha vida ineficiente. Gostava de escutar rádio e cozinhar com um excesso de utensílios; picar cebola, desemaranhar ervas molhadas. Banhos longos e visitas a museus depois de um baseado. Gostava de andar de transporte público: observar estranhos falando com os filhos; observar estranhos olhando o pôr do sol pela janela, e olhando fotos do pôr do sol no celular. Gostava de dar longas caminhadas para comprar onigiri em Japantown, ou dar longas caminhadas sem destino certo. Dobrar as roupas lavadas. Fazer cópias das chaves. Preencher fichas. Telefonemas. Gostava até dos correios, do descontentamento previsível da burocracia. Gostava de álbuns inteiros, de virar o disco. Romances grandes com enredos mínimos; romances minimalistas com enredos minimalistas. Falar com estranhos. Fechar o restaurante tomando a saideira. Gostava de ir ao supermercado e examinar as frutas e verduras; ver todo mundo mastigar no corredor do granel.

Roupa quentinha, rádio, esperar o ônibus. Podia ficar frustrada, sobrecarregada, assoberbada, desconfortável. Às vezes me atrasava. Mas essas ineficácias banais — eu as considerava luxos, a marca dos desimpedidos. Hora de não fazer nada, de deixar a mente correr livre, de estar no mundo. Na pior das hipóteses, faziam com que eu me sentisse humana.

A vida fetichizada sem atritos: como era ela? Uma eterna alternância entre reuniões e necessidades físicas? Um ciclo contínuo, produtivo? Gráficos e conjuntos de dados. Não era, para mim, uma aspiração. Não era um prêmio.

Relaxando com vinho e batata chips uma noite, o CEO se sentou ao meu lado na mesa da cozinha do escritório. "Faz um ano que você está com a gente", ele constatou. "Faço a mesma pergunta pra todo mundo. Este foi o ano mais longo ou o mais curto da sua vida?"

O mais longo, respondi. Foi automático, sincero. Ele semicerrou os olhos e meio que riu. Da cabeceira da mesa, o gerente de soluções visivelmente nos entreouvia.

"É uma pergunta capciosa", disse o CEO. "A resposta certa: as duas coisas."

Enquanto minha avaliação anual chegava, eu estava em cima do muro quanto a abordar ou não a lista atualizada de hostilidades casuais voltadas contra mulheres que davam mais uma textura não solicitada ao ambiente de trabalho. A empresa tinha chegado aos sessenta funcionários, oito eram mulheres: um índice decente para o setor. Mas eu era idealista. Imaginei que pudéssemos ser melhores.

Por e-mail, contei à minha mãe sobre o colega com o aplicativo de smartwatch que era somente um GIF animado dos seios de uma mulher balançando eternamente, e os comentários que eu tinha ouvido sobre meu peso, minha boca, minhas roupas, minha vida sexual. Contei a ela da lista que o influenciador tinha, elencando as mulheres mais pegáveis do escritório.

Era delicado: gostava dos meus colegas de trabalho, e dava o meu melhor para ser retribuída. Eu ainda não tinha histórias de terror para contar, e preferia que as coisas continuassem assim. Em comparação com outras mulheres que eu conhecia, eu tinha dado sorte. Mas o padrão era muito, muito baixo.

Minha mãe havia trabalhado em bancos corporativos quando tinha a minha idade. Imaginei que fosse me entender. Esperava que ela reagisse com palavras de apoio e incentivo. Esperava que ela dissesse: "Sim! Você é a transformação de que esse setor precisa". Ela respondeu ao meu e-mail na mesma hora. *Não faça reclamações de machismo por escrito*, escreveu. *A não ser, claro, que você já tenha um advogado à mão.*

Fui promovida da Engenharia de Assistência Técnica a algo que o setor chamava de Sucesso do Cliente. Era gerente de sucesso do cliente, um GSC. De repente, tinha uma sigla e contas corporativas. Tinha cartões de visita. Os cartões tinham o número do meu celular pessoal, além dos slogans AÇÕES FALAM MAIS ALTO QUE ACESSOS À PÁGINA e SOU BASEADO-EM-DADOS — os hifens ainda me tiravam do sério —, mas eu os distribuía a quem os aceitasse.

A equipe de Sucesso do Cliente era pequena: só eu e um ex-gerente de contas, que tinha acabado de sair do MBA e usava camisas com colarinho americano e sapatos de couro engraxados. O gerente de soluções me disse que achava que formaríamos uma ótima equipe. Concordei — gostava do cara do MBA e de seu humor seco, cínico. "Ele é estratégico", disse o gerente de soluções, sorridente. "E você ama os nossos clientes."

Nossos clientes. Minha caixa de entrada e a secretária eletrônica pessoal estavam cheios de exigências de homens desconhecidos petulantes, teimosos. Pensei em todas as vezes ao longo do último ano em que eu fora subestimada, tratada como uma boba, menosprezada. Era verdade que eu curtia servir de tradutora entre o software e os clientes. Gostava de desmembrar as informações, desmistificar os processos técnicos, ser uma das poucas com essa capacidade específica. Gostava de ser mandona. Mas os homens — não amava nenhum deles.

Com a promoção veio um salto na participação acionária. Continuava sem saber quanto as ações valiam, e tinha medo de perguntar ao MBA se tinham lhe oferecido mais quando fomos promovidos. Podia presumir com segurança que a resposta era sim. Afinal, o trabalho dele era considerado estratégico, já o meu era interpretado como amor.

Porém, mesmo com a participação acionária — dinheiro especulativo, de qualquer modo, eu me reassegurava — eu tinha 26 anos e ganhava 90 mil dólares por ano. Fui à internet e comprei um par de botas de quinhentos dólares que eu sabia serem moda em Nova York, mas, no final das contas, eu tinha vergonha de usá-lo em San Francisco — pareciam muito profissionais. Doava um pouco a uma ONG de saúde reprodutiva. Doava um pouco para uma organização local que dava privadas portáteis e chuveiros aos sem-teto do meu bairro. Comprei um vibrador com porta USB porque assim me sentia mais técnica. Fiz matrícula em uma academia com piscina de água salgada onde eu sabia que jamais teria tempo de nadar, e marquei um horário com um hipnoterapeuta recomendado em uma plataforma de avaliações colaborativas. Gastei duzentos dólares em uma única sessão, na esperança de parar de roer as unhas, durante a qual acabei adormecendo e tendo um sonho nada erótico com o fundador da rede social que todo mundo odiava.

O resto do meu dinheiro ia direto para a poupança. Ok, ok, ok, eu me tranquilizava, escondida no depósito do servidor nos dias ruins, revisando meu extrato bancário. Saída de emergência.

Na primavera, a startup lançou um recurso novo, um indicador chamado Vício. Os gráficos de Vício mostravam a frequência com que cada um dos usuários se engajava, visualizava hora a hora — como um informe de retenção elevado ao cubo. Era o primeiro desse tipo no mercado: uma decisão de produto inspirada da parte do CEO, executada brilhantemente pelo diretor técnico. Todas as empresas queriam criar um aplicativo que os usuários olhassem várias vezes por dia. Queriam grudar — ser os mais grudentos. As tabelas de Vício quantificavam e reforçavam essa ansiedade e obsessão.

Nossa diretora de comunicação tinha ido embora para uma empresa de tecnologia maior, com benefícios e políticas bem-estabelecidos, que englobavam a família, e não tinha sido substituída. Com sua partida, me tornei a redatora de fato. Quando pedi um aumento que refletisse o trabalho extra, o pedido foi categoricamente negado. "Você está fazendo isso porque se importa", disse o gerente de soluções — e eu devia me importar mesmo, pois continuava a fazê-lo.

A fim de promover o Vício, escrevi como ghost-writer do CEO uma coluna de opinião que descrevia, secamente, a vantagem de as pessoas voltarem constantemente aos mesmos aplicativos, inúmeras vezes por hora. *O Vício possibilita que você veja até que ponto está incorporado na vida cotidiana de seus usuários, e que aufira e otimize seu impacto*, escrevi, como se fosse algo bom. O artigo foi publicado em um blog de tecnologia muitíssimo acessado sob o nome do CEO, e no blog da nossa empresa sob o meu nome.

O ineditismo do Vício era empolgante, mas a premissa me incomodava. A maioria dos funcionários da empresa tinha menos de trinta anos, e fora criada com a internet. Todos tratávamos a tecnologia como se fosse inevitável, mas eu começava a pensar que poderia haver outras abordagens. Já vivia me enredando em nós de dopamina: me mandava links e lembretes por e-mail, sentia um sobressalto com a subsequente notificação, depois lembrava que eu tinha acabado de desencadeá-la. O vício em aplicativos não era algo que eu quisesse instigar.

A identidade de marca também me contrariava. Conhecia

inúmeras pessoas que tinham escapado rumo a paisagens bucólicas para se livrar da dependência em heroína, cocaína, analgésicos, álcool — e esses eram os sortudos. O vício era uma epidemia geracional, devastadora. O Tenderloin ficava a cinco quarteirões do nosso escritório. Deveriam existir aspirações mais nobres. Na pior das hipóteses, havia outras palavras que poderiam ser usadas. Apresentei meus receios a Kyle. Era como se ninguém na empresa houvesse convivido com alguém que tivesse o hábito pelo menos ocasional de se drogar, declarei. Era como se o abuso de drogas fosse um conceito abstrato, algo que só tinham visto nos jornais, se é que alguém ali se dava ao trabalho de ler jornal. Não era apenas uma falta de sensibilidade, mas algo tacanho, constrangedor, ofensivo. Daria na mesma chamar nossos relatórios de funil de Anorexia, eu disse. Vamos passar a chamar os índices de cancelamento de Suicídios.

Kyle escutou com paciência as minhas reclamações. Tirou o boné florido e esfregou a nuca. "Entendo", ele disse. "A questão do vício é muito importante no setor dos games. Não é nenhuma novidade. Mas não vejo nenhum incentivo para que isso mude." Com a biqueira do tênis, ele empurrava de um lado para outro o skate em miniatura que estava debaixo da minha mesa. "A gente já chama os clientes de 'usuários'."

Ser gerente de sucesso do cliente era mais interessante do que ser engenheira de assistência técnica, mas o título era tão piegas e bizarramente pomposo em sua pseudossinceridade que eu não conseguia dizê-lo em voz alta. Isso acabou me servindo de trunfo: quando mudei minha assinatura para "gerente técnica de contas", suscitei uma reação dos meus clientes antes pouco comunicativos — sempre engenheiros, sempre fundadores, e, ainda, sempre homens.

O trabalho era parecido com o da assistência, mas menos técnico, e voltado para os negócios: os figurões. Nós, os gerentes de sucesso de clientes, éramos zeladores de longas relações mutuamente benéficas. Eu tinha um rol de contas, empresas e companhias de tecnologia com salários altíssimos que queriam uma provinha da vanguarda. Minha função era garantir que essas contas tirassem o máximo proveito da ferramenta. Embora abrangesse ajudar empresas novas a se integrar — contanto que pagassem certa quantia —, também era o jeito agradável de avisar que eu seria demitida caso não evitasse cancelamentos.

Cancelamento era o nome da evasão de clientes: quando o cliente se dava conta de que não precisava de um produto de terceiros, ou se esquecia de usar a ferramenta, ou ia para um concorrente. Crescer era ao mesmo tempo uma bênção e uma maldição, nesse sentido. Significava que estávamos ganhando, mas também que startups mais novas andavam de olho em nós. Concorrentes surgiam no mercado — empresas menores, mais ágeis, com menos funcionários e financiamento mais recente. Elas conseguiam oferecer um preço que nós, uma empresa um pouco mais inchada, relutávamos em cobrir. Elas tinham mais tolerância a queimaduras.

Mas o cancelamento não era só uma questão de preço ou deslealdade. Assim como acontece com qualquer produto de empresa para empresa, não raro vinha da omissão, quando empresas pagavam milhares de dólares por mês por uma ferramenta que esqueciam que poderia ser útil. Esse era sempre o feedback mais crítico, pois queria dizer que tínhamos caído no esquecimento.

Eu me encontrava com os clientes no escritório deles — Acordo de Confidencialidade na recepção, petiscos e água aromatizada na sala de reuniões, grupos de Engenharia com vista para a baía — e eles explicavam, sem rodeios, que estavam pagando muito caro por algo que os próprios engenheiros poderiam fazer. Não seria uma ferramenta tão bonita, mas poderiam "rodar um próprio" — elaborar uma solução para eles mesmos. A megaloja on-line tinha começado a vender infraestrutura back-end que tornava a iniciativa extremamente fácil. Nossa ferramenta era ótima, nossos clientes diziam, mas precisávamos reduzir os custos.

Eu achava difícil argumentar com quem precisava reduzir de tamanho, mas não achava ruim ir até o cliente para tentar. Sempre me sentia em uma pesquisa de campo. Ia a corporações estabelecidas e admirava o ar relaxado, despreocupado, de quem só trabalhava três horas por dia. Ia a startups e recusava ofertas de chá gelado e queijo de corda. Tirei o blazer de linho do armário. Me imaginava uma grande autoridade.

Não sabia que gerentes de sucesso do cliente de outras empresas geralmente eram mulheres jovens que por alguma razão não ficavam deselegantes com estampas florais e nunca saíam de casa de cabelo molhado, cujas meias sempre combinavam, que não faziam muitas piadas, que sempre sabiam a resposta. Mulheres que eram muito melhores na função do que eu — bem mais convincentes. Mulheres às quais era impossível dizer não.

Era fácil dizer não a mim. Estava sempre tirando fiapos do meu peito, tentando viver do bom humor. Quando me encontrava com os clientes, agia como se estivesse fazendo cosplay de uma gerente de negócios dos anos 1980. Dizia coisas tais como: Me diga o que você espera dos nossos dados, e Vamos definir a sua métrica Estrela Guia. A métrica Estrela Guia era sempre a mesma: o que trazia dinheiro — o máximo possível. Eu me sentava em salas de reuniões e me recostava em cadeiras confortáveis e tentava cultivar uma aura de know-how. Não estava claro de quem eram os maneirismos que eu adotava, qual fantasia estava canalizando.

Embora eu soubesse que não era convincente, a interpretação ainda parecia funcionar. Era reconfortante lembrar que os empregos que todos tínhamos eram criações do século XXI. As funções talvez fossem genéricas — gerenciamento dos clientes, vendas, programação — mas o contexto era novo. Eu me sentava diante de engenheiros e gerentes de produto e diretores técnicos, e pensava: Estamos todos lendo o roteiro alheio.

Eu passava os olhos por e-mails de recrutadores e anúncios de empregos como se fossem horóscopo, escorregando para os benefícios: salário competitivo, plano dental e ocular, plano de aposentadoria, entrada gratuita em academia de ginástica, almoço incluso, depósito de bicicletas, viagens a estações de esqui em Tahoe, excursões a Napa, conferências em Vegas, barril de cerveja, barril de cerveja artesanal, barril de kombucha, degustação de vinhos, Quartas-feiras do Uísque, Sextas-feiras de Open Bar, massagem no local, ioga no local, mesa de sinuca, mesa de pingue--pongue, robô de pingue-pongue, piscina de bolinhas, noites de jogos, noites de cinema, kart, tirolesa. Anúncios de emprego eram um espaço excelente para ser atingida pelo conceito de diversão de um profissional de recursos humanos e da ideia que alguém de 23 anos tinha de equilíbrio entre vida e trabalho. Às vezes esquecia que não estava me candidatando a uma colônia de férias. *Organização personalizada: crie a estação de trabalho perfeita para você com nosso hardware mais recente. Mude o mundo ao seu redor. Trabalhamos muito, rimos muito, "toca aqui" é com a gente* mesmo. Não somos só mais um aplicativo de web social. Não somos só mais uma ferramenta de gerenciamento de projetos. Não somos só mais um serviço de entregas. Cortei o cabelo. Pedi tempo para resolver assuntos pessoais. Dei de ombros para os olhares astutos dos vendedores sempre que eu chegava ao escritório usando uma roupa mais arrumada do que jeans e camiseta.

Eu sabia, por meio das visitas aos meus clientes, que escritórios de startups tendiam a ser iguais — móveis falsamente modernos de meados do século, paredes de tijolinhos, bar de petiscos, carrinho de bebidas. Quando produtos tecnológicos eram trazidos ao mundo físico eles mesmos viravam estética, como se para sustentar a própria realidade: o escritório do website de compartilhamento de casas era decorado como os ambientes da casinha junto à piscina e de pieds-à-terre; o saguão de uma startup de reserva de quartos de hotel tinha uma mesa de concierge com direito a campainha (mas sem concierge); a sede de um aplicativo de carona remunerada reluzia nas mesmas cores que o próprio aplicativo, até mesmo no lustroso corredor de elevadores. Uma startup relacionada a livros tinha uma biblioteca pequena, triste, as estantes meio vazias, brochuras e manuais de programação inclinados uns contra os outros. Me lembrava as pessoas que se vestiram de Michael Jackson para ir ao funeral de Michael Jackson.

Porém, um escritório, da plataforma de blogs sem modelo de receitas, era especialmente sexy. Era algo que um escritório não deveria ser, e fez meu coração acelerar, acelerar muito. Tinha vistas da cidade em todas as direções, poltronas rechonchudas de couro, guitarras elétricas plugadas em amplificadores, armários de teca com ferragens brancas. Parecia o loft residencial do namorado músico famoso que eu achava que teria aos 22 mas que acabei nunca conhecendo. Estar naquele ambiente me fez ter vontade de tirar o vestido e os sapatos e me deitar no volumoso tapete de pele de carneiro e comer punhados de MDMA, encolher meu corpo nu na poltrona bola vintage e nunca mais sair.

Não estava claro se eu estava ali para um almoço ou uma entrevista, o que era normal. Estava preparada para as duas situações e vestida para nenhuma delas. Meu guia me levou à cozinha comunitária, que tinha os apetrechos de todas as despensas de startup: caixas de plástico com granola e biscoitinhos de queijo, tigelas de chips e barras de chocolate pequeninas. Havia a indefectível caixa de barrinhas energéticas e, na geladeira, garrafas de água aromatizada, queijo de corda e caixas unitárias de achocolatado. Era difícil saber se a empresa estava treinando para uma maratona ou oferecendo um lanchinho depois da escola. Mas não era de todo estranho — alguns dias antes, eu tinha entrado na cozinha da startup de análises e deparado com dois gerentes de contas devorando jujubas de glicose voltadas para atletas de resistência.

Com um bufê de comida afegã, me encontrei com a equipe, inclusive com um bilionário que fizera fortuna com a plataforma de microblogging. Ele perguntou onde eu trabalhava e eu lhe disse.

"Conheço essa empresa", ele comentou, partindo um lavash ao meio. "Acho que tentei comprar vocês."

Assistir de camarote às trajetórias voláteis de outras startups tinha me deixado cansada, exigente. Não tão exigente assim — só queria trabalhar em uma empresa que fosse inovadora, e não oportunista, com um modelo de receitas estável e uma missão que eu pudesse endossar. Talvez outra enxada, mas uma empresa normal seria ótimo. Algo útil. Algum lugar onde eu pudesse dar uma respirada, refletir.

Uma amiga trabalhava em uma startup que fazia ferramentas para desenvolvedores — software para engenheiros de software, para ajudá-los a criar softwares — e falava muitíssimo bem do equilíbrio entre vida e trabalho. A empresa era famosa: todo mundo, dos encarregados do complexo comercial do Vale do Silício ao governo dos Estados Unidos, usava seus produtos, que simplificavam para os programadores as tarefas de guardar, rastrear e colaborar com um código fonte. A empresa também operava uma plataforma pública com milhões de projetos de software de código aberto, que aceitava a contribuição de todos e podia ser baixada de graça. Jornalistas suscetíveis do setor tecnológico às vezes se referiam a essa plataforma como a Biblioteca de Alexandria, mas dos códigos.

"Não estou tentando te roubar, mas me parece óbvio que você se encaixaria perfeitamente", minha amiga me disse durante um almoço, enquanto louvava as virtudes do patrão: duzentos funcionários, sem concorrentes de verdade, 100 milhões de dólares de financiamento. Ela mergulhou uma batata frita no milk-shake. "Se você quisesse gerenciar uma equipe, é uma coisa que poderia acontecer. Você podia fazer um teste, ver se dá certo para você." Tudo me soava tão tranquilo.

As coisas não tinham acabado bem para a Biblioteca de Alexandria, mas ainda assim eu estava curiosa. A empresa tinha um modelo de negócios genuíno — vender versões exclusivas e auto-hospedadas da plataforma a empresas que desejavam aplicar a abordagem colaborativa, de código aberto, a softwares patenteados —, e o website público, gratuito, me parecera radical. Oferecia acesso irrestrito a ferramentas, dados e comunidades on-line da elite: uma alocação defensável do capital de risco. A startup brilhava de idealismo e utopismo tecnológico de velha guarda. Era um canto da indústria que eu achava otimista, experimental e, o mais importante, redentor do empreendimento como um todo. Dava para ver como poderia realmente fazer do mundo um lugar melhor.

Havia, claro, um sinal de alerta: naquela primavera, a startup tinha sido implicada em um escândalo de discriminação de gênero muito divulgado. A primeira mulher da equipe de engenharia — desenvolvedora e designer, negra e defensora da diversidade na tecnologia — havia postado uma série de queixas na plataforma de microblogging. A startup, ela alegava, era um clube do bolinha, uma instituição machista até o âmago: colegas a tratavam com ar de superioridade, revertiam e apagavam seus códigos e criavam um ambiente de trabalho hostil. Ela descrevia uma cultura organizacional em que mulheres eram desrespeitadas e intimidadas.

Os posts da desenvolvedora viralizaram. A história acabou indo parar na imprensa nacional. A empresa abriu investigação. Um fundador envolvido renunciou, outro se mudou para a França. O investidor em capital de risco que alegava que o software estava engolindo o mundo foi à rede social para reafirmar sua lealdade para com a empresa.

Isso tudo me deixava desconfiada, mas eu também me perguntava, em segredo, se não haveria alguma vantagem em ingressar em uma organização imediatamente depois desse tipo de escândalo. Não previa uma utopia feminista matriarcal — segundo a página com a equipe da empresa, cerca de 20% dos funcionários eram mulheres —, mas imaginava um clube do bolinha padrão se desmilinguindo sob o efeito corrosivo dos rumores e do escrutínio público. Na pior das hipóteses, ponderei, os funcionários estariam falando abertamente de sexismo. O sexismo precisava ser parte da conversa interna. Tinha lido Foucault, um milhão de anos atrás: era provável que o discurso ainda tivesse poder. Sem dúvida, com a repercussão, mulheres teriam espaço à mesa.

Pode chamar de autoilusão ou ingenuidade: eu considerava esses cálculos estratégicos.

* * *

Tirei um dia de folga sem justificar, um ato de provocação que eu temia ser transparente, e marquei uma tarde de entrevistas na startup de código aberto. O escritório era em um prédio de três andares, uma antiga fábrica de frutas secas perto do estádio de beisebol. Na recepção havia uma coleção de estojos de vidro para museus exibindo artefatos da história da empresa. Espiei um notebook um pouco amassado que tinha sido de um dos primeiros engenheiros dali e tentei me sentir comovida. Um segurança que usava uma camiseta com o logotipo da empresa e as palavras SERVIÇO SECRETO me mostrou a sala de espera e indicou um sofá amarelo. Me sentei, passei as mãos no colo, olhei ao redor e saí de mim.

A sala de espera era uma réplica meticulosa do Salão Oval até no papel de parede. O tapete, de um intenso azul presidencial, era estampado com o mascote desenhado da startup, um animal imaginário — um gato-polvo com tentáculos e olhos de corça — segurando um galho de oliveira sobre as palavras NA COLABORAÇÃO CONFIAMOS. Uma bandeira americana ficava ao lado da mesa do presidente, atrás da qual a animação de nuvens passava sobre o National Mall. Portas brancas com moldura certinha, triangular, que levava, supunha-se, à Ala Oeste.

Aquilo era o auge do capital de risco, o outro lado do ecossistema. A empresa parecia estar gastando suas centenas de milhões de dólares em financiamento de risco como qualquer pessoa sensata esperaria que fundadores na faixa dos vinte anos gastassem o dinheiro alheio: prodigamente.

Era desnecessário comparar o escritório à tundra austera, fluorescente, da startup de análises, ou até ao despojado armazém de robótica industrial-chique de Ian, para apreciar a inovação daquele ambiente de trabalho. Era um sonho alucinatório, uma fantasia, um playground. Era constrangedor, vertiginoso demais; mais do que exagerado. Quando entrei no simulacro de paredes de vidro, intimidativo, da Sala de Comando de Emergência da Casa Branca para a minha primeira entrevista, e reparei que a mesa da sala de reuniões da diretoria era ladeada por duas bandeiras estampadas com as palavras NA MERITOCRACIA CONFIAMOS, caí na risada. Diante de cada uma das cadeiras havia um risque-rabisque de couro com o gato-polvo em alto-relevo. Era tudo muito literal. O mais surpreendente era que eu gostava. O ar decadente me empolgava. O que mais aconteceria ali? O que mais os funcionários conseguiam fazer e sair ilesos?

Depois de meses Defendendo a Causa sem nunca ouvir as palavras "hora extra", também me encantou o modo como a empresa parecia se sair no indicador da bunda-na-cadeira. Às seis da tarde, no meio da semana de trabalho, o escritório estava deserto. A não ser por meia dúzia de funcionários que pegavam cerveja e preparavam coquetéis no bar, estava quase totalmente vazio.

Tive a premonição de que nunca mais trabalharia em um escritório de startup que desse a impressão de poder ser desmontado da noite para o dia, ou em um conjunto de salas do mercado cultural com canecas descombinadas e correntes de ar entrando pelas janelas. Não vestiria roupas business casual de seda artificial. Não veria ratos. Me realizaria conseguindo um equilíbrio saudável entre trabalho e vida, e me permitiria ser cuidada, como se tivesse feito algo para merecer isso.

Se esse era o futuro do trabalho, pensei, então eu estava dentro. Queria que todos os ambientes de trabalho fossem iguais àquele — queria aquilo para todo mundo. Acreditava que fosse sustentável. Acreditava que seria duradouro.

"Esperamos coisas grandiosas de você e para a empresa", lia--se na carta de oferta, com uma arrogância que eu achava apenas vagamente censurável. "É justificável que você esteja orgulhosa de si mesma." Estava e não estava. Estava sobretudo exausta.

O emprego vinha com um seguro com cobertura total, de primeira qualidade, plano de aposentadoria parcial compatível e férias ilimitadas, mas acarretaria um corte de 10 mil dólares no meu salário e rebaixamento de cargo. Por enquanto, minha mobilidade não seria sequer lateral: assumir um cargo típico da assistência técnica era descer degraus. Seria um passo imprudente em qualquer contexto profissional, e uma ingenuidade principalmente no setor de tecnologia: como uma das primeiras funcionárias de uma startup promissora, eu poderia estar deixando para trás uma participação acionária talvez valiosa. Mas não tinha uma participação acionária digna de preocupação, e não ligava para salários enormes, ou um cargo glorioso — o que era bom, pois o cargo especificado na carta de oferta era, em homenagem ao mascote da empresa, Supportocat. Tentei ignorar a humilhação.

O que eu queria de um ambiente de trabalho era simples. Queria confiar no meu gerente. Receber compensação justa e igualitária. Não me sentir bizarramente assediada por um cara de 25 anos. Pôr fé no sistema — qualquer sistema que fosse — em relação à responsabilidade. Levar tudo muito menos para o lado pessoal e não me aproximar demais.

Liguei para Parker. "Bom, não é ad-tech", ele disse, ponderando. "Essa parte é boa. E é adorada por um monte de nerds. E o acordo de trabalho lá, e em qualquer empresa de tecnologia, é muito bom hoje em dia. Eles tomam todas as decisões por você. É que nem ir para o convento, mas o salário é melhor. O outro lado da moeda é que você não é incentivada a pensar no que está fazendo. Mas isso você já sabe. É claro que você já pensou nisso."

Compartilhamos um instante de silêncio. Eu não tinha pen-

sado nisso. Mas acreditava na missão, eu lhe disse. Não via nenhum mal. Confessei que imaginava que a plataforma de código aberto tinha potencial para ser algo radical. Parker se calou. "Para mim, é o fantasma sombrio da centralização", ele disse. "Em um mundo onde ela não existisse, ainda poderíamos fazer o que a plataforma permite, e as pessoas seriam mais livres." Ele suspirou. "Mas eu prefiro não te constranger, independentemente de onde você vá. Praticamente não existe uma empresa em que você possa trabalhar que seja boa. Talvez uma ou outra ONG que não esteja tomando a iniciativa para piorar a situação, mas é só isso. É uma lista curtíssima. Nada do que faça vai ser mais nocivo do que a radiação de fundo de SoMa."
Eu vou aceitar e pronto, declarei.
"É", ele respondeu. "Eu sei."

Marquei uma reunião para dar meu aviso prévio. O gerente de soluções e eu nos sentamos no Pentágono, e enunciei as frases que vinha ensaiando na minha cabeça: aprendi muito, aproveitei meu tempo, agradecia por terem me dado uma chance. Nada disso era mentira. Tinham me dado uma chance. E eu aproveitara meu tempo ali, em certa medida. Tinha sido uma formação inestimável.
O gerente de soluções se recostou na cadeira e assentiu. A aliança de casamento girava sem parar em seu dedo. Eu sabia que ele havia chorado depois de demitir Noah, e fiquei um pouco decepcionada porque não estava chorando por mim. Ele perguntou, mecanicamente, se havia alguma coisa que a empresa pudesse fazer para que eu continuasse. Eu lhe disse que não e ambos ficamos aliviados.
Imaginei que a atitude mais nobre seria eu contar pessoalmente ao CEO que iria embora, como um protocolo que ele talvez tivesse lido no livro de gestão do nosso investidor em capital de

risco, mas o gerente de soluções foi mais rápido que eu. Ao longo do dia, fiquei de olho no CEO, e ele fez questão de me ignorar. Quando me aproximei, ele deu meia-volta, se afastando com o olhar a meia distância.

No fim daquela tarde, do isolamento bem-aventurado de uma das salas de reunião, vi o CEO atravessando o escritório em minha direção. Ainda evitando o contato visual, ele entrou na sala de reunião, se sentou, e disse que ficara sabendo da novidade. Novidade: como se eu estivesse grávida, ou morrendo, ou se eu fosse importante. Assenti e tentei não me desculpar. Como um aluno de teatro da escola que estivesse batendo suas falas, ele me agradeceu pelo trabalho. "Desculpe por ter feito você chorar daquela vez", disse à janela atrás de mim.

Eu o conhecera, ponderei. Não éramos amigos. Nunca fomos uma família. Não entendia os sacrifícios que ele tinha feito pela empresa, ou até onde ele iria para protegê-la. Não sabia o que o motivava. Havia uma frieza que me assustava.

Eu lhe garanti que não tinha problema. Era mentira, mas não para o bem dele. Eu precisava acreditar nisso muito mais do que ele.

No final de agosto, limpei o hard drive do meu notebook e comi um último punhado de granola. A gerente de operações estava sobrecarregada demais para conduzir uma entrevista de despedida, e fiquei grata por isso. Não tinha mais nenhuma contribuição a dar. Algumas despedidas me pareceram exageradamente sentimentais e assinei mais documentos, nenhum dos quais eu compreendia totalmente sem a presença de um advogado. Não me passou pela cabeça pedir mais tempo ou sequer dizer não. Depois de entregar meu crachá, fui embora do escritório pedalando, eufórica de possibilidades. Minha mochila, leve sem o notebook do trabalho, batia contra as minhas costas enquanto eu atravessava a Market Street. Me sentia livre, desonerada. No Panhandle, passei por um grupo de corredores com camisetas iguais de uma startup, trotando em meio aos eucaliptos como uma fila de pôneis bem domados, e senti pena deles.

Naquela noite, Ian me pegou em casa em um carro alugado e fomos até Berkeley, serpenteando pelas montanhas. Paramos em um mirante e nos sentamos em uma rocha, comemos cuscuz com caril e bebemos champanhe barato. Do outro lado da baía, San Francisco bruxuleava. A neblina se acomodava sobre a cidade, acortinando as praças, as colinas, os píeres. Esse tempo todo eu poderia simplesmente ir embora. Poderia ter ido meses antes. Durante quase dois anos, tinha sido seduzida pela autoconfiança de homens jovens. Eles davam a impressão de que era tão simples saber o que você queria e correr atrás. Eu estivera pronta para acreditar neles, ávida para organizar minha vida em torno de seus princípios. Tinha confiado neles para que me dissessem quem eu era, o que importava, como viver. Acreditava que tinham um plano, e acreditava que era o melhor plano para mim. Achava que eles sabiam de algo que eu não sabia. Mergulhei no alívio. Observando a cidade, enrolada na jaqueta de Ian, não percebi que estava em boa companhia: uma cultura inteira fora seduzida. Via minha fé cega nos rapazes ambiciosos, agressivos, arrogantes dos subúrbios benevolentes dos Estados Unidos como uma patologia pessoal, mas não era nem um pouco pessoal. Ela havia se tornado uma angústia global.

ESCALA

A startup de código aberto era uma instituição. Fazia décadas que as pessoas colaboravam com softwares livres, muito antes de os fundadores, quatro programadores de rosto juvenil na casa dos vinte e dos trinta anos, revolucionarem — e monetizarem — o cenário. A startup, entretanto, tornava o processo mais rápido, mais confiável, social. A plataforma melhorava genuinamente a vida dos desenvolvedores, predispostos a soluções simples, elegantes, elaboradas por pessoas que pensavam exatamente como eles. A empresa, lucrativa praticamente desde o começo, era um protótipo do ajuste do produto ao mercado: erva do gato para investidores em capital de risco. Os fundadores decidiram fazer as coisas de outra forma. Não havia ninguém que lhes dissesse não.

A empresa tinha como modelo a comunidade de softwares livres, com sua ética subversiva, contracultural e de um extremo utopismo tecnológico. Por anos, seguindo os preceitos da fonte aberta — transparência, colaboração, descentralização — a startup foi horizontal. Inexistia hierarquia. Não havia organograma. Funcionários indicavam a própria remuneração, decidiam as próprias prioridades e tomavam decisões por meio do consenso. Os fundadores não acreditavam em gerenciamento, mas sim em meritocracia: o melhor chegaria naturalmente ao topo.

Todo mundo era incentivado a trabalhar como, onde e quando trabalhasse melhor — fosse às três horas da madrugada no escritório de San Francisco, apelidado de QG, ou de uma rede em Oahu. Eram convidados a levar suas personalidades inteiras ao trabalho, e lembrados de levar suas personalidades inteiras para as férias. As férias, ilimitadas, não eram rastreadas. Horário de expediente não existia. Metade da mão de obra trabalhava remotamente, e o nomadismo digital era considerado trivial.

A empresa era obcecada com desenvolvedores, e o sentimento era recíproco. Usuários demonstravam um grau de lealdade a marcas que chegava às raias do fanatismo. Tatuavam o mascote no corpo e mandavam fotos à equipe de assistência técnica, a pele vermelha e em carne viva, a tinta ainda fresca. A loja on-line vendia materiais promocionais — roupas com a marca, adesivos, utensílios para bar, brinquedos, macacões para bebês — em número suficiente para ser um negócio independente. Grupos de turistas do mundo inteiro passeavam pelo escritório, tirando selfies atrás da mesa do presidente e ao pé da estátua de um metro e oitenta do gato-polvo que havia no saguão, feita de bronze ao estilo de *O pensador*.

Alguns funcionários eram bem conhecidos na comunidade da fonte aberta como mantenedores famosos de repositórios populares ou como autores de linguagens de programação. Outros alavancavam a startup em busca de aclamação pessoal, usando blogs e identidades de marca para se tornarem subcelebridades. Viajavam o mundo como autodesignados evangelistas corporativos, pulando de continente em continente no circuito infinito de conferências. Falavam de frameworks de programação em Tóquio, design thinking em Londres, o futuro do trabalho em Berlim. Falavam com a segurança de professores titulares a plateias de desenvolvedores, designers e empreendedores ávidos, mares de homens munidos de passes diários laminados. Davam palestras inspiradoras sobre a toxicidade das reuniões e falavam em tom lírico da transcendência da colaboração. Transformavam em verdades universais as experiências pessoais que acumulavam. Quando passavam por San Francisco, andavam pelo SoMa usando o moletom destinado a funcionários, agindo como se alguém fosse reconhecê-los. Às vezes alguém os reconhecia.

Passei minha primeira semana de trabalho observando, lendo fóruns de mensagens internos e olhando conversas passadas no chat. Apesar da opulência do QG, cuja construção diziam ter custado 10 milhões de dólares, o verdadeiro quartel-general de uma empresa que prioriza o trabalho remoto era a nuvem. Para garantir que todos os funcionários estivessem em pé de igualdade apesar da geografia, os negócios eram conduzidos principalmente via texto. Isso era feito sobretudo através do uso de uma versão particular da plataforma de código aberto, como se a empresa em si fosse uma base de códigos. As pessoas tinham obsessão por documentar o trabalho que faziam, suas reuniões e seus processos decisórios. Todos os comunicados e projetos internos eram visíveis para a organização inteira. Devido à natureza do produto, todas as versões de todos os arquivos eram preservadas. A empresa inteira praticamente poderia sofrer uma engenharia reversa.

Havia apenas duzentos funcionários, mas a startup tinha, em certo sentido, criado uma comunidade on-line particular. As pessoas se referiam às outras por suas identidades na plataforma, tanto on-line como ao vivo. Até o CEO assinava seus e-mails e posts internos com seu nome de usuário. O software de chat corporativo piscava de tantos em tantos segundos com dados, informações, efemeridades digitais: continha multidões. Havia canais para leitores de ficção científica, amantes de HQs, notívagos, viciados em política. Havia um canal para que as pessoas postassem fotografias de cachorros no escritório, e um canal para que postassem fotografias dos cachorros que seguiam em redes sociais. Havia canais para entusiastas de tênis que imitavam pés, para praticantes de artes marciais, para formados em música que estavam se recuperando. Para quem amava karaokê, ou basquete, ou parques temáticos, ou comida insossa, ou máquinas para cozinhar a vácuo. Para as pessoas falarem de casas minúsculas. Para quem fazia tricô. Para veganos e golfistas. Para o planejamento de casamentos, pesca, pesca com moscas. Quarenta pessoas participavam de um canal dedicado exclusivamente à discussão de teclados de computador ergonômicos.

Meus colegas de trabalho eram fanáticos por emojis e os usavam em abundância como substitutos da linguagem e como forma de agressão passiva. Uma baleiazinha, uma casquinha de sorvete, um montinho de merda vaporoso. Um gato-polvo sob medida; uma fotinho da cara do CEO. Me constrangia a ideia de usar meu notebook em lugares públicos — meu trabalho parecia um video game para crianças.

O arquivo de dados institucionais era fascinante. Na falta de um programa formal de integração, criei o meu. Li todo o histórico do chat da época em que as acusações de discriminação de gênero vieram a público; transcrições das reuniões da empresa inteira para debater os escândalos; discussões no repositório de Recursos Humanos. Vi como meus colegas tinham reagido em tempo real, e quem partiu logo para o ataque da primeira mulher na Engenharia. Me senti asquerosa ao ler os arquivos, mas foi um projeto de pesquisa útil, uma forma de descobrir quem evitar e em quem confiar.

Na minha segunda semana, peguei um avião para Chicago a fim de participar de uma hack house. Hack houses eram uma prática rotineira na empresa: de poucos em poucos meses, colegas de equipe se encontravam na cidade que escolhiam — Austin, Atenas, Toronto, Tóquio — e passavam alguns dias se informando das novidades, fazendo planos e bebendo. Meus novos colegas, assimilacionistas digitais, se não nativos digitais, se referiam à situação como uma reunião no mundo físico.

A empresa tinha alugado uma mansão no bairro de Gold Coast, uma vila espaçosa ao estilo Art Moderne que antigamente era de uma herdeira de uma fábrica de sapatos mas depois foi reformada e decorada com um minimalismo gritante que cheirava a cenário de pornô: móveis geométricos, tapetes zebrados, piano de meia cauda branco e touro empalhado em tamanho real. No meu quarto, a banheira era separada da cama por meia parede de tijolos de vidro.

Na primeira noite, arrastei minha bolsa de pano até a porta do quarto, que não tinha tranca. Em algum momento antes do amanhecer, acordei com os ruídos de um engenheiro de assistência técnica, um sujeito amável com fobia de avião que tinha viajado catorze horas de trem para ir do Colorado até ali, arrastando os pés prédio adentro e desmoronando no quarto à frente do meu. Saí na manhã seguinte e vi que sua porta estava aberta: ele dormia de cara enfiada na cama, braços e pernas esticados, com um ronco suave.

Os membros da equipe de assistência técnica passavam o dia estirados nos sofás de couro da sala de estar, falando de pedir comida e fazendo piada no canal de chat enquanto esvaziava a fila. À noite, o grupo monopolizava restaurantes prestigiosos de nova culinária americana em busca de comidas do Meio-Oeste feitas da agricultura local e ia a teatros experimentais em busca da comédia do Meio-Oeste. De manhã, as pessoas acordavam tarde e circulavam pela mansão de pijama, fritavam bacon e davam respostas aos clientes.

Embora uma semana dormindo fora de casa não fosse minha primeira opção na hora de conhecer meus novos colegas, me achava sortuda. Meus colegas de equipe eram simpáticos, divertidos, tranquilos, quase todos mais velhos do que eu, e cerca de metade eram mulheres. Muitos tinham sido bibliotecários ou arquivistas, e foram atraídos pela startup de código aberto por razões semelhantes às minhas: a promessa utópica de conhecimento gratuito, facilmente distribuível, bem organizado; um salário confortável; ótimos benefícios.

Minha colega de integração, uma sulista séria e meticulosa que antes trabalhara em uma ONG de educação, foi me ensinando a usar o software interno de atendimento aos clientes. Os engenheiros da empresa eram exigentes, percebi: até a fila da assistência técnica era feita para funcionar como um projeto de código aberto.

O software de atendimento aos clientes tinha sido criado pelo primeiro Supportcat, minha companheira de integração me contou, e às vezes dava bug. "Ele agora está na equipe de ferramentas internas", ela disse. "É só dar um ping nele se alguma coisa quebrar." E me deu o nome de usuário do desenvolvedor, um apelido fofo que evocava um filhote de urso. Qual é o nome dele, perguntei, e minha colega de integração sorriu. "Esse é o nome dele", ela declarou. Se aproximou para contar um segredo. "Ele se identifica como um tanuki, um cão-guaxinim japonês. Só os fundadores sabem o nome de batismo." Ah, exclamei, me sentindo muito banal. "Ele vai ao QG de vez em quando", ela falou. "Você vai saber quem é pela cauda."

Na segunda noite, enquanto tomávamos a saideira no boteco perto da mansão, a atmosfera mudou. Os Supportcats começaram a falar merda. A empresa estava aos trancos e barrancos, meus colegas disseram — pelo menos do ponto de vista cultural. A startup tinha passado por uma longa adolescência esquisita, agora precisava crescer. O fundador que foi embora após o escândalo era a alma da empresa, e o CEO era bem-intencionado, mas avesso a conflitos. Pela primeira vez na história da empresa, as pessoas ameaçavam se demitir.

As funcionárias eram assombradas pelo que havia acontecido com a primeira engenheira mulher, meus colegas explicaram. Muitas tinham levado para o lado pessoal. Tinham se decepcionado com gente que consideravam da família. Ficaram de coração partido. Eram cúmplices e nem sabiam. Tinham pavor de que acontecesse de novo.

Mas também — era complicado. "Por um lado, se a gente tem um problema de machismo ou de assédio sexual, o problema tem que ser enfrentado", uma colega de equipe me disse. "Por outro lado, todo mundo saiu mal dessa." Perguntei o que isso queria dizer, e ela jogou o cabelo para o lado. "Não sei se a empresa vai se recuperar dessa situação um dia", ouvi-a dizer. "E, para ser muito franca, ela não era a única que tinha participação acionária."

De volta ao escritório, havia muito falatório sobre um grupo de trolls da internet que armara uma campanha de assédio a mulheres no setor de games. Os trolls tinham inundado redes sociais com uma retórica racista, misógina e reacionária. Disparavam contra feministas, ativistas e pessoas que eles apelidavam, de maneira pejorativa, de guerreiros da justiça social. Haviam sido banidos de quase todas as outras plataformas, no que citavam a Primeira Emenda, que garante a liberdade de expressão, e berravam que estavam sofrendo censura. A situação chamou a atenção de alguns comentaristas de direita e supremacistas brancos, que ofereceram apoio e solidariedade.

Na plataforma de código aberto, os trolls mantinham um repositório de fontes e informações sobre as mulheres que tinham como alvo — fotos, endereços, dados pessoais — e elaboravam estratégias para perseguir, assediar e pressionar através da imprensa.

As contas que contribuíam para o repositório eram, em geral, sock puppets ligados a e-mails temporários que usavam uma rede sobreposta para esconder o endereço de IP. Era impossível identificar e rastrear as pessoas por trás deles.

Meus colegas debatiam até que ponto levar a campanha a sério. Como estavam habituados a ver redes sociais sendo usadas como armas, eles me disseram: trolls e gente que só posta merda existiam em todas as plataformas, e era melhor marcá-los como spammers ou ignorá-los.

"Se você passar cinco minutos numa comunidade de gamers, vai ver esse tipo de coisa", um colega de equipe me disse. Eu não jogava video game desde criança; não sabia que existiam comunidades. "São só um bando de caras no porão da casa dos pais", ele explicou. "Uma hora eles seguem com a vida." Porém, admitiu, ao olhar o repositório de modelos de e-mails e roteiros de telefonemas, não era normal vê-los tão organizados.

A empresa não tinha uma equipe formal para lidar com essas situações. Um ajuntamento improvisado de executivos, representantes técnicos, advogados e curiosos havia criado um chat casual de tomada de decisões chamado Material Perigoso, para lidar com as ocasionais polêmicas e tumultos na plataforma. Após semanas de debate interno, inação e reclamações da comunidade, o grupo Material Perigoso desativou o repositório. Na mesma hora, funcionários foram cercados nas redes sociais. A caixa de entrada da assistência técnica foi inundada com ameaças de morte.

Mostrei a um dos engenheiros uma mensagem especialmente hostil que havia entrado na fila. Procuramos o endereço de e-mail na nossa ferramenta de administrador e descobrimos a conta associada. O perfil do usuário ostentava no avatar um homem de bigode fino e olhar de louco. "É com isso aí que você está preocupada?", o engenheiro indagou. "Poxa. Você sabe quem é essa gente. Travesseiro dakimakura, com buraquinhos na frente e atrás. Você não vai ter problema. A mãe dele não vai levar ele de carro para cometer um assassinato."

O engenheiro arredou a cadeira até sua mesa, e eu abri uma nova aba e pesquisei "travesseiro dakimakura". O mundo era vasto e incompreensível, ponderei, olhando várias fotos do produto. Me sentia uma boba, uma ingênua.

As pessoas por trás das contas sock puppets eram meros babacas, meus colegas afirmavam, jogando GIFs animados de celebridades revirando os olhos no chat. Imaturos e entediados, provavelmente eram estudantes: a empresa sempre via um aumento nas denúncias de abuso nas férias escolares e nos feriadões. Só um bando de atores ruins, eles me garantiam, atípicos naquela plataforma. Não valiam o desperdício de tempo, não valiam nosso envolvimento.

Como presente de boas-vindas, a startup de código aberto dava a todos os funcionários uma pulseira contadora de passos: trabalhadores em boa forma eram trabalhadores felizes, e provavelmente mais baratos de assegurar. Usei a pulseira por uma semana, rastreando meus passos e calibrando minha ingestão calórica, até me dar conta de que estava beirando um transtorno alimentar, ponto em que achei melhor botar a pulseira de volta na caixa.

O fetiche do ecossistema pela cultura da otimização e truques para aumentar a produtividade — bloqueadores de distrações, cronômetros de tarefas, modo ermitão, e-mails em massa, alocação de tempo — havia se expandido em biohacking. Na internet e nas melhores cafeterias de San Francisco, pensadores sistêmicos trocavam observações sobre suas farmacinhas e dosagens. Otimizavam seus ciclos de sono com batidas biauriculares e luzes vermelhas. Tomavam café amanteigado, injetavam testosterona nas coxas e compravam pulseiras sensíveis ao tato que davam choques elétricos de 150 volts.

O corpo era uma plataforma, os biohackers argumentavam:

se um upgrade estava disponível para o sistema operacional de seus notebooks, eles fariam o download de imediato, sem dúvida. A mesma coisa poderia ser dita de seus organismos humanos. Novas empresas vendiam nootrópicos, drogas sem regulamentação que melhoravam a cognição, que alegavam levar a capacidade de pensamento a um novo patamar a quem lutava para chegar ao auge de seu desempenho.

Eu queria estar acima disso, mas não estava acima disso. Curiosa demais; ansiosa demais para o remédio de TDAH da minha companheira de quarto na faculdade. Encomendei cápsulas de nootrópicos de uma startup que declarava estar fabricando o Humano 2.0. As cápsulas não eram aprovadas pela FDA, mas a startup era financiada pelos mesmos investidores que pagavam meu salário. Eu as tomei na expectativa de alta produtividade, mas minha cabeça continuou destravada, atingindo seu patamar habitual.

"Não gosto dessa fase nova", Ian declarou ao inspecionar o pacote de nootrópicos. As cápsulas chacoalhavam no pote de vidro, marcado por um raio. "L-teanina? É o tipo de coisa que um homeopata receita, só que com um design vulgar." Ele recusou quando lhe ofereci uma balinha de cafeína com sabor moca.

Havia um quê de tristeza na otimização corporal, pensei, depois de acidentalmente ter passado uma tarde sob o efeito de nootrópicos no banheiro com minhas pálpebras levantadas com durex, vendo tutoriais de maquiagem, tentando aperfeiçoar meu delineado gatinho dramático. O objetivo era produtividade, não prazer. E com que fim — a quem servia? Talvez almejar o alto rendimento dos vinte e poucos anos fosse um jeito de condensar os anos produtivos do auge da vida preparando uma aposentadoria precoce com um corpo ainda jovem, mas me parecia uma insolência brincar de Deus com o tempo.

Me parecia provável que o biohacking fosse só mais uma forma de autoajuda, assim como blogs corporativos. A cultura da tecnologia oferecia inúmeros escoadouros para que homens praticassem atividades consideradas femininas — inclusive, ao que constava, a manipulação corporal. Eu entendia como o acompanhamento de indicadores pessoais propiciava uma sensação de progresso e ímpeto, de autoaperfeiçoamento mensurável. Tabelas de liderança e aplicativos fitness incentivavam a comunidade através da competição. A quantificação era um vetor de controle. O autoaperfeiçoamento também me atraía. Podia me exercitar com mais frequência e tomar mais cuidado com o sal. Queria ser mais aberta e ponderada, mais atenciosa e disponível para a família, os amigos, Ian. Queria parar de esconder o desconforto, a tristeza e a raiva por trás do humor. Queria que um terapeuta risse das minhas piadas e me dissesse que eu era equilibrada. Queria entender melhor meus próprios desejos, o que eu almejava; achar um propósito. Mas o monitoramento não médico da variabilidade da frequência cardíaca, da latência do sono, dos níveis de glicose, cetonas — nada disso era autoconhecimento. Eram apenas metadados.

Ir ao escritório não era obrigatório, mas fui mesmo assim por um período. Era um prazer passar o tempo no QG, assim como seria um prazer matar algumas horas no saguão de um hotel-butique. Havia vendedoras automáticas cheias de teclados novos, fones de ouvido, cabos e fios, todos prontos para cair, de graça, com uma batidinha do crachá de funcionário. Os elevadores nunca estavam quebrados. Havia boatos de que um engenheiro tinha morado um tempo no escritório, dormindo no lounge, em cima de um contêiner de transporte — uma piada visual com os códigos de rastreamento de remessas — até ser flagrado, pela equipe de segurança, levando uma moça para casa.

Meus colegas o tratavam tanto como escritório quanto como

a sede de um clube. As pessoas circulavam descalças, faziam malabarismos e tocavam violão. Chegavam usando roupas expressivas e irônicas: leggings de elastano estampadas com emojis de unicórnio, blusas estampadas com a cara dos colegas, colar de BDSM, casacos de pele do Burning Man. Alguns jogavam video game enquanto meio que trabalhavam, ou tiravam cochilos nas cavernas dos codificadores — cabines escuras acolchoadas, feitas para quem trabalhava melhor sob privação sensorial. Parecia que metade dos engenheiros era DJ — um grupo de desenvolvedores vivia se apresentando em uma boate de Mission, com um cientista de dados que projetava imagens angulares e geométricas na tela atrás deles —, e alguns ensaiavam em uma mesa de mixagem em frente ao bar da empresa, recordando com orgulho das festas dance que tinham feito no escritório e das vezes em que os vizinhos tinham ameaçado chamar a polícia.

Apesar das robustas amenidades e da cultura de boate, era raro o escritório estar cheio. Reuniões eram feitas através de um software de videoconferência e as pessoas o acessavam de onde quer que estivessem: do transporte público, de boias na piscina, de suas camas desarrumadas, da sala de estar com os companheiros cochilando no fundo. Um engenheiro compareceu à sua reunião diária de um paredão de escalada, segurando uma agarra de plástico, usando mosquetão. Um robô de telepresença circulava pelo ambiente do primeiro andar, desengonçado e extravagante, uma ponte entre mundos.

As pessoas iam e vinham, funcionando segundo agendas individualizadas. Eu nunca sabia com quem esbarraria no QG, ou se ficaria lá trabalhando sozinha. Em todos os andares, telas de televisão exibiam mapas de calor e listas de avatares dos funcionários que indicavam quem estava no prédio e onde. Os mapas de calor me pareciam uma violação — eu não sabia como sair dele. Olhava de soslaio para os televisores sempre que ia ao banheiro, esperando que meus dados, uma bolota laranja radiante, fossem atualizados. Os mapas quase proporcionavam uma sensação de camaradagem empresarial. Era surpreendentemente tocante ser o único nó.

    Ainda queria fazer parte de alguma coisa. Reivindiquei uma mesa elevada em um grupo de engenheiros e deixava meus cartões de visita novos ao lado do monitor: uma bandeira enfiada no chão. Decorei meu notebook com adesivos do gato-polvo vindos da loja da empresa. Frequentava a massagista do escritório e recebia uma massagem cautelosa, totalmente vestida, cujo comodismo deixava meu corpo tenso de vergonha. Tomava uísque com meus colegas em um cômodo escondido pelas estantes de livros e decorado para remeter a um salão de fumantes do século XIX: cabideiro de casacos de veludo, um globo que servia de estoque, e, em cima do console da lareira, um quadro do gato-polvo como Napoleão Bonaparte. Tropecei nos meus próprios tornozelos no time de futebol da empresa, fazendo minha parte para cumprir a cota de duas mulheres. Usei a academia do escritório e fiquei ansiosa ao tomar banho no vestiário, e então resolvi nunca mais ficar nua no trabalho. Circulava orgulhosa no meu moletom de funcionária: minha identidade na plataforma escrita na manga, a silhueta do mascote cobrindo meu coração.

    Fui a funcionária número duzentos e trinta e alguma coisa. Àquela altura, o número era irrelevante. Não era difícil identificar os primeiros funcionários, e não só porque alguns botavam o número na biografia das redes sociais. Via meu eu antigo no monopólio que faziam dos chats, o desdém que tinham pelas equipes não técnicas cada vez maiores, a melancolia pelo que as coisas tinham sido.

    Eu invejava os primeiros funcionários, suas piadas internas e o orgulho merecido. Às vezes, ao ler seus gracejos ou ver as fotos de seus filhos vestidos de gato-polvo no Halloween — ao passar os olhos pelos posts de blog pessoais dos engenheiros, louvando as virtudes da colaboração assíncrona e o Zen da fonte aberta — eu pensava na minha autoridade institucional anterior, ou na pilha de camisetas baseadas em dados que eu guardava dobradas debaixo das toalhas, e sentia uma pontada de nostalgia. Desejo. Solidão corporativa. Ansiava pela sensação de posse e pertencimento, a identidade confortável, a impressão absoluta de afiliação. E então lembrava a mim mesma: *poderia ser eu não fosse pela graça de Deus*.

    A equipe de assistência técnica se reunia uma vez por semana, durante uma hora, por videoconferência. Eu me preparava para esses encontros penteando o cabelo, fechando a cortina da janela que dava para a rua, depois jogando freneticamente a quinquilharia visível em cima da cama e tampando com a colcha.

    "A gente podia dividir o seu trabalho", Ian sugeriu certa manhã, ao me ver posicionando o notebook para que o varal portátil, cheio de roupas íntimas, ficasse de fora do enquadramento. "Os dois poderiam trabalhar em meio expediente, viver com um salário só, e viajar o mundo. Alguém perceberia?" Ninguém, declarei. Por falar nisso, eu disse a Ian, ele bem que poderia nos promover à Engenharia. Eu poderia fazer os chats por vídeo e ele escreveria os códigos.

    Embora meus colegas de equipe de vez em quando fossem ao QG, era estranho quando estávamos encarnados, desorientador ver todo mundo do pescoço para baixo. Nossas relações, cultivadas por meio do software, não se traduziam de imediato na realidade física. Todos éramos mais desajeitados em pessoa do que nos chats da empresa e por vídeo, onde as conversas fluíam.

    Eu gostava da intimidade específica do vídeo: todo mundo respirando, fungando, mascando chiclete, esquecendo de emudecer o microfone antes de assoar o nariz. Gostava da zoação, dos rostos congelados no meio das frases, da surpresa de ver um bicho surgindo de debaixo da mesa. Gostava de ver todo mundo se olhando enquanto fingia olhar os outros, um ato de vigilância infinita. Os primeiros dez minutos eram quase sempre gastos na correção do software de videoconferência, durante os quais eu ficava conhecendo o interior da casa dos meus colegas, suas estantes de livros arrumadas por cores e fotos de casamento, seus pôsteres com frases sinceras ou arte obscura. Descobria seus hobbies e companheiros de casa. Me afeiçoava a seus filhos e bichos.

No começo dessas reuniões, eu entrava na minha conta e me aproximava do meu notebook, curtindo a camaradagem e a cordialidade da equipe. Durante uma hora, meu conjugado era tomado por gargalhadas e tagarelice, a conversa derrapando quando o software engasgava ou ficava lento. Em seguida, me levantava, me alongava, voltava a tampar a câmera do notebook e abria a cortina — me acostumando ao silêncio, sozinha no meu quarto.

Os engenheiros, todos, liam um fórum de mensagens moderado ao extremo, um agregador de notícias e site de discussões geridos pela aceleradora de startups em Mountain View. O fórum de mensagens era frequentado por empreendedores, trabalhadores do setor tecnológico, estudantes de ciência da computação, libertários e as pessoas que adoravam brigar com eles. Pessoas cujo padrão de modo conversacional era o debate. De modo geral, homens. Homens dos dois lados do paredão; homens de cima a baixo. Não era para mim, mas eu lia mesmo assim. Me parecia a identidade masculina da indústria em estado bruto, um coro grego dos que estavam eternamente on-line. O criador do site havia especificado que o debate político destruía a curiosidade intelectual, e portanto matérias de política, e conversas sobre política, eram consideradas fora do tema e proibidas. As diretrizes pediam aos usuários que se concentrassem nas matérias interessantes para hackers. Eu sempre considerara o hackeamento uma atividade intrinsecamente política, na medida em que sequer pensava em hackeamento, mas tive a impressão de que a identidade fora cooptada e neutralizada pelo setor. Ao que parecia, o hackeamento já não significava enganar o Estado ou confrontar os detentores do poder: era apenas escrever códigos. Talvez os aspirantes a hackers simplesmente virassem engenheiros em grandes empresas de tecnologia, onde tinham acesso mais fácil às informações que queriam. Não importava: eu não era hacker.

Os membros experimentavam novas ideologias que pareciam ter descoberto nas wikis de colaboração coletiva. Em conversas sobre os artigos a respeito do setor, relatórios brancos, anúncios de produtos e nos posts dos blogs pessoais dos outros, eles trocavam observações sobre ética, filosofia e economia. "Quais livros constituem o cerne do seu sistema operacional?", perguntavam uns aos outros, com muita sinceridade. Debatiam qual seria a melhor forma de preservar ciclos mentais, como atingir um estado de trabalho focado. Discutiam os méritos de um juramento de Hipócrates para desenvolvedores, a existência de monopólios naturais, a criação de valor nos elogios pessoais, o estado da Janela de Overton. Falavam do estoicismo como ferramenta de vida. Balançavam à beira da realização pessoal.

Assim que veio à tona a notícia do caso de discriminação de gênero na startup de código aberto, os comentaristas do fórum de mensagens lutaram com a queda em desgraça da empresa. Agarravam-se a um detalhe que surgira nas matérias, sobre os funcionários homens observando as colegas girando bambolês ao som de música no escritório. A primeira mulher da Engenharia descrevera os funcionários comendo as colegas com os olhos, como se estivessem em uma boate de strip-tease. Não dava para dizer que ver mulheres rodopiando bambolês tornasse os homens estupradores, um comentarista argumentou — afinal, nem mesmo boates de strip-tease transformavam homens em estupradores.

Será que os CEOS deveriam poder levar os funcionários a uma boate de strip-tease?, alguém perguntou. E se seu pessoal tomasse a iniciativa, e seu pessoal fosse de funcionárias mulheres, se *elas* convidassem o CEO? Outro homem sugeriu que as moças do bambolê estavam se exibindo — talvez quisessem ser comidas com os olhos. Lembre-se, comentou um embaixador da terra da psicologia evolutiva: o desejo era um imperativo evolucionário.

Argumentos secundários tinham surgido sobre a ciência forense da reversão do código alheio. Alguns debatiam o papel desempenhado pela escolha da linguagens de programação da startup de código aberto. Talvez, eles postulavam, a escolha da linguagem da empresa espelhasse as condições do ambiente de trabalho. Alguém ressaltou que a tendência das pessoas era confundir a proporção de gênero na tecnologia — pior do que a média, ele reconhecia — com seu índice de assédios, difícil de avaliar se comparado ao de outras áreas.

"Os caras montaram uma empresa de muito sucesso onde adoravam trabalhar, e agora precisam destruí-la para as feministas se sentirem acolhidas", incensou um comentarista prolífico.

Um homem cuja identificação era uma homenagem a um gato de desenho animado instigou um debate sobre as caraterísticas de um ambiente de trabalho positivo. "Por que", ele indagava, "um escritório cheio de homens jovens e felizes significaria necessariamente uma cultura institucional ruim?"

Fui a Phoenix para participar da conferência anual de mulheres na computação. A conferência foi criada em homenagem a uma engenheira que ajudara a desenvolver tecnologias militares durante a Segunda Guerra Mundial, um aceno, talvez acidental, à pouco reconhecida origem estatal do setor. No avião, fiz piada com a pessoa sentada ao meu lado, questionando se a NSA teria um estande de recrutamento: uma piada péssima que se tornou ainda pior quando eu soube que a NSA era uma das maiores patrocinadoras do evento.

Eu não era de fato uma mulher na computação — era mais uma mulher em torno da computação: uma mulher *com* um computador —, mas estava curiosa, e a startup de código aberto era patrocinadora da conferência. Todos os funcionários interessados, de todos os gêneros, foram convidados a comparecer. Embora ninguém estivesse animado para explorar Phoenix, uma cidade cujo centro parecia uma série de estacionamentos interconectados, a empresa nos acomodou em um hotel-butique com piscina e restaurante mexicano. O bar do restaurante logo virou a nova sede da empresa.

Na primeira noite, meus colegas se reuniram em torno de tigelas de guacamole e margaritas suadas. Para muitos, a conferência era só uma desculpa para encontros em pessoa, uma espécie de reunião. Muitos não se viam desde a crise da discriminação e gênero da startup. Tinham muito o que pôr em dia.

Eu circulava na periferia, torcendo para que as engenheiras me adotassem. Eu as achava assustadoras: inteligentes, apaixonadas pelo trabalho, sem medo de dizer verdades, pelo menos na privacidade de suas turmas. Algumas tinham cabelo colorido artificialmente e piercings punk-rock, sinais de antiguidade no setor tanto quanto de afiliação a uma subcultura. Eu não tinha noção de como eram as mulheres tecnólogas cujos talentos fossem respeitados. Fiquei decepcionada ao saber que não era muito diferente de ser uma mulher cujos talentos não se respeitavam.

De modo geral, as outras mulheres da empresa pareciam contentes porque alguns dos problemas da companhia haviam sido expostos. Gente demais vomitando no elevador, metaforicamente ou não. Muitas disparidades não confrontadas. A obsessão com a meritocracia sempre foi suspeita em uma multinacional proeminente em que a maioria esmagadora era de homens brancos americanos, e que tinha menos de quinze mulheres na Engenharia. Por anos a fio, minhas colegas explicaram, a ausência de um organograma oficial havia ensejado um organograma secundário, secreto, determinado por relações sociais e proximidade com os fundadores. Funcionários que tecnicamente eram soldados rasos tinham influência e poder de nível executivo. Quem tinha os ouvidos do CEO podia influir nas decisões de contratação, nas normas internas e na reputação dos colegas.

"Estrutura horizontal, a não ser nos salários e nas responsabilidades", disse uma desenvolvedora de ferramentas internas, revirando os olhos. "Mais fácil ser um peludo nessa empresa do que uma mulher."

"É como se ninguém nunca tivesse lido *A tirania das organizações sem estrutura*", declarou uma engenheira que tinha acabado de ler *A tirania das organizações sem estrutura*.

Talvez fosse previsível o fato de que montar uma empresa usando como modelo uma comunidade de internet teria suas desvantagens, mas usar como modelo uma comunidade de softwares de código aberto se revelou uma atitude singularmente tensa. Além de todos os problemas relativos à meritocracia e ao fluxo de trabalho sem gerenciadores, a área de fontes abertas era historicamente um clube do bolinha. Menos de 5% dos colaboradores eram mulheres. A retórica excludente abundava. Mesmo em pessoa, em conferências e reuniões técnicas, homens pontificavam e andavam pelo palco sob holofotes dignos de estrelas do pop enquanto as engenheiras mulheres eram olhadas de soslaio, tratadas com paternalismo, apalpadas. *Não existe assédio sexual quando a gente trabalha à distância*, brincávamos, embora obviamente estivéssemos enganadas.

Ficou logo nítido que eu era protegida: boa comunicação e compaixão eram parte do papel de assistente técnica. Na Engenharia, enquanto os homens escreviam manifestos arrogantes sobre a importância da colaboração, todo mundo lutava para que suas contribuições fossem examinadas e aceitas. Alguns homens lançavam enormes partes da plataforma com base na popularidade interna, mas os códigos escritos por mulheres eram criticados por minúcias ou rejeitados. A empresa promovia a igualdade e a franqueza, mas não quanto à possibilidade de que suas ações fossem compradas com desconto: os pacotes de participação acionária descritos como inegociáveis eram, na verdade, negociáveis para quem estava acostumado a ser bem-sucedido em negociações. A infame política do diga-quanto-você-quer-ganhar resultara em uma diferença salarial tão profunda que recentemente várias mulheres tinham recebido aumentos corretivos que beiravam os 40 mil dólares. Sem retroativos.

Ao longo dos dias seguintes, perambulei pelas entranhas do centro de convenções da cidade, onde 8 mil estudantes e profissionais da tecnologia tinham se reunido em uma tentativa semicoordenada de chamar a atenção uns dos outros. Havia estandes de todas as grandes empresas de tecnologia e de startups dos feudos de todas as companhias de investimentos. Bancas provisórias fechadas com tecidos pretos baratos foram erguidas nas laterais, e dentro delas recrutadores de empresas conduziam entrevistas de emprego. Achei reconfortante ver empresas focadas em biotecnologia, robótica, saúde, energia renovável — instituições sérias e sisudas que não refletiam a leviandade da tecnologia do consumidor exibida pelas startups, a que eu me habituara em San Francisco.

Em meio aos estudantes de ciência da computação, me sentia um pouco deslocada, depois constrangida por ter síndrome do impostor em uma conferência cujo intuito era empoderar mulheres no mercado de trabalho. Fiz questão de manter meu crachá, que ostentava com destaque o logotipo da startup de código aberto, por cima da blusa, que também ostentava com destaque o logotipo da startup de código aberto. Fiquei atrás do balcão do estande e entreguei adesivos do gato-polvo vestido de Rosie a Rebitadeira, de Estátua da Liberdade, de esqueleto do Día de los Muertos e de engenheira — franja nos olhos, rabo de cavalo, moletom decorado com o gato-polvo.

Ao ver uma enxurrada de moças distribuindo currículos e conversando sobre carreiras que ainda não tinham começado, me senti animada, inspirada. Quem sabe não vou trabalhar para você um dia, pensava, efusiva e piegas. Sentia o desejo vago de ter continuado com os exercícios de programação no ano anterior. Meus talentos nunca foram exatamente na vanguarda da tecnologia, nem de longe, mas eu já me sentia escorregando rumo à obsolescência. Havia a sensação de que minhas colegas e eu estávamos cara a cara com nossas substitutas, e eu invejava o futuro das mulheres mais novas. Também me sentia, em um sentido materno, responsável por elas.

Todo mundo que eu conhecia no setor tecnológico tinha uma história, de primeira ou de segunda mão. Naquela semana, soube de outras: a mulher que recebera uma oferta de emprego como engenheira e teve a oferta revogada ao tentar negociar um salário mais alto; a mulher que precisou ouvir, na cara, ser incompatível com a cultura organizacional. A mulher rebaixada de cargo após a licença-maternidade. A mulher estuprada por um engenheiro "10x", forçada a sair da empresa depois de denunciá-lo ao RH. A mulher que tomou um "boa noite, Cinderela" dado por um amigo do CEO. Todas já tínhamos ouvido, em algum momento, que iniciativas voltadas para a diversidade eram discriminatórias contra homens brancos; que havia mais homens na engenharia porque homens eram mais talentosos por natureza. Mulheres tinham registros de incidentes pessoais. Tinham planilhas. Eram vigilantes. Algumas estavam começando a dar um passo adiante e a falar abertamente de suas experiências. Parecia ser o início de uma mudança radical.

Nem todos se empolgavam com a conversa pública. Alguns fundadores e investidores proeminentes, habituados à cobertura pretensiosa de ambientes de trabalho lúdicos e CEOs sem filtro, idealistas, não gostavam desse tipo de atenção por parte da imprensa. Culpavam os jornalistas que noticiavam assédios sexuais pela imagem ruim que o setor tinha; alegavam que a imprensa estava com inveja porque o setor tecnológico roubava seu sustento. Queixavam-se que as reclamações sobre o clube do bolinha dissuadiam as garotas de correr atrás de carreiras científicas, como se fosse tudo mera questão de marketing. Algumas mulheres, as prováveis fura-greves, interfeririam com declarações de que tinham tido mentores homens, e estavam muito bem. O nível do debate precisava melhorar bastante.

Durante a palestra de abertura da conferência, o CEO de um conglomerado de softwares extremamente litigioso de Seattle incentivou as mulheres a se abster de pedir aumentos. "Não se trata da atitude de pedir aumento, mas de saber e ter fé de que o sistema te dará os aumentos certos ao longo do caminho", ele afirmou. "Esse talvez seja um dos superpoderes que, sendo bastante franco, as mulheres que não pedem aumento têm." Era melhor, ele propunha, confiar no carma.

Na Plenária de Homens Aliados, um grupo de engenheiras mulheres distribuiu centenas de bingos feitos à mão dentre os espectadores. Em cada um dos quadrados havia uma acusação: *Menciona a mãe. Diz "isso jamais aconteceria na minha empresa". Tecnologia vestível. Garante que um outro executivo do sexo masculino tem a melhor das intenções. Diz que o ativismo feminista afugenta as mulheres do setor tecnológico.* No meio do tabuleiro havia um quadrado que dizia apenas *Fluxo*. Eu já tinha ouvido o argumento do fluxo, de que simplesmente não havia mulheres e minorias sub-representadas suficientes nas áreas científicas para preencher as vagas existentes. Depois de ver de perto o processo de contratação, achava essa argumentação muitíssimo suspeita. O que é isso de vestível?, perguntei a uma engenheira sentada na minha fileira. "Ah, sabe como é", ela disse, fazendo um muxoxo para o palco e seu telão iluminado com os tons do arco-íris. "Sutiãs smart. Bijuteria tecnológica. É o único tipo de hardware que esses caras imaginam que interessa às mulheres." Mas o que um sutiã smart faria?, fiquei pensando, tocando no aro do meu sutiã burro.

Os homens aliados, executivos elegantes, brancos, se sentaram e começaram a proferir conselhos sábios sobre como lidar com a discriminação no ambiente de trabalho. "A melhor coisa que você pode fazer é se destacar", disse o vice-presidente da gigante dos motores de busca cujo hobby, muito divulgado, era saltar da estratosfera. "Basta ir destruindo qualquer obstáculo que apareça na sua frente, e ser excelente."

"Não desanime", outro implorou, "continue trabalhando duro." Anfiteatro afora, lápis arranhavam os papéis.

"Se manifeste e tenha autoconfiança", disse um terceiro. "Se manifeste e seja ouvida."

A tendência dos engenheiros era tornar as coisas mais complexas, disse o saltador da estratosfera — como fluxos.

Uma mulher na plateia bateu com o lápis. "Bingo!", ela bradou.

A startup de código aberto ainda estava saindo da crise. Era como se alguém tivesse acendido as luzes numa festa e todo mundo corresse para se arrumar, à procura de papel-toalha e sacos de lixo, esfregando os olhos vermelhos e filando balas de hortelã. Instalaram um departamento de Recursos Humanos e promoveram funcionários sem experiência em gestão a funções de administração intermediária sem autoridade. Desfraldaram as bandeiras de "Na meritocracia confiamos". Tiraram o "manter a classe" dos anúncios de emprego. Acabaram com a entrevista de adequação à cultura organizacional. Desativaram o comando/*metronome* que lançava um GIF animado de um pinto balançando na sala de chat destinada à empresa toda. Contrataram bartenders para impor um limite à bebida. Perguntaram o que mais poderia ter se estragado e quanto tempo levaria para ser arrumado.

Pode chamar de gestão de crise, de responsabilidade corporativa ou de se pôr em dia com o zeitgeist: a startup de código aberto resolveu se tornar a líder em "espaço de diversidade" do setor. O CEO contratou uma consultora administrativa, uma latina alegre que não aceitava conversa mole, pós-graduada em uma excelente faculdade de administração depois de frequentar uma renomada universidade particular em Palo Alto que praticamente alimentava a indústria da tecnologia. A classe de graduação da consultora, do começo dos anos 1990, era infame por ter gerado um grupo de empreendedores, investidores em capital de risco e libertários que tinham dado o pontapé inicial na economia digital, ganhado uma riqueza dinástica antes dos trinta anos e retribuído à sociedade reinvestindo no ecossistema. A convivência pessoal da consultora com esse meio — e seu conhecimento de quem, dos seus colegas, não tinha alcançado tamanha prosperidade — me dava a entender que não era coincidência ela ter dedicado a carreira à tarefa de Sísifo de provar às pessoas em cargos de poder que a discriminação na tecnologia não só existia como deveria, e poderia, ser enfrentada.

No QG, nos reunimos em grupos pequenos na sala do Rat Pack para treinamentos sobre viés inconsciente e mesas-redondas. A sala de reunião poderia ter servido de estúdio de gravação de um programa sobre executivos da publicidade nos anos 1960, se não pela tela plana em uma das laterais, em que uma rede de funcionários, desencarnados em Londres e Tóquio e Carolina do Sul, se sacudiam e sumiam. Nos sentamos ao redor da mesa de madeira maciça, girando em cadeiras laranja, e falamos de microagressões, interseccionalidade e dos valores culturais embutidos no código. Mirei o carrinho prateado que servia de bar, o elegante móvel de meados do século, e me perguntei se também não valia a pena gastar um tempo nos valores culturais embutidos na decoração de interiores.

A consultora conhecia bem seu público. Nos vendeu diversidade como se fosse um software de empreendimento. Muitas empresas tratavam a diversidade como jogo de cena, ela afirmou: diversidade e inclusão eram vistas como jogada de marketing, uma coisa boa de ter, que volta e meia se manifestava em forma de escritório isolado no andar dos Recursos Humanos que de vez em quando oferecia presentes dedutíveis no imposto a organizações não governamentais incontroversas. Mas a diversidade, explicou a consultora, não era só fazer a coisa certa. Precisávamos enxergar a diversidade como um ativo, como algo essencial à proposição de valor. Era crucial para a inovação e tinha que ser tratada como tal, em todos os níveis da empresa.

A maioria dos colegas estava empolgada com as iniciativas de diversidade e inclusão. Assim como a maioria dos trabalhadores do setor tecnológico que eu conhecia, tinham a mente aberta, eram inteligentes e receptivos a novas ideias — embora, para alguns, a discussão não fosse nada nova, só estava chegando tarde. O fato de que a empresa começava a levá-la a sério era extremamente satisfatório.

Havia um subgrupo menor, no entanto, para o qual ver o poder por uma lente interseccional era uma nova forma de ver o mundo, uma forma que descobriam agora que não era apenas o novo normal no ambiente de trabalho, mas uma postura moral correta. Essas pessoas questionavam se, ao focar na diversidade, a empresa não estaria baixando seu nível. Só fazendo perguntas, disseram: que tal diversidade de experiência? Que tal diversidade de pensamento? A área tecnológica tinha muitos asiáticos e americanos de origem asiática, ressaltaram — talvez não em cargos de liderança, mas isso já não devia ser levado em consideração? Defendiam o problema do fluxo. Defendiam a predisposição genética. Defendiam que a indústria tecnológica não era perfeita, mas pelo menos era mais mente aberta do que outras áreas, como a de finanças. Assimilaram a crítica à meritocracia como uma crítica ao código aberto. A consultora escutava pacientemente enquanto meus colegas a microagrediam.

"Meritocracia": uma palavra que havia se originado na sátira social e sido adotada a sério por um setor que poderia ser sua melhor caricatura. Era a filosofia operante para empresas que flertavam com a ideia de fazer testes de QI em possíveis e atuais empregados; para startups cheias de homens que tinham uma similaridade impressionante com o CEO; para investidores que não se incomodavam com a alocação de 96% do capital de risco a homens; para bilionários que ainda se acreditavam os azarões porque sua riqueza estava atrelada à participação acionária.

Eu entendia por que a ideia gerava simpatia, principalmente em uma época de muita insegurança econômica, e principalmente para uma geração que chegara à maioridade durante o colapso financeiro. Ninguém tinha o futuro garantido, eu sabia disso. Mas para quem parecia emergir dos destroços vitorioso — isto é, quem havia garantido um espaço na indústria do futuro — a narrativa da meritocracia era uma fachada para a falta de análise estrutural. Aplainava as coisas. Era lisonjeira, justificatória, e algumas pessoas consideravam doloroso se desvencilhar dela.

A consultora montou uma força-tarefa de funcionários, uma espécie de grupo de discussão interno, e a chamou de conselho de diversidade. Me candidatei a participar: meu desejo de ser a predileta da professora, de tão arraigado, era basicamente patológico. Uma vez por semana, os vinte nos sentávamos em volta de uma mesa de reuniões e debatíamos os problemas da startup. Reclamávamos. Revelávamos. Processávamos. Uma mulher que desenvolvia ferramentas internas recomendou que os homens lessem *O feminismo é para todo mundo*, e eles assentiram de modo cerimonioso, enquanto sua colega, também uma mulher da Engenharia, balançava a cabeça, achando hilária a ideia de o clube do bolinha ler bell hooks. Tudo aquilo parecia intelectualmente engajado, um trabalho relevante. Nem acreditava que me pagavam para fazê-lo.

No fim da manhã, um dia, a caminho do QG, reparei em um homem de meia-idade na estação do veículo leve sobre trilhos que usava um dos moletons do gato-polvo. Estava sentado de coluna ereta em cima de um papelão, descalço, um copo de papel dobrado a seu lado. Tinha uma ferida aberta no tornozelo. Lá embaixo, eu via o trem, talvez o meu, chegando à estação. Atravessei a catraca às pressas, me perguntando se deveria ter lhe dado dinheiro, depois me perguntando se só me sentia daquele jeito por conta do gato-polvo. Achei um banco no trem e encostei a cabeça no vidro como se fosse uma criança.

O trem subiu à superfície e rumou para Embarcadero, passando por uma gigantesca escultura de arco e flecha ao estilo arte pop ao fazer a curva. A baía cintilava e marulhava, gaivotas desciam sobre um saco de padaria esquecido, e eu me sentia incomodada. O homem parecia uma aparição de romance, uma alucinação.

Quando cheguei ao escritório, contei a um colega como a situação me parecera surreal, como uma chicotada. Era o abismo socioeconômico da cidade encarnado, declarei. Me parecia ainda mais relevante que o homem da estação fosse negro, e não só porque San Francisco perdia sua população negra a passos ligeiros. Até onde eu sabia, a empresa só tinha dois funcionários negros. Na mosca, eu disse. Meu colega fez que sim. "É uma tristeza mesmo", ele comentou. Ficamos ali, como se guardando um momento de silêncio. "De quem será que era?", ele indagou. "A gente não pode doar os moletons."

Eu sabia, mesmo enquanto os vivia, que olharia para os meus vinte e tantos anos como uma época em que tive a sorte de morar em uma das cidades mais lindas do país, livre de dívidas, livre do escritório, sem nenhum dependente, apaixonada, mais solta e mais saudável e com mais potencial do que nunca e do que jamais teria depois — e passei quase todas as horas em que estava acordada com meu pescoço curvado em um ângulo anormal, olhando para um computador. E sabia, mesmo ao viver aquilo, que me arrependeria.

Tinha chegado à terra prometida do trabalho do conhecimento para millennials. Ganhava 80, 90, depois 100 mil dólares por ano cumprindo uma função que só existia para, e na, internet. De modo geral, ganhava meu sustento escrevendo e-mails. De modo geral, trabalhava em casa. O cargo exigia tão pouco de mim que poderia muito bem ter esquecido que o tinha — a não ser pelo fato de que me obrigava a ficar on-line.

Em certos dias, bater o ponto no trabalho era como entrar em um túnel. Botava um emoji de mão acenando no chat da equipe, respondia a uma rodada de perguntas dos clientes, lia e-mails, processava alguns pedidos para derrubar links devido à infração de direitos autorais e passava os olhos pelos fóruns de discussão internos: posts de aniversário de trabalho escritos por colegas para agradecer aos chefes e se autocelebrar (*modestamente grato por aprender e crescer*); avisos de lançamento de produtos (*um orgulho lançar o mais novo atributo criado pela nossa equipe*); anúncios de gravidez formatados como avisos de lançamento de produtos (*um orgulho anunciar o mais novo atributo da nossa equipe*). No software de chat, eu ia de canal em canal, lendo informações e zoações acumuladas durante a noite em outros fusos horários. Depois de repetir esse ciclo, abria uma nova janela de navegador e começava a verdadeira missão do dia: me alternar entre abas.

O navegador estava cheio de opiniões de usuários e informações erradas. Eu estava em milhões de lugares ao mesmo tempo. Minha cabeça era inundada pelas ideias de estranhos, cada piada ou observação ou polêmica desfavorável tão perturbadora e efêmera quanto a seguinte.

Não era só eu. Todos os meus conhecidos estavam empacados em um ciclo de realimentação. As empresas de tecnologia estavam a postos, preparadas para virar a biblioteca, a memória, a personalidade de todo mundo. Eu lia o que os outros nós das minhas redes sociais estavam lendo. Escutava a música que o algoritmo me mandava escutar. Sempre que navegava na internet, via meus próprios dados refletidos diante dos meus olhos: se um rolinho de jade me perseguia de site de notícias em site de notícias, eu era lembrada da minha pele vermelha e vaidade passiva. Se playlists personalizadas eram repletas de cantores-compositores melancólicos, eu era a única culpada por ter deprimido o algoritmo.

Meus amigos de Nova York saíam sem mim, os algoritmos mostravam, e pessoas que eu não conhecia também saíam sem mim. Todo mundo moldava sua mitologia pessoal. Atores de segundo escalão e instrutores fitness célebres iam se centrar na Islândia. Mulheres lindas em pantalonas de lona faziam coisas lindas: faziam doces e vasos de cerâmica, colavam papéis de parede com estampas feitas à mão, pingavam iogurte em tudo, comiam salada no café da manhã. O algoritmo me dizia qual era a minha estética: igual à de todo mundo que eu conhecia.

As plataformas, criadas para hospedar e coletar dados infinitos, inspiravam uma rolagem de tela infinita. Instigavam o impulso cultural de preencher todo o tempo livre com os pensamentos alheios. A internet era um uivo coletivo, um escoadouro para todo mundo provar sua importância. A gama inteira das emoções humanas infundia as plataformas sociais. Dor, alegria, ansiedade, mundanidade brotavam. As pessoas não diziam nada e diziam tudo ao mesmo tempo. Estranhos trocavam segredos com outros estranhos em troca de orientação psicológica ilegítima. Dividiam histórias de infidelidades particulares e incontinências públicas; fotos de seus quartos; fotos, desbotadas e queridas, de parentes falecidos havia tempos; fotos dos fetos abortados espontaneamente. As pessoas se entregavam sempre que tinham chance.

Informação e temporalidade colidiam. Alertas de rapto de crianças pairavam sobre avisos à vizinhança de roubos de pacotes e guaxinins no lixo reciclável. GIFs animados de rappers da década de 1990 surgiam sobre vídeos de ASMR; notas corporativas sobre ataques terroristas e massacres em escolas eram espremidas entre discussões aprofundadas sobre reality shows e receitas virais de coxa de frango. Informes que representavam organizações nacionais de defesa das liberdades civis faziam campanha por questões de direitos humanos e eram seguidas por músicos indie competindo por patrocínio de marcas de jeans antropomorfizadas. Tudo acontecia simultaneamente em tempo real e era preservado para a posteridade, de maneira perpétua.

Volta e meia me pegava examinando a tigela de açaí de um

desconhecido, ou assistindo a vídeos frenéticos de séries de abdominais que eu não tinha músculos para imitar, ou ampliando a foto de uma adega de vinhos em Aspen, ou assistindo a um vídeo aéreo de mãos fazendo uma tigela minúscula, complexa, de sopa de macarrão udon, e me perguntava o que estava fazendo comigo mesma. Meu cérebro havia se tornado um turbilhão de lixo, representações em cima de representações. Por outro lado, eu não sabia como deveria ser uma adega de vinhos.

Eu adernava pela internet como uma bêbada, abrindo abas: ideias de decoração para espaços pequenos; entrevistas de escritores; vídeos de cobertura de bolo; quadros renascentistas com legendas feministas. Gatos comendo limão. Patos comendo ervilha. Máquinas de Rube Goldberg, episódios de *Soul Train*, partidas de tênis dos anos 1970, comédias judaicas. Shows em estádios de quando eu ainda não era nascida. Pedidos de casamento e reuniões pós-serviço militar e chás de revelação: momentos muito íntimos entre pessoas que eu não conhecia e jamais conheceria.

Uma estranha da área central segurava um gato malhado diante do espelho do banheiro. O gato se curvava. "Diga oi", mandou a mulher.

"Oi", disse o gato.

Uma estranha fazia pole dance com um bebê agarrado à sua panturrilha.

As mãos desencarnadas de uma estranha raspavam sabão lentamente.

Uma estranha havia se casado em um castelo de Nice.

Um estranho fazia uma série para os braços usando uma mulher como peso enquanto o cachorro se lambia no sofá.

Eu procurava respostas, justificativas, contextos, conclusões — *Definir: tecnocracia. Ideologia californiana. Democracia jeffersoniana. Ágora eletrônica. Ebola. Slogans nacionais. Pinta preta nova. Tanuki. Pornô feminista. Pornô feminista não irritante. O que é presunto enlatado? Quando se é velho demais para entrar no curso de direito? Melhores cursos de direito. Cursos de direito com processo de admissão contínua. Estado Islâmico. Pijama de seda. Hidratante para cotovelos. Desencolher suéter de lã. O que é mukbang. Definir: páthos. Definir: superestrutura. "Recuperação sem emprego." Ruído branco gelo do Ártico rachando. Turismo em Cuba. Como massagear o próprio ombro. Pescoço de texto. Deficiência de vitamina D. Armadilha caseira para traças. Calculadora de aluguel. The Big One de quando é. Hipnose roer unhas. Protestos em Hong Kong. Vídeo interior lava-louças. Acusação Ferguson.* Imagens de satélite da casa onde meus pais passaram a infância. Os nomes das bandas dos meus ex-namorados. A que horas podia esperar que o sol se pusesse naquele dia.

Eu me pegava assistindo a vídeos de manifestações contra a guerra dos anos 1960; vídeos de manifestações contra a guerra de que eu participara quando era adolescente. Vídeos detalhando teorias da conspiração sobre um voo comercial desaparecido. Vídeos que eu nem sabia como procurar: *O ermitão da floresta tropical que saiu da selva. Gêmeos recebendo os resultados desconcertantes de um teste de DNA. Revelação do sexo do bebê!* (*Dança.*) *Unboxing que deu errado engraçado e momentos hilários 3. Magia geek truque de mágica. Meu filho foi um atirador de escola: esta é a minha história. Como fazer uma batida corporal.*

Às vezes me preocupava com meus hábitos na internet e me forçava a sair do computador, a ler uma revista ou um livro. A literatura contemporânea não dava uma trégua: percebia uma prosa carregada de dados, ligações históricas tênues, detalhes tão bem ajustados que só poderiam ter sido extraídos de uma noite fervorosa de pesquisas em motores de busca. Aforismos estavam em voga; autores estavam conectados. Eu escolhia livros que tinham sido amplamente documentados em redes sociais e acabava descobrindo que os livros em si tinham um sentimento curatorial: belas descrições de pouca essência, arranjadas em elegantes vinhetas — textos gestuais, o equivalente a uma roupa de cama de linho amassada ou um bando de dálias arrumadas com perfeição.

Ah, eu pensava, virando a página. O autor também é viciado na internet.

Só eu e meu id, juntos, clicando. Conversa com cliente atrás de conversa com cliente: que nem afugentar mosquitos. Recarreguei o jornal. Recarreguei a rede social. Recarreguei o fórum de mensagens extremamente moderado. Rolei a tela e rolei e rolei.

Em todo caso. O tempo passou, inevitável e imemorável, desse jeito.

Em um fim de tarde lento, trabalhando no sofá do QG, meu notebook piscou com uma mensagem instantânea do CEO da startup de análise de dados. Senti uma pontada de horror: não nos comunicávamos por mensagem de texto. Lembrei a mim mesma que eu já não trabalhava para ele. Não lhe devia nada. Não precisava responder, nem agora nem nunca.

Oi!, respondi de imediato.

O CEO disse que tinha uma proposta. Num gesto instintivo, peguei meu notebook e fui para a sala de lactação, recentemente marcada com uma placa: BENDITA SEJA A SALA DAS MÃES. Me senti ridícula — de quem estava me escondendo? Meu gerente morava em Amsterdam. Ninguém estava olhando para o meu computador. Eu não estava amamentando. Mas a poltrona era felpuda. A sala era escura e aconchegante.

A startup de análises estava criando uma equipe de marketing, disse o CEO. Eu não gostaria de voltar e fazer conteúdo? Tinha interesse nisso antes, ele observou, e conhecia bem o produto. *Pensei em ver se você ainda ama a ideia*, ele escreveu.

Amor, eu ponderei. Manipulação emocional de novo. Pensei nos meus colegas de trabalho do outro lado da porta, congregando após a aula de ioga, comendo tubos de pipoca de arroz selvagem. Quando fugi para a sala de lactação, um desenvolvedor estava sentado, descalço, em um dos sofás, tocando uma guitarra elétrica desligada da tomada. Era praticamente idílico, a não ser pelo fato de que eu mal tinha trocado algumas palavras com alguém em pessoa o dia inteiro.

Estamos maiores agora. É um lugar diferente, o CEO acrescentou. Em seguida: *Não superdiferente*. Gostei da evasiva. Eu agradeci e disse que pensaria no assunto.

"Da última vez que você fez conteúdo, eles não quiseram te pagar", Ian me lembrou naquela noite, quando lhe contei da proposta. "Você não tem que provar nada. Você está mesmo cogitando aceitar?"

Não a sério, menti.

Eu tinha optado por ir embora, eu disse, mas ainda me sentia expulsa do clube. Seria bom apagar meu sentimento de fracasso, de acordo com meus próprios termos: provar ao CEO, e a mim mesma, que eu fazia parte daquilo. Ian me encarou de olhos semicerrados. "Acho que a sua teimosia quanto a isso jamais vai ser recompensada", sentenciou. "Se você quer escrever, escreva sobre alguma coisa que te interesse, não sobre coisa do tipo 'como usar funis para integrar o usuário'."

Podia ser uma boa chance para virar dona de alguma coisa, declarei, pouco convincente; não conseguia imaginar o CEO permitindo que um funcionário fosse dono de alguma coisa. Eu poderia criar um portfólio, declarei. Pode ser interessante.

Trocamos um olhar expressivo. "Nem tão interessante assim", rebateu Ian.

Fui a Nova York. Nas voltas anteriores à minha cidade natal, quando ainda trabalhava na startup de análises, a cidade me parecera repleta de caminhos não tomados. Todos aqueles eus do passado, marchando como se soubessem de alguma coisa; caluniando minha identidade tecnocêntrica superabrangente; tentando me convencer de que eu havia cometido um erro. Dessa vez, me senti mais leve. Batia o ponto do meu quarto de infância, me pondo à disposição da empresa entre seis da manhã e o começo da tarde. Vi amigos da faculdade e não tentei recrutar ninguém. Tomei café com a minha mãe até o café acabar ou esfriar; visitei meus avós em apartamentos que não mudavam há décadas. Tentei esvaziar os espaços de armazenamento no porão, desencavando velhas jaquetas de couro com remendos costurados à mão, artigos que escrevi na graduação, um pote de batatas descascadas estocadas quinze anos antes, como preparativo para o bug do milênio. Atividades banais, mas tão gostosas. Minha sensação era de que voltava a mim mesma.

Era estranho estar de volta, mas com dinheiro da indústria de tecnologia. Convidei meus amigos para jantar em restaurantes que conheci por meio do meu chefe na agência literária, abri contas em bares, peguei táxi para voltar para casa depois da meia-noite em vez de esperar o trem. Uma noite, ao matar o tempo em uma adega com ar condicionado gelado demais no West Village, comendo azeitona de Castelvetrano, me sentindo muito chique, pensei em uma conversa que tive com Noah, em que ele disse que aderir ao setor tecnológico era ao mesmo tempo uma derrota pessoal e uma concessão à nova identidade de sua terra natal. A grana, ele declarou, lhe dava acesso à rede crescente de espaços particulares de San Francisco, que agora eram os mais comuns. Dinheiro era a chave.

Nova York continha minha vida inteira, mas a cidade onde eu havia crescido já não existia. Havia alguns resistentes — a livraria com cheiro de gato onde eu trabalhava nas férias da faculdade, certas instituições culturais —, mas os bairros que eu conhecera quando criança agora estavam salpicados de restaurantes que tocavam playlists muito limitadas e butiques que tiravam proveito da ótima localização. Eu achava tudo cômico e separatista. Não me sentia deslocada ou expulsa; a questão não era eu. Afinal, sabia quem eu era: nascida e criada no Brooklyn, sim, mas também sabia esquiar. A nova versão da cidade era inescrutável, desconcertante. Quem queria aquilo? A quem se destinava? No North Brooklyn, perguntei a um livreiro sobre os prédios novos à margem do rio. A livraria era cheia de livros de arte enormes, fáceis de imaginar na mesa de centro com tampo de vidro em apartamentos com paredes de vidro. Não consegui achar nada que tivesse vontade de ler. Quem vive lá?, indaguei. O livreiro deu de ombros e endireitou um mostruário de cadernos sem pauta. "O pessoal de Wall Street, o pessoal dos fundos de investimento", ele disse. "A galera da tecnologia." Galera da tecnologia — aqui também.

Era da natureza das cidades mudar, eu sabia. Tentava não ser petulante: tinha consciência de que meus pais, que haviam se mudado para o Brooklyn no começo da década de 1980, já foram os estranhos que reescreviam o distrito, assim como eu tinha passado quatro anos contribuindo para a erosão do Greenpoint polonês e porto-riquenho. Sabia que estava fazendo a mesma coisa no Oeste, por mais que eu tentasse dizer a mim mesma que era passageiro. A aceitação da cumplicidade, nas duas costas, não fazia nada para tornar essas mudanças menos dolorosas.

A cidade começava a parecer uma ideia genérica, talvez surgida na mente de um empreiteiro, do que as metrópoles ricas deveriam ser. Empreiteiros podiam criar condomínios do zero. Dinheiro novo corria solto. Havia tantos espaços de coworking e restaurantes de salada luxuosos; tantos edifícios anêmicos novos, com varandas estreitas. Ao passear pelo downtown do Brooklyn, a força do tempo cambaleando para a frente, tive a sensação, por um instante, de que talvez entendesse de forma visceral parte da raiva e da dor que eu percebia nos residentes de longa data de San Francisco.

Já no final da viagem, fui com minha amiga Leah ver a apresentação de um músico e coreógrafo que conhecíamos. O show foi lindo e estranho, inquietante. Ao ver bailarinos rolando pelo chão do teatro experimental, chorei um pouco, enxugando o nariz no programa. Fiquei comovida, animada, mais viva e muitíssimo impressionada com o nosso amigo — por fazer arte apesar da cultura que pouco valor dava ao trabalho criativo, por construir sua vida em torno daquilo, por sua graciosidade e convicção. Olhei para Leah, uma checagem das minhas paixões; ela apoiava o queixo nas mãos, muito mais digna mas não menos arrebatada.

A apresentação teve uma temporada de duas noites. Talvez tenha sido gravada em vídeo, mas parecia somente para nós. Depois, o coreógrafo foi para o saguão do teatro, enrubescido e acanhado, e recebeu buquês enrolados em papel de açougue. Pessoas de roupas estruturalmente criativas permaneceram ali para elaborar sínteses tomando vinho em copos de plástico. Demos um beijo no coreógrafo e o parabenizamos, depois nos afastamos para dar lugar aos amigos que aguardavam no entorno.

Quando saímos do teatro em busca de um hambúrguer, senti frustração e rancor crescentes. Estava frustrada porque me sentia empacada, e tinha rancor porque estava empacada em um mercado que destruía muitas das coisas que me eram relevantes. Não queria ser ingrata, mas achava difícil entender por que escrever e-mails de assistência técnica para uma startup financiada por capital de risco dava mais estabilidade econômica e lucro do que trabalhos criativos ou contribuições cívicas. Nada disso era informação nova — e também não se podia dizer que a tecnologia havia rompido a idade de ouro dos artistas bem remunerados —, mas ainda era recente. Emiti esse fluxo de consciência para Leah, jurando deletar meus bloqueadores de anúncios e aplicativos de música, enquanto ela nos arrumava um táxi.

"Por que você não larga, acha alguma coisa que te empolgue?", Leah perguntou, em meio aos roncos da travessia da Williamsburg Bridge rumo ao restaurante onde ela trabalhava.

Dinheiro e plano de saúde, eu disse — e o estilo de vida. Eu nunca tinha de fato me considerado uma pessoa com estilo de vida, mas claro que era, e, na medida em que tinha consciência dele agora, eu o apreciava. O mercado de tecnologia fazia de mim a perfeita consumidora do mundo que estava criando. Não era só lazer, o acesso fácil a boa comida e ao transporte particular e às abundantes opções de entretenimento. Era também a cultura de trabalho: o que o Vale do Silício tinha entendido bem, como a gente se sentia estando ali. A proximidade com a vanguarda. A energia de estar cercado de pessoas que exprimiam com tanta facilidade, e saciavam, seus desejos. A sensação de que estava tudo ao alcance das mãos.

Será que eu forçava demais a barra para dar sentido àquilo?, perguntei a Leah. Estaria simplesmente comprando as narrativas que o setor elaborava para si? Tentei resumir a cultura de trabalho frenética, presunçosa, do Vale do Silício, a tentativa que todos faziam para otimizar seus corpos e ter vidas mais longas, que então usariam de forma produtiva; das testas franzidas geradas pela admissão de que um emprego no setor tecnológico era uma transação e não uma nobre missão ou um assento em uma nave espacial. Nesse aspecto, não era muito diferente do mercado editorial: falar em trabalhar por dinheiro era como berrar a palavra segurança.

Embora talvez não fosse peculiar à tecnologia — talvez fosse até endêmica em uma geração —, a expectativa era esmagadora.

Por que é um tabu tão grande, indaguei, lidar com o trabalho como a maioria das pessoas, como uma troca do meu tempo e mão de obra por dinheiro? Por que a gente precisava fingir que era tudo muito *divertido*?

Leah assentiu, os cachos balançando um pouco. "Isso é verdade", ela disse. "Mas fico me perguntando se você não anda forçando as coisas. Seu trabalho pode estar a serviço do resto da sua vida." Ela esticou o braço para apertar meu punho, depois encostou a cabeça na janela. "Você tem o direito de curtir a sua vida", afirmou. A cidade passava como riscas, os cabos da ponte bruxuleando como um atraso na transmissão, um problema técnico.

Uma semana depois, no aeroporto, esperando para embarcar no meu voo de volta, um homem parado no começo da fila chamou a minha atenção. Tive a sensação de que o reconhecia, daquele jeito que reconhecemos um parente distante, o marido de alguém. Eu me aproximei, a mochila de acampamento cheia demais machucando meus ombros, e me dei conta de que era o CEO da startup de e-books. Ao lado dele estavam o diretor de produto e o diretor técnico. Mesmo na fluorescência do terminal, os três pareciam elegantes e vivazes. Suas malas de mão eram de tamanho modesto e imaculadas. Eu tinha devorado um sanduíche de peru na praça de alimentação, e sabia que estava com um leve odor de mostarda. Já me sentia desarmada pelo jeito legal deles.

Os fundadores e eu nos cumprimentamos calorosamente. Fiquei um pouco surpresa por se lembrarem de mim — já haviam se passado mais de dois anos, uma década em se falando de startups. Eu era uma antiguidade. A startup de e-books tinha crescido, arrecadando mais 17 milhões de dólares e se expandindo para incluir mulheres e uma equipe editorial. A empresa tinha até uma revista literária on-line, que eu tentava não levar para o lado pessoal. Eu me questionava se os fundadores na verdade não gostavam de mim. Me questionava se voavam na classe executiva. "Por onde você anda?", indagou o CEO, com o entusiasmo típico. Me senti mal por não tê-lo atualizado, e ainda pior por não ter como lhe dizer que tinha lançado minha própria empresa ou pelo menos me tornado analista júnior de uma empresa de capital de risco. Disse que estava trabalhando em uma startup de código aberto, e os fundadores pareceram aprovar; acrescentei que estava fazendo assistência técnica e vi suas expressões adquirirem uma neutralidade educada. Também comecei a escrever resenhas de livros, incluí humildemente. Tinha escrito um punhado de resenhas para uma revista que minha mãe já havia descrito carinhosamente como "a esquerda ideológica falando para ela mesma", mas agora ela vinha sendo derrubada pelo novo dono, o cofundador bilionário da rede social que todo mundo odiava. Eu sabia que os fundadores conheciam o dono bilionário; me parecia menos provável que lessem a revista. Eles assentiram, num gesto de apoio.

Eles foram vagos quanto aos planos para San Francisco. Só umas reuniões, disseram. Perguntei se teriam tempo livre, e eles esclareceram que seria uma visitinha rápida. Entendi, pensei, negócios. O que eu achava que eles fariam, outro passeio a campo? Estava iludida. Depois de alguns minutos me despedi e voltei ao meu grupo de embarque, no fim da fila.

Alguns meses depois, ao ler o fórum de mensagens extremamente moderado, entendi melhor por que foram vagos: a startup de e-books estava fechando. Provavelmente foram a San Francisco para encontrar seus investidores, apaziguar os ânimos. A empresa tinha sido comprada pela gigante dos motores de busca, no que os boatos diziam ser uma aquisição na casa dos oito dígitos.

* * *

Já em San Francisco, tinha uma consciência afiada da beleza da cidade e da mudança estética na chegada. Metade dos trabalhadores do conhecimento que encontrei usava o mesmo suéter de cashmere que eu e os mesmos óculos levinhos. Alguns de nós tinham a mesma tonalidade de pele, da mesma base. Nos queixávamos dos mesmos problemas de coluna, provocados pelo mesmo colchão com memória de forma. Nos apartamentos decorados com os mesmos móveis e pintados com o mesmo tom de branco cheque-caução, usávamos os mesmos vasos de cerâmica para abrigar as mesmas plantas fáceis de manter.

A eficiência, o valor essencial do software, era a novidade de consumo de uma geração. O Vale do Silício talvez promovesse um estilo de individualismo, mas a escala criava homogeneidade. Varejistas financiadas por capital de risco, que só existiam on-line, que lidavam direto com o consumidor, tinham contratado redatores tagarelas para falar aos afluentes e sobrecarregados, e nós parecíamos ouvir.

As empresas que lidavam direto com o consumidor vendiam camisetas de algodão, escovas de dentes, seringueiras, cremes para brotoejas, hidratantes para a pele, bolsas de couro, substitutos para refeições, malas, roupas de cama, lentes de contato, biscoito, tinta de cabelo, roupas esportivas que podiam ser usadas no dia a dia, relógios de pulso, vitaminas. Em uma noite qualquer nos Estados Unidos, pais exaustos e cozinheiros movidos pelas resoluções de ano-novo abriam caixas de papelão idênticas enviadas por startups de pratos semiprontos, descartando montes idênticos de embalagens plásticas, sentando-se diante de pratos idênticos. A homogeneidade era um pequeno preço a ser pago para eliminar a fadiga da decisão. Liberava nossos cérebros para ir atrás de outros encargos, como o trabalho.

Persuadida pelo testemunho de dois engenheiros de infraestrutura, convertidos da noite para o dia à sensibilidade ortótica, encomendei um par de tênis simples, monocromáticos, de lã de merino. Vinha reparando neles nas pessoas em cafeterias e na fila dos que não iam pagar com dinheiro nas carrocinhas de comida, além de vê-los nas propagandas de minhas redes sociais. Os tênis pareciam o desenho que uma criança faria de um sapato, um sapato destilado à sua essência, mas eram incrivelmente confortáveis. Eu não sabia se usá-los na rua era um ato radical de amor-próprio ou o exato oposto. Ficaram junto da porta do apartamento, sem uso, um monumento ao fim da sensualidade.

Certa manhã, matando o tempo na plataforma de microblogging, caí em uma briga com o fundador de uma startup que defendia, para seus 70 mil seguidores, que os livros deveriam ser mais curtos e mais eficientes. *É uma pena que o mundo não premie mais a concisão*, ele postou. *Tornar os livros menores aumentaria bastante a velocidade do nosso aprendizado. É provável que os incentivos intermitentes de hoje estejam reduzindo pela metade a rapidez com que você aprende. Revolte-se!* Fiquei revoltada. Revoltada porque empreendedores da tecnologia, como ele, pareciam constitucionalmente incapazes de resistir à tentação de canibalizar música, livros, subculturas — tudo que deixava a vida interessante. Ler não era injetar informações. O fetiche com a eficiência que o setor tecnológico tinha era medonho. Não bata palma para maluco dançar, ponderei. Tirei uma captura de tela do post e o compartilhei com um breve editorial: "a indústria tecnológica tem que parar de destruir tudo o que eu amo", explodi.

Minhas redes sociais geralmente são usadas para fazer piadas de livros com um grupo pequeno de amigos, mas o post começou a circular e eu entrei em pânico. Não estava habituada a ter plateia, e não queria tê-la. Era preferível ficar na moita, ideal ser invisível. Além do quê: eu não tinha nada melhor para fazer? Cliquei no perfil do fundador. "Otimista, falibilista", lia-se na biografia da conta. "CEO." O avatar era uma foto de rosto profissional: os ombros curvados para a frente, a clavícula saliente na gola de uma blusa de algodão larga. As únicas outras pessoas que eu conhecia com fotografias profissionais eram atores aspirantes que precisavam fazer testes para filmes de Hollywood e comerciais de antiácido, mas ele bem que poderia ser selecionado para o elenco: era bonito e tinha ares de autocontrole. Praticamente ouvia o fotógrafo pedindo que ele suavizasse o olhar, que parecesse compenetrado mas compassivo.

Otimista como?, me perguntava. Do jeito *Cândido*, do jeito jeffersoniano ou do jeito Oscar Wilde? Procurei *Oscar Wilde otimismo citação* — "A base do otimismo é puro terror" — e me senti apoiada. Procurei "falibilista" e me vi em um website sobre filosofia e verdades matemáticas medievais.

Quando pesquisei o nome do CEO otimista, falibilista, o motor de busca sugeriu como preenchimento automático "namorada" e "patrimônio líquido". Na rede social, ele faz posts sérios sobre biografias de físicos e notáveis da tecnologia, e compartilhava fotos de paisagens arrebatadoras de trilhas e passeios de bicicleta. Era mais novo que eu, mas isso já me parecia óbvio. Continuava sem saber o que era falibilista.

Quando estava prestes a fechar os resultados da pesquisa, vi uma foto dele quando adolescente, vestido com o uniforme de um colégio católico. Usava a gravata sob o suéter e empunhava o troféu de uma prestigiosa competição de ciências, uma expressão de orgulho encabulado no rosto. Poderia ter sido um dos amigos da minha escola nerd. Foi impossível não sorrir para o meu notebook.

Dei prosseguimento, embora o CEO não tivesse reagido, e acrescentei um pedido de desculpas, marcando o sujeito na conversa que eu travava comigo mesma. Ele respondeu logo e a discordância migrou para o e-mail, por onde ele me chamou para almoçar. Algumas semanas depois, pedalei do trabalho para o escritório da empresa dele, em Mission. Com um atrevimento digno de adolescente e um vaidoso complexo de salvadora — teria os ouvidos de um influenciador das redes sociais, pensei, e não só os gastaria como os apresentaria à *arte* — levei uma pequena pilha de livros que lhe daria, todos advogando versões diferentes de minhas tendências estéticas e políticas. Também atendiam ao que eu acreditava serem os interesses dele, pois eram curtos. No alto da pilha havia um exemplar de *Estarão as prisões obsoletas?*, a respeito do qual eu nutria uma convicção especial. Atravessei SoMa, me felicitando por confrontar os detentores do poder, por não bajular o sistema.

O CEO me encontrou na recepção e se apresentou como Patrick. Era magrelo e sardento, com olhos gelados e um punhado de cachos — bem menos intimidativo do que na foto de rosto, muito mais educado do que o sistema. Usava tênis de corrida e uma jaqueta esportiva leve. Caminhamos até um café e nos sentamos no banco do lado de fora, onde comemos salada de lentilha e repisamos nossa conversa da plataforma de microblogging.

Para minha surpresa, gostei dele. Era irônico, muito charmoso, e falava em parágrafos completos, eloquentes. Trocamos ideias sobre trabalhar para empresas picaretas e os livros que estávamos lendo, e contamos histórias de nossas infâncias. Ele me falou que estudara grego antigo com um monge na cidade interiorana onde crescera, e do tempo desperdiçado, perdido, que passara entre sua primeira startup e a atual. Mais tarde, eu o veria repetir essas mesmas anedotas em entrevistas à imprensa e me sentiria meio traída: não estava acostumada com histórias gastas do passado. No entanto, não estava acostumada a conviver com quem recebia pedidos para contá-las.

Falei a Patrick sobre minhas resenhas de livros, e ele perguntou se era algo que eu gostaria de fazer em tempo integral. Ah, eu disse — não é um emprego. Fiz piada sobre as algemas de ouro representadas pelo plano de saúde da startup, e ele perguntou se o plano de saúde era a única coisa que me impedia de largar meu emprego e ir atrás dos meus objetivos. Não, declarei, preocupada com a possibilidade de que ele se oferecesse para pagá-lo. A única coisa que me impedia de ir atrás dos meus objetivos era eu não saber exatamente quais eram os meus objetivos.

"Ah", ele disse, mexendo na lentilha dentro do vasilhame biodegradável. Havia qualidades que eu queria para a minha vida profissional, continuei, rapidamente. Queria que o trabalho fosse intelectualmente cativante, e queria fazê-lo ao lado de pessoas inteligentes, curiosas. Queria fazer projetos a longo prazo. Queria que fosse relevante. Patrick escutava pacientemente enquanto eu processava catorze anos de formação em humanas e mensagens inspiradoras de classe média alta em tempo real. Depois ficamos um instante em silêncio, olhando a rua, minha falta de rumo como uma presença não apreciada naquele encontro.

Fomos andando até a minha bicicleta. Parados à frente da porta de seu escritório, entreguei a Patrick *Estarão as prisões obsoletas?*, e ele se animou. Tinha fascínio pelo complexo industrial carcerário americano, declarou. O encarceramento nos Estados Unidos era um dos maiores vexames da era moderna. A história nos incriminaria, ele afirmou, e a história teria razão. Como sabia que ele tinha largado a faculdade, me ofereci para dividir a ementa de uma disciplina que fiz sobre a situação carcerária. Ele educadamente tomou os últimos goles de seu chá gelado.

Enquanto os funcionários iam passando pela porta, a energia mudava. Fui lembrada do abismo que existia entre nós: Patrick administrava uma empresa e eu processava solicitações para derrubar links por infração de direitos autorais e segurava a mão dos usuários quando não conseguiam entrar em suas contas. Eu o havia trolado na internet e ele havia tirado um tempo para almoçar comigo. Ele era a graciosidade em pessoa, e eu uma simplória, distraída, uma qualquer sem objetivos. Fiquei me perguntando que tipo de patrão ele era.

Trocamos um aperto de mãos outra vez, como se fosse o fim de uma entrevista de emprego, e concordamos em manter contato. Me parecia óbvio que nunca mais o veria. Porém, eu tinha tantas perguntas, tantas coisas para conversar com ele. Um abolicionista penal que sabia grego antigo não se encaixava muito bem no arquétipo do fundador de uma empresa tecnológica. Pedalei morro acima, rumo ao meu apartamento, passando por aglomerados de tendas e bondes arcaicos, contra a neblina.

Os comentaristas de fóruns de mensagens debatiam se era mais gratificante trabalhar duro ou trabalhar de forma inteligente. Quantificavam coisas qualitativas de formas incríveis. *Conta simples*, postou o cientista de dados de uma empresa de que eu nunca tinha ouvido falar. *Segunda a sexta é 71% da semana. O trabalho não vai ser feito com 71% de esforço.* Li as discordâncias dos caras deitada na cama, nua, com o notebook da empresa, de olho na fila.

As pessoas discutiam se o esgotamento era verdadeiro, mas também sobre as recompensas econômicas do esgotamento. Compartilhavam links de artigos de ciência pop sobre o potencial criativo da procrastinação. Admiravam a escala de trabalho "996" da China: de nove da manhã às nove da noite, seis dias por semana. Calculavam o valor de ver os filhos pequenos: era mais importante estar por perto em alguns anos de formação do que em outros, diziam.

Os homens debatiam o papel da participação acionária no ecossistema, os incentivos para ganhar dinheiro e ligar o foda-se. *É questão de independência*, escreveu um dos caras. *É questão de ter liberdade para assumir um risco pessoal.* Quando eu pensava em risco, não pensava em dinheiro, nem no meu nem no de ninguém. Risco era jeans branco durante a menstruação, café no avião, pedir carona, o método do coito interrompido. Mas eles não estavam falando para mim, ou de mim: nunca estavam. *É uma questão de poder de negociação*, postou um cara que se declarava de alto desempenho. *É uma questão de poder matar a cobra e mostrar o pau aos nossos executivos e conselheiros.*

Dinheiro para ligar o foda-se: era uma expressão, uma motivação, um estilo de vida. Segundo as pessoas da internet que davam um mergulho nas piscinas rasas do libertarianismo, era pura liberdade americana. Era um estado de espírito, argumentou o fundador de uma startup no blog de sua empresa — uma atitude. Dinheiro: não se tratava de dinheiro. Ultrapassando-se certo limiar, pelo menos, não.

Um investidor em capital de risco que mais tarde seria alvo de alegações de assédio sexual se intrometeu em tom prestativo, dizendo que o dinheiro para ligar o foda-se chegava bem mais longe na Tailândia. De acordo com seus parâmetros, 1 milhão de dólares no Sudeste Asiático seria mais que suficiente. *Mas talvez até umas centenas*, ele escreveu.

Surgiram conversas paralelas questionando se o ganho financeiro — a perspectiva de dinheiro para ligar o foda-se, essa cenoura diante do coelho — era o incentivo certo para os funcionários de startups. *Discordo da premissa*, declarou um homem cujo nome de usuário evocava um animal imaginário. *Você está insinuando que a única razão para alguém trabalhar é a grana?*

Vi Patrick de novo, sim. Fomos jantar em um restaurante na ponta de Bernal Hill, resultado de outra discussão na internet; depois jantamos em Mission, resultado de uma conversa inacabada; depois jantamos no Outer Sunset, momento em que já tínhamos criado uma amizade que era quase familiar na combatividade e na comodidade.

Patrick complicava minhas expectativas quanto à classe empreendedora. Ele não demonstrava muita vontade de desfilar pelos palcos das conferências ou de ser um líder intelectual digital; era impossível imaginá-lo coagindo funcionários ou virando bebidas. Amigos que o conheciam quase sempre presumiam que fosse aluno de pós-graduação. Tínhamos pouco em comum, em relação a interesses extracurriculares — uma noite, passando por um barzinho improvisado, ele olhou para a garotada art-punk à porta e disse com sarcasmo, "Então é aí que os jovens vão para balançar o esqueleto" — mas eu achava esse fator muito relaxante. Sem fingimentos; sem ostentação. Ele usava óculos de armação fina que melhoravam sua visão sem transmitir nenhuma afiliação subcultural. Baixei a guarda.

De modo geral, passamos nosso tempo juntos em restaurantes sofisticados da nova culinária americana, onde Patrick não tinha nenhuma dificuldade de fazer reserva no mesmo dia. Os restaurantes eram cheios de fibras naturais e detalhes em acácia, flora discreta e garçonetes de corpo de bailarina com vestidos folgados; casais na faixa dos trinta e dos quarenta anos, as mulheres de botas de salto de cano curto e alianças de noivado modestas, os homens geralmente vestidos para atravessar uma geleira. Havia sempre pelo menos uma mesa de funcionários de startup reunidos para um jantar, a fim de fomentar o espírito de equipe, enfiados em algum lugar onde não pudessem influenciar demais a atmosfera.

San Francisco passava por uma renascença culinária, um projeto competitivo para chamar a atenção do dinheiro jovem. Chefs não competiam tanto entre si, mas contra a apatia inspirada pelos bufês de escritório requintados, os lugares casuais e rápidos, e os aplicativos de entrega. Para se distinguir, botaram a intensidade lá no alto, tratando anchovas fritas como artigos de luxo e distribuindo fatias de pão de levedura como maná caído do céu. A comida era doida: queijos escondidos debaixo das velas de mesa e revelados, perfeitamente derretidos, no final da refeição; codornas inteiras assadas em pães. Era uma sobrecarga de alta intensidade, sensorial, um vibrador enfiado num cenário sublime: chawanmushi defumado em palha de milho, picles de batata frita, ervilhas e cerejas embrulhadas em burrata. Comidas que o chef mandava que fossem pegas com as mãos. Comidas que eram famosas nas redes sociais. Comidas que queriam ser famosas.

Depois de uma série de jantares a linho engomado, comecei a achar a amizade um bocado formal. Tentamos atividades alternativas: uma trilha às seis da manhã, um café da manhã reforçado às sete. Por fim, me dei conta de que esse era o jeito de Patrick sair: a hora do jantar era o único bloco regular de tempo pessoal que ele tinha na agenda.

Era fácil questionar a relação de todo mundo com o poder e o status, menos a minha. Eu realmente não ligava se Patrick administrava uma empresa, mas sabia que os outros sim. Fiquei lisonjeada quando ele quis ser meu amigo, e surpresa por ele ter dedicado tempo e esforço a essa amizade. Isso trouxe à tona um lado da minha personalidade de que não me orgulhava. Eu o perdoava por coisas que eu cobraria em outros amigos: não era um comunicador confiável, era capaz de ser brusco, pedia opiniões que demandavam tempo sobre diversos projetos e esquecia de agradecer pelos comentários. Quando entrevistou uma grande amiga minha para uma vaga de emprego e depois sumiu, fiquei envergonhada, irritada, e não falei nada. Mas Patrick tinha telefonemas para atender, reuniões para conduzir, fusos horários para conjugar, voos para pegar, equipes para gerenciar, executivos para contratar, investidores para agradar. O tempo dele não era mais precioso que o meu, a vida dele não era mais importante que a de qualquer outra pessoa — só que era, segundo os termos que regiam o ecossistema.

Andando em Mission para ir jantar com Ian, esbarrei em um dos engenheiros de assistência técnica da startup de análise de dados. "Minha companheira de tropa", ele disse ao me abraçar. Cheirava a cigarro eletrônico de manga. Eu ri, sem perceber que ele falava sério. "A gente estava na merda juntos", ele continuou. "Eu te segurei nos braços enquanto você chorava rios, como se o mundo estivesse acabando." Eu o adorava, mas não me lembrava de ter chorado nos braços de ninguém — sempre tomei o cuidado de chorar sozinha, no banheiro. Tinha certeza de que aquilo não acontecera. Foi o que eu disse, e ele deu de ombros. "Por que isso ficaria na sua memória?", ele indagou. "Foi uma coisa totalmente normal de acontecer naquele ambiente." Não lhe contei que fazia pouco tempo eu havia cogitado voltar.

Ficamos parados na rua, mãos no bolso, saindo do caminho dos trabalhadores e compradores e de uma mulher que empurrava um carrinho de artigos pessoais. O engenheiro me disse que tinha largado a empresa. O diretor-chefe de tecnologia, o gênio autodidata de olhos arregalados, também tinha saído.

"Ouvi falar que ele vendeu de volta boa parte da participação acionária que tinha", prosseguiu o engenheiro. "Um multimilionário instantâneo. Sem dúvida." Havia uma dúvida, na verdade: não tínhamos como saber se ele vendera as ações para a própria startup e recebido milhões. Porém, a história era bastante plausível. Era fascinante imaginar que o sonho tinha virado realidade para um conhecido nosso, uma pessoa por quem nutríamos carinho. Embora o diretor-chefe de tecnologia tivesse um cargo de gerente, eu sempre o considerara um de nós.

O que você acha que ele vai querer fazer agora? perguntei. Fiquei imaginando se o diretor-chefe estaria trabalhando nos próprios games. Me animei por ele.

O engenheiro de assistência técnica pensou nisso por um instante. "Boa pergunta", respondeu. "Acho que ele não quer fazer nada."

Me juntei a uma nova equipe, Termos de Serviço, criada para lidar com a enchente de queixas e preocupações semilegais sobre materiais censuráveis que entupiam a fila da assistência técnica. A plataforma de códigos abertos era, em essência, um serviço de hospedagem de arquivos: usuários podiam carregar textos, imagens, animações e documentos. Embora a interface assustasse quem não era programador, o produto aberto ao público ainda era usado e abusado, assim como qualquer outra tecnologia social baseada em conteúdos gratuitos, gerados pelos usuários.

A equipe Termos de Serviço lidava com derrubadas de links devido a direitos autorais, infrações a marcas registradas, além de spam; morte de usuários e violações da Lei de Proteção à Privacidade On-line Infantil. Assumimos o trabalho do grupo Material Perigoso, avaliando ameaças de violência, fraudes com criptomoedas, sites de phishing, mensagens suicidas e teorias da conspiração. Tentávamos decifrar relatos de que o Great Firewall havia sido burlado. Passávamos e-mails que se diziam do governo russo pelo software de tradução e os transmitíamos à equipe jurídica com emojis de interrogações rodopiantes. Analisávamos relatos de assédio, spam, pornô de vingança, pornografia infantil e conteúdo terrorista. Dávamos um ping nos nossos colegas mais técnicos para examinar malwares e programações supostamente maliciosas. Viramos moderadores de conteúdo relutantes e notamos que precisávamos de políticas de conteúdo. Meus colegas de equipe eram atentos e sagazes, cheios de opiniões mas justos. No entanto, falar em nome da plataforma era quase impossível, e nenhum de nós era muito qualificado para fazê-lo. Queríamos ir devagar: os principais participantes da comunidade de softwares de código aberto eram sensíveis à supervisão corporativa, e não queríamos minar o utopismo tecnológico de ninguém nos transformando no braço exagerado do Estado-empresa.

Queríamos estar do lado dos direitos humanos, da liberdade de expressão, da criatividade e da igualdade. Ao mesmo tempo, tratava-se de uma plataforma internacional, e quem dentre nós poderia exprimir uma posição coerente sobre direitos humanos internacionais? Ficávamos nos nossos apartamentos batucando nos notebooks comprados de uma empresa de hardware ao consumidor que promovia os princípios da diversidade e do liberalismo no ambiente de trabalho mas manufaturava seus produtos em tenebrosas fábricas chinesas usando cobre e cobalto mineirados no Congo por pessoas que sofriam sob condições análogas à escravidão. Éramos todos da América do Norte. Éramos todos brancos, e todos estávamos na faixa dos vinte ou dos trinta anos. Não eram fraquezas morais individuais, mas não ajudavam. Tínhamos consciência de que havia pontos cegos. Ainda havia pontos cegos.

Batalhávamos para criar os limites. Tentávamos diferenciar um ato político e uma visão política; entre elogios a pessoas violentas e elogios à violência; entre comentário e intenção. Tentávamos decifrar a ironia tática dos trolls. Cometemos erros.

Chegar a decisões era, claro, tão complexo e nuançado e sujeito a interpretações quanto o próprio conteúdo. Até pornografia era uma zona cinzenta: mamilos tinham que ser contextualizados, mas não tentávamos ser puritanos. Uma fotografia artística de uma mulher amamentando não era igual a um avatar de um personagem de anime esguichando leite de peitos fisiologicamente indefensáveis. Mas o que é arte, em todo caso, e quem éramos nós para defini-la?

A intenção tinha importância, lembrávamos uns aos outros — repositórios que continham recursos para websites de educação sexual, por exemplo, deveriam ser aceitáveis. Ao mesmo tempo, a plataforma era feita para ser pedagógica. Não necessariamente queríamos que as pessoas, ao procurar gerenciadores de pacotes, tropeçassem em pastas de genitálias.

Às vezes me perguntava se a equipe executiva sabia que havia pornografia e disparates neonazistas na plataforma, ou que funcionários bem-intencionados trabalhando sob a Assistência Técnica, pessoas contratadas devido a qualidades intangíveis tais como "bom senso" e "atenção aos detalhes" viviam amolando o Jurídico para que definisse — e impusesse — a postura da empresa acerca da liberdade de expressão.

Boa parte das pessoas não parecia ter ciência de como era comum o abuso de nossas ferramentas. Nem sequer parecia saber que nossa equipe existia. Não era culpa delas — era fácil passarmos despercebidos. Éramos quatro pessoas em uma plataforma de 9 milhões de usuários.

A lista de canais de chat crescia: *Latinx, Neurodiversos, 40+, Polvaprendizes, Polvoqueer, NB, Pretogatos*. A consultora de diversidade e inclusão tinha sido contratada em período integral como vice-presidente de uma nova equipe chamada Impacto Social, e com suas orientações a startup aos poucos se tornava mais diversa. Ativistas foram agregados, assim como alguns dos críticos mais ruidosos da startup. Um desses críticos, Danilo, poderia ser o exemplo típico da meritocracia — nascera de mãe solteira em Porto Rico, crescera em um conjunto habitacional, e aprendera sozinho a codificar quando era criança —, mas não fazia rodeios ao falar de seu desprezo pelas narrativas de indivíduo resistente do Vale do Silício, e gostava de zombar dos capitalistas de risco e libertários tecnológicos ávidos nas redes sociais. Era evidente que deixava alguns de nossos colegas tensos.

A visão que Danilo tinha da tecnologia era novidade para mim. Se fiava na perturbação, como estava na moda, mas o que era perturbado era o Vale do Silício. O custo de se envolver na tecnologia estava em queda, gostava de enfatizar. À medida que a educação, o hardware e o acesso a ferramentas barateassem, mais pessoas participariam. Os produtos e empresas se diversificariam; as estruturas de poder se transformariam. "Toda uma nova geração de tecnólogos vai driblar nosso sistema inteiro", ele me disse quando trabalhávamos juntos no QG, sentados no palco do salão de eventos vazio. "Nós temos esse espaço com influência e poder inéditos para causar mudanças sociais, e está surgindo uma geração inteira que foi criada com banda larga. Essa geração vai chegar e foder com tudo." Até os capitalistas de risco acabariam sendo perturbados e considerados obsoletos. Achei tudo muito empolgante — uma forma de reformatar o ceticismo quanto ao setor com otimismo a respeito do futuro.

No final do outono, a vice-presidente da equipe de Impacto Social organizou uma visita do secretário de Desenvolvimento Urbano e Habitacional. A empresa vinha trabalhando em uma iniciativa dele: transpor o fosso digital levando internet de alta velocidade, computadores e programas educativos a pessoas em moradias de baixa renda. Eu tinha passado uma semana em

Washington, D.C., fazendo reuniões sobre a iniciativa, e achara animador ouvir representantes eleitos — e não pessoas do setor, autodesignados líderes das sociedades digitais sem fronteiras — falarem de como a tecnologia poderia mudar o mundo.

No dia da visita do secretário, o escritório ficou movimentado. O CEO postou no fórum de mensagens interno, nos alertando sobre a presença do verdadeiro serviço secreto. Membros da equipe de Impacto Social estavam nervosos, elétricos, enquanto uma legião de relações públicas e seguranças de vários níveis acompanhava o secretário em uma excursão pelo QG. Os ternos e broches elegantes do verdadeiro serviço secreto, em comparação sóbria com as camisetas do gato-polvo do nosso serviço secreto, me fizeram estremecer.

Eles o levaram ao Salão Oval?, perguntei a uma colega. Ela fechou os olhos. "Que vergonha que nós somos", declarou.

No horário marcado, todo mundo encheu o anfiteatro do terceiro andar. Dávamos a impressão de ser meio relaxados e irreverentes, ponderei, analisando as blusas largas e os sapatos gastos que meus colegas e eu usávamos. Vários gerentes de nível médio corriam de um lado para outro, dizendo aos funcionários onde se sentar. Não via tanta gente no escritório desde a festa de fim de ano.

Danilo fez uma breve introdução. "A internet é uma aceleradora do crescimento e uma dissolvente de barreiras de classe", afirmou. "É uma comunidade e sala de aula globais." De soslaio, vi um dos advogados da empresa comer um chocolate minúsculo, pacatamente chapado.

"Acima de tudo, é uma passagem rumo à prosperidade do século XXI", continuou. "Como tecnólogo, sinto que tenho o dever moral de ajudar a garantir que suas dádivas cheguem a todos que delas precisam." Escutei o farfalhar do polipropileno e o estalar do recheio crocante de creme de amendoim. O advogado olhava para a frente, mastigando. O secretário e a vice-presidente de Impacto Social discutiram a iniciativa. Um quarto dos lares americanos não tinha computador, eles observaram; a falta de letramento digital também era a falta de oportunidades. O secretário, de terno e gravata e sapatos de couro luzidios, era refinado e hiper-realista como os políticos tendem a ser. Estava deslocado. Me perguntei como seria dedicar a vida ao serviço público — subir de posto, acumular credenciais, ter limites muito tênues, provavelmente manter um smoking em casa — e se pegar na tentativa de satisfazer o crescente centro de poder do Vale do Silício, com seus tiranos bebês, todos astros de um só sucesso que haviam largado a faculdade, virado os próprios chefes e imaginavam saber como o mundo funcionava, como consertar tudo. Todas as empresas unicórnio com lobistas internos roubados das assessorias políticas, os bilionários que resistiam a regulamentações e qualificações. Talvez fosse igual a satisfazer Wall Street, ou a indústria farmacêutica, ou o agronegócio. Talvez fosse como a inveja: a tecnologia, afinal, era um contraponto ao tédio burocrático que apodrecia o governo. Qualquer um que já tivesse estado no Detran seria capaz de defender a perturbação. No entanto, só conseguia imaginar que um órgão regulamentador gerido por start-ups seria um pesadelo.

No final das apresentações, nosso CEO, de jeans de cós frouxo e blazer, ressurgiu para fazer as últimas observações. Andava no palco com um moletom de funcionário pendurado no braço, assim como aqueles usados pelos nossos engenheiros, famosos nas redondezas. Ele e o secretário de Desenvolvimento Urbano e Habitacional trocaram um aperto de mãos. Como símbolo de sua gratidão, o CEO declarou, tinha o orgulho de presentear o secretário com um moletom personalizado.

* * *

Certa manhã, quando estava no trem a caminho do QG, rolando a tela dos aplicativos de redes sociais do meu celular, um algoritmo me serviu uma foto tirada na festa de fim de ano da startup de análises de dados. A fotografia era de dois ex-colegas, os dois com sorrisos largos, os dentes tão brancos quanto nas minhas lembranças. "Muito grata por fazer parte de uma equipe tão incrível", lia-se na legenda. A festa teve sua própria hashtag, na qual cliquei.

A hashtag desencadeou uma torrente de fotografias com pessoas que nunca conheci — pessoas lindas, o tipo de gente que ficava bem de roupa de ginástica. Pareciam dormir bem. Pareciam à vontade e felizes. Não eram nada parecidas comigo.

Cheguei a uma foto que só podia ser do show de cabaré que antecedera o jantar: uma acrobata de collant ajoelhada em um pedestal, as pernas contorcidas, os pés segurando arco e flecha, prontos para atirar. O alvo era um coração de pelúcia estampado com o logotipo da empresa. Passei por GIFs animados de estranhos se beijando e fazendo pose para a ficha policial diante da câmera da cabine, e reconheci o orgulho que sentiam, me solidarizei com a sensação de conquista — fora um ano e tanto, mas tinham conseguido, e tinham vencido. Senti uma leve náusea, um retorno ao enjoo infantil de ser excluída.

Continuei rolando a tela até chegar a um vídeo pós-festa, que poderia ter sido filmado em uma boate ou em um bar mitzvá caro se não fosse pelo logotipo da startup projetado na parede. As luzes coloridas que piscavam iluminavam homens de terno desmontado e mulheres de vestido, todos aos pulos, empunhando pulseiras de néon e sabres de luz ao som de música dance eletrônica. Esses são profissionais, pensei. Fazia pouco tempo, a empresa havia angariado mais 65 milhões de dólares. Tinham um fundo de guerra. Estavam fadados ao hipercrescimento. Não estavam cortando gasto nenhum.

"A noite de ontem foi épica!", era o comentário de alguém que não conheci. Já fazia mais de um ano que eu tinha saído. Me peguei procurando meu próprio rosto ainda assim.

No começo do novo ano, o estúdio de robótica de Ian se mudou para Mountain View, para se fundir à instalação clandestina de pesquisa e desenvolvimento da gigante dos motores de busca. A instalação, alojada onde um dia ficou o primeiro shopping fechado da Califórnia, era chamada "fábrica da missão lunar". De cara lavada, sem modéstia. Pediam que os funcionários usassem a expressão na assinatura do e-mail e nos currículos profissionais; o diretor se dizia o Capitão das Missões Lunares. Eu continuava sem saber no que Ian de fato trabalhava, apesar de às vezes ficar sabendo pelas notícias: jornais de referência tinham repórteres cobrindo a gigante dos motores de busca como se fosse uma área de atuação, como um governo estrangeiro, um novo tipo de nação.

De tempos em tempos, a empresa também distribuía camisetas estampadas com codinomes internos — eram outras pistas. O que é "Hi-Lo"? perguntei quando Ian apareceu usando uma camiseta da empresa que parecia ter vindo de um show de rock progressivo. Ele não podia responder. Eu lhe disse que aquilo era muito irritante: se as coisas estavam escritas na camiseta promocional, os funcionários deviam poder falar do trabalho. "Claro que sim", ele disse. "Mas essa não é parte da diversão?"

A empresa era divertida. Divertida — era divertida! — e queria que todo mundo, sobretudo os funcionários e possíveis funcionários, soubessem disso. Engenheiros sibilavam pelo shopping de bicicleta ou patinete. O Capitão das Missões Lunares estava sempre de patins, deslizando entre um compromisso e outro, reduzindo a ineficácia e aumentando seus batimentos cardíacos. Ian foi a um piquenique com um robô militar quadrúpede, como se uma peça de metal do tamanho de uma mula capaz de abrir portas fosse uma companhia normal para o almoço. A empresa fez uma festa de Día de los Muertos, com comida mexicana, banda mariachi e um altar à luz de velas que homenageava os produtos mortos antes do lançamento. Fez uma excursão de vários dias em um antigo acampamento dos escoteiros mirins em um bosque — meio óbvio demais, pensei.

A gigante dos motores de busca oferecia vantagens que ficavam entre o universitário e o feudal. Ian tinha check-ups no posto de saúde e voltava para casa com camisinhas da cor do logotipo da empresa, estampadas com as palavras ESTOU COM SORTE. Funcionários ganhavam um rol de oportunidades na educação física — não só patinação —, e Ian começou a frequentar aulas intensas de ginástica funcional no horário do almoço. Passou a levantar, inchar, quantificar; passei a achar embalagens de barras de proteína no filtro da máquina de lavar. "Estou preocupado: acho que estou virando um brogramador", ele me disse, abrindo um aplicativo para me mostrar suas estatísticas. Não me preocupava que Ian se tornasse um brogramador — estava mais preocupada com a possibilidade de que visse colegas sem roupa no vestiário coletivo. Ele me garantiu que a empresa era grande.

A matriz, que empregava cerca de 70 mil pessoas, era o auge na história mundial dos talentos da engenharia — uma fonte inesgotável a explorar, um prodígio institucional —, mas parecia, de fora, sofrer certo grau de esclerose. Era a melhor empresa onde trabalhar, Ian dizia às vezes, mas a principal atividade ainda era a propaganda digital, não o hardware. Enquanto os executivos organizavam e reorganizavam as aquisições, começava a parecer que a fábrica de missões lunares havia devorado algumas das empresas mais inovadoras da área de robótica e as posto em banho-maria por alguns anos. Mais tarde, leríamos nos jornais sobre o número de acusações de assédio sexual contra os homens aos quais Ian se referia como seus superchefes. Era pelo menos uma explicação útil para a estagnação institucional. Os superchefes deviam estar ocupados.

A viagem de ida e volta entre Mountain View e a casa dele absorvia até quatro horas. O fim da tarde, que antes Ian usava para pedalar pela cidade, preparar o jantar com os amigos ou para rolar no chão na aula de balé new-age que fazíamos juntos, agora ele passava no ônibus da empresa. De manhã, Ian ia correndo até o ponto do ônibus, a garrafa térmica de café na mão. De noite, o ônibus o ejetava na neblina. Eu o via da janela da sacada se arrastando pelo quarteirão, com um jeito nervoso, apreensivo e triste.

Às vezes perguntava a mim mesma se havia um fardo mediúnico específico partilhado pelas pessoas que trabalhavam com tecnologia, principalmente nós que criávamos e dávamos assistência a softwares que só existiam na nuvem. As abstrações do trabalho do conhecimento eram bem documentadas, mas aquilo parecia novidade. Não era apenas a dissonância cognitiva acerca da lucratividade e do poder das empresas de tecnologia, ainda que suas ferramentas não existissem concretamente, mas o fato de que todos os softwares eram suscetíveis, a qualquer instante, ao apagamento. Engenheiros podiam passar anos escrevendo programas e vê-los atualizados, reescritos e substituídos. Despejavam tempo e energia em produtos que nunca eram despachados. Por mais ofensivo que fosse, me questionava se a festa do Día de los Muertos não teria dado uma sensação de encerramento para aquelas pessoas cujos trabalhos nunca iam a público.

Meu próprio fardo mediúnico era que eu pudesse ganhar um salário de seis dígitos, mas não soubesse fazer nada. O que quer que tivesse aprendido a fazer com vinte e tantos anos, tinha aprendido com tutoriais on-line: como tirar mofo do parapeito da janela; como cozinhar peixe lentamente; como arrumar um redemoinho no cabelo; como fazer o autoexame de mama. Sempre que conseguia montar um móvel, ou reforçar um botão frouxo, eu vivia um tipo estranho e antiquado de satisfação. Cheguei ao ponto de comprar uma máquina de costura, como se procurasse formas de causar vergonha a mim mesma.

Não era a única. Metade dos programadores que eu conhecia, entre 22 e quarenta anos, em geral homens, estava descobrindo que seus dedos eram multifuncionais. "É uma maravilha fazer alguma coisa com as mãos", eles diziam, antes de embarcar em monólogos sobre marcenaria ou fermentação caseira ou assar pães. Era como o Brooklyn de cinco anos atrás, só que em vez de fazer picles de legumes os artesãos por hobby examinavam as fotos de miolo uns dos outros. No trabalho, um punhado de engenheiros ficou obcecado por sous-vide, e nos fins de semana eles queimavam, fatiavam e laminavam carnes tenras, documentando o processo e dividindo fotos orgulhosas, em alta resolução, nas redes sociais.

Eu invejava Ian, treinado para pensar em hardware, o mundo encarnado. Ele também passava o dia olhando para o computador, mas as leis da física ainda se aplicavam. Sua relação com a internet era diferente da minha: ele não tinha conta em nenhuma das redes sociais, desconhecia os memes e não estava sintonizado com os detalhes da vida dos outros. Ele não se levantava no fim do dia e pensava, como eu: ah, é — um corpo.

Saí do meu apartamento para ir jantar com Patrick em um restaurante com temática cinematográfica. A conversa logo se voltou para a tecnologia, como de hábito; como de hábito, comecei a projetar nele minhas ansiedades e frustrações quanto ao Vale do Silício. Nossas discordâncias sobre a indústria eram contínuas, como um podcast que ninguém em seu perfeito juízo escutaria. A mesma informação podia nos levar a conclusões radicalmente diferentes — o que eu interpretava como uma história admonitória ele entendia como um caminho seguro, e vice-versa —, mas eu curtia as conversas. Elas expandiam o arcabouço e arredondavam as arestas dos meus argumentos. Só de vez em quando eu ia para casa no escuro, escutando música alta e me sentindo péssima, desejando trabalhar em outro setor ou morar em outra cidade — especificamente, uma onde eu pudesse pedir um cigarro emprestado.

"Se eu preferiria um Vale do Silício hipotético, que só gerasse empresas significativas?", ele questionou, enquanto nos traziam pratos iguais de frango frito mergulhados em iogurte e dukkah. "É claro que sim. Mas acho que as startups genômicas e as startups de merda são resultado do mesmo processo, os pontos fracos e as tendências autodestrutivas, isso tudo. Se pudéssemos ter um Vale do Silício são, criterioso, equilibrado, prudente, centrado, produzindo as mesmas empresas, seria ótimo, mas não sei se é possível."

Claro que é possível, declarei. As startups, em sua maioria, provavelmente seriam igualmente bem-sucedidas, se não mais ainda, se fossem geridas por gente que, por exemplo, não assediasse ou marginalizasse as mulheres em suas instituições de engenharia. Era provável que fossem igualmente inovadoras se administradas por pessoas que não fossem — sem querer ofender — jovens, brancas e do sexo masculino. E qual era a nossa definição de sucesso, em todo caso?, indaguei, me empolgando um pouco demais, embora tivesse sido eu a primeira a falar em sucesso. Não deveria ser possível que mais pessoas, de diferentes tipos, pudessem fracassar? Tomei meu vinho, me sentindo triunfante.

"Para deixar claro, concordo com as críticas", disse Patrick, reabastecendo meu copo de água, num gesto sugestivo. "Também quero que o Vale do Silício seja melhor. Mais inclusivo, mais ambicioso, mais relevante, mais sério. Mais otimista." Nisso nós concordávamos, embora eu desconfiasse de que tínhamos ideias distintas sobre como isso poderia se manifestar. "Acho impressionante que só exista um Vale do Silício, e me preocupa muito que a chama se apague. Talvez a questão seja se você gostaria de ver dois Vales do Silício ou nenhum. Para mim, a resposta é claríssima."

Torci um pedaço de pele de frango no prato. Não queria dois Vales do Silício. Começava a achar que um já estava causando danos demais. Ou talvez quisesse dois, mas só se o segundo fosse totalmente diferente, um gêmeo maligno: o Vale do Silício Matriarcal. O Vale do Silício separatista-feminista. O Vale do Silício em pequena escala, bem pesquisado, em câmera lenta, regulamentado — os homens poderiam ter cargos de liderança nele, mas só se nunca usassem a palavra "blitzscaling" ou se referissem aos negócios como uma guerra. Sabia que minhas ideias eram contraditórias.

"O progresso é tão atípico e tão raro, e estamos todos à caça, tentando achar o eldorado", disse Patrick. "Quase todo mundo vai voltar de mãos vazias. Os adultos equilibrados, responsáveis, não vão largar o emprego e a vida para montar empresas que, no fim, podem nem valer a pena. É preciso, em um sentido visceral, uma espécie de abnegação." Só depois me dei conta de que ele talvez estivesse tentando me dizer alguma coisa.

Amigos fizeram uma rave no Sacramento Delta, anunciado como um evento de autossuficiência radical. "A terra é seca e precisa do seu suor", lia-se no convite. "Estamos loucos para encher a fazenda de corpos felizes, famintos." Eu queria ser um corpo feliz — ou, pelo menos, queria tentar. Para me preparar, pus na bolsa uma calça saruel preta, um pequeno vaporizador, um romance e *O caminho do artista*. "Acho que o pessoal não lê em rave", Ian disse, olhando minha sacola, mas deixou para lá.

Quando estacionamos na casa da fazenda, um grupo de homens sem camisa levantava um domo geodésico. Enrolavam fios de LED nas estacas, os peitorais tensionados, e arrumavam travesseiros e futons no interior. Em uma cozinha ao ar livre, as pessoas picavam ingredientes para pizzas. Um cordeiro passava por entre suas pernas, à procura de sobras. Alto-falantes portáteis tocavam electro swing.

O dono da festa era um agricultor comunitário de personalidade tranquila, perspicaz. Enquanto o agricultor nos ajudava a montar nossa tenda em um bosque de nogueiras, perguntei qual era a história do cordeiro. O plano, ele disse, passando a estaca pela estrutura, era assá-lo no espeto na tarde do dia seguinte. "Você o derruba no chão e fica de conchinha até ele relaxar", ele explicou, como se estivesse recitando uma receita de salada de frutas. "Aí você estica o braço e corta o pescoço."

No fim da tarde, um homem e uma mulher emergiram da floresta, vestidos de branco, de roupa de linho larga no corpo. Anunciaram que fariam um ritual. Estavam esplêndidos com o rosto pintado, rosa por causa do sol. Todos se enfileiraram, passaram um baseado do começo da fila até o fim, e marcharam até o riacho, onde se despiram. Nossos líderes, ainda parcialmente vestidos, entraram na água e se revezaram, mergulhando todo mundo de costas, como num batismo. O linho subia à superfície como uma espuma. Nem pensar, eu disse a Ian, muito coisa de gói. Fiquei para trás e não tirei a roupa, me juntando a todo mundo depois que o ritual terminou.

Os corpos nus se sacudiam rio abaixo. Eles subiram à beirada do riacho e comungaram com os animais do outro lado, e se deitaram para secar ao sol lânguido. Latas de cerveja boiavam no riacho. Senti uma solidão conhecida, participando de algo maior que eu mesma e me sentindo à parte.

Passado um tempo, saí da água, envergonhada. Abri uma toalha ao lado de Ian e de um conhecido que ganhava dinheiro abraçando homens mais velhos. O terapeuta do abraço estava sentado de pernas cruzadas, os testículos cobertos com muita fé por um tufo de flores silvestres. Me insinuei contra a axila de Ian. Fizemos um interrogatório sobre as sessões: como era ser objeto de tanto desejo? As pessoas choravam ou se confessavam? Era pesado; ele tinha a sensação de ser um serviço importante? O que acontecia se alguém se excitasse? "Se você fica duro, tem que se levantar", disse o terapeuta do abraço, com uma paciência inesgotável. À toa, Ian desembaraçava meu cabelo.

Mesmo na fazenda, as pessoas falavam de startups. Com certo grau de relutância superado apenas pelo esgotamento da precariedade, os amigos de Noah e Ian haviam começado a entrar na indústria: o ecossistema achava seu jeito de absorver quem tinha diploma de graduação e fluências em deixas sociais de classe média. O diretor de uma escola de ensino fundamental pública aceitara emprego em uma startup de educação que preparava um software de planejamento. Um crítico de música virou redator de aplicativos de fitness e de meditação. Jornalistas entraram na comunicação empresarial. Artistas faziam residência na rede social que todo mundo odiava, e cineastas viravam funcionários de empresas grandes de tecnologia, filmando conteúdos promocionais internos elaborados para que os empregados se sentissem bem quanto à afiliação profissional.

Todos precisavam de ambição: artistas, músicos, operários e servidores públicos abandonavam San Francisco e não havia gente nova ocupando seus lugares. Em cafeterias forradas de madeira clara, que abriam para quem queria fazer reuniões em cafeterias, os baristas não eram, como antes, jovens recém-chegados na cidade. Eram mais velhos e mais afáveis e ainda protegidos, pelo menos por enquanto, pela regulamentação dos preços de aluguel; seus dias estavam contados. Até os comediantes começaram a oferecer seminários corporativos de improvisação, oficinas para que os funcionários de startups fortalecessem o espírito de equipe por meio da humilhação mútua. "Qual é a sua opinião sobre campos de treinamento de codificadores?", o terapeuta dos abraços perguntou a Ian.

Naquela noite, no pomar, um grupo de músicos que vinha excursionando pela Costa Oeste em um ônibus escolar azul reformado apresentou canções sobre a Califórnia. O céu escureceu. Aranhas viúvas-negras foram descobertas em um dos banheiros portáteis, deflagrando uma iniciativa de deslocamento. Cinco ou seis pessoas sumiram para transar no freezer. Outros tomavam ketamina e dançavam devagar ao som de house, ou se recostavam nas cobertas de pele falsa sob o domo geodésico, inalando poppers. Uma mulher de tutu cheio de paetês tomou PCP e se empoleirou em um monte de lenha. "Tem tanta coisa para ver", ela declarou, olhos arregalados, explodindo de admiração.

Às vezes eu tinha a impressão de que todo mundo vira um filme com grandes momentos de gente representando a liberdade das décadas de 1960 e 1970 — nudismo casual, promiscuidade exultante, vida comunitária, alimentação comunitária, banhos comunitários. Houve um papo sobre a compra grupal de um terreno perto de Mendocino. Houve um papo sobre a criação compartilhada de filhos, embora ninguém tivesse filhos. Me parecia a encenação de um passado imperfeito, uma reconstituição histórica. A busca de libertação, de um pouco de alegria genuína.

Eu não me imaginava executora da contracultura da década de 1960, mas tinha interesse em sua perseverança — até os fundadores de startups faziam retiros para os funcionários no Sea Ranch. Em qualquer outro lugar, a contracultura era um assunto histórico, um tema de festas a fantasia, algo kitsch. Esse lado dos anos 1960 não era uma referência para os meus amigos de Nova York. Eles também tinham fantasias de voltar-à-terra, de certo modo: celeiros reformados de frente para o Hudson, com hortas, e picapes vintage e pias de casa de fazenda. O utopismo não dava o que pensar. Eu não sabia se isso era sinal de um realismo perspicaz ou de falta de imaginação.

Por volta da meia-noite, voltei sozinha à tenda e me fechei no saco de dormir, o travesseiro de fleece que Ian usava para acampar debaixo da minha cabeça. Eu me questionava se aquilo tudo não seria apenas uma forma de resistência. A tecnologia corroía as relações, as comunidades, as identidades, o bem comum. Talvez a nostalgia fosse mera reação instintiva à percepção de que a materialidade estava desaparecendo do mundo. Queria achar meu próprio coletivo.

Sob meu corpo, a terra estava dura e fria. Vibrava, eternamente, ao som do baixo.

De vez em quando, amigos de fora do setor postavam artigos sobre experimentos psicológicos feitos pela rede social que todo mundo odiava, com seus comentários confusos, na própria rede social que todo mundo odiava. Me mandavam e-mails com notícias sobre software de reconhecimento facial, ou a capacidade da startup de carona remunerada de rastrear os passageiros com uma ferramenta chamada "Good View". *Você sabia disso?*, eles escreviam. *Isso aqui... é normal?* Eles me mandavam mensagem, desconfiados ou espantados, depois de esbarrar com cantos da internet que os assustavam: quando a plataforma de microblogging fazia propaganda de produtos que tinham acabado de comprar no mercado, ou um aplicativo de compartilhamento de fotos recomendava que se conectassem com um conhecido há muito sumido, mas que tinham acabado de ver no metrô. Serviços de entregas de comida recomendavam restaurantes locais durante suas férias bem longe de casa; os assistentes de voz dos pais soltavam informações sem nenhum estímulo.

"Olha só isso", um amigo disse quando estávamos bebendo,

empurrando o celular pela mesa para me mostrar um registro de suas localizações mais frequentes: casa, o estúdio, a academia, estações de trem, um endereço residencial desconhecido sobre o qual não fiz perguntas. "Meu celular andou fazendo um pequeno dossiê do meu comportamento, como se fosse um detetive particular. Não sei se devo me sentir lisonjeado ou enganado."

Como eu não demonstrasse surpresa, ou tentasse explicar o que estava acontecendo, ou simplesmente assumisse que em certa medida aquilo tinha a ver com o trabalho que eu fazia na startup de análises de dados, a reação dos meus amigos me provocava a sensação de que eu era uma sociopata. Essas conversas não faziam com que eu me sentisse superior ou versada culturalmente. Elas me assustavam. Eu desligava o telefone e me perguntava se o delator da NSA foi o primeiro teste moral da minha geração de empreendedores e trabalhadores da tecnologia, e se tínhamos estragado tudo. Olhava para o outro lado da mesa, para a expressão confusa de participantes inteligentes, esperançosos, bem informados da sociedade civil, e pensava, consternada: eles realmente não sabem.

No trabalho, cantos da plataforma de códigos abertos se tornavam cada vez mais nocivos e bizarros. A equipe de Termos de Serviço foi alertada para o conteúdo postado por pessoas que alegavam ser membros de uma organização terrorista; conteúdo postado por pessoas que transmitiam dados privados sobre funcionários do governo e perseguiam nossos colegas de trabalho. Fomos alertados para conteúdo com ameaças de morte direcionadas. Uma era tão verossímil que fechamos as persianas no QG por um dia. Debatemos o que fazer quanto ao código de um game em que os jogadores competiam para matar judeus. Semicerrávamos os olhos diante de repositórios cheios de arte ASCII que usava frases

COMO BICHAS SÃO GAYS MAS QUEERS NÃO e PONHA UM CIGARRO ELETRÔNICO NA MINHA BUCETA E DIGA QUE SOU A SUA PUTA DOS MEMES. Passávamos de um para outro avatares de contas com caricaturas de animais icônicos estilizados como Hitler, e reagíamos no chat com emojis dando de ombros, estilizados como nós. Na maioria dos dias, eu era condenada a processar pedidos de derrubada de links por violação de direitos autorais e marcas registradas, seguindo protocolos tediosos com enorme satisfação, como uma assistente jurídica orgulhosa da comunidade de códigos abertos. Em outros dias, enviava e-mails educados a usuários, pedindo que por favor tirassem as suásticas que usavam no avatar, ou que pensassem na possibilidade de tirar os quadrinhos antissemitas que tinham carregado em seus repositórios.

Eu volta e meia tinha que dar um passo para trás e lembrar que esse tipo de material era uma fração minúscula da atividade que acontecia na plataforma de códigos abertos. No quadro mais amplo, a empresa tinha sorte: ao contrário das redes sociais tradicionais, não oferecia maneiras de transmitir ao vivo atos de violência explícita. Ao contrário da plataforma de compartilhamento de casas e dos aplicativos de carona, não estava no ramo das interações em carne e osso. Em comparação, a ferramenta promovia uma forma muito específica, benigna, de vida cívica digital. Ninguém entrava ali para formar uma opinião sobre o aborto ou a curvatura da Terra; ninguém queria ficar a par das notícias. A maioria dos usuários se envolvia com o site conforme o pretendido.

Havia bastante tempo que eu tinha deixado de fazer trabalho público sob meu próprio nome. Para todas as correspondências externas, usava pseudônimos masculinos. Felizmente, nunca precisávamos usar o telefone. Fazia isso, até certo ponto, porque o trabalho às vezes era delicado, com potencial para contrariar pessoas cuja moeda digital era a crueldade; eu não era a única da equipe a usar um nome falso. Mas usar pseudônimos masculinos não era conveniente só para aplacar ou enfraquecer conversas tensas. Era útil até para os pedidos de assistência técnica mais inofensivos. Eu era mais eficaz quando me retirava. Os homens, percebi, simplesmente reagiam de outra forma a homens. Meus pseudônimos masculinos tinham mais autoridade do que eu.

 Ainda era a época da web social. Todo mundo na piscina. Sozinhos, juntos. Redes sociais, alegavam os fundadores das redes sociais, eram ferramentas de conexão e da livre circulação de ideias. A rede social construiria comunidades e derrubaria barreiras. Não dê atenção a esse ad-tech por trás da cortina: o social tornaria as pessoas mais bondosas, mais justas, mais empáticas. A rede social era um serviço de utilidade pública para a economia global que rapidamente se tornava sem fronteiras, sem restrições — ou seria, se alguém no Vale do Silício conseguisse descobrir como vencer a China.

 A rede social levaria a democracia liberal ao mundo. A rede social redistribuiria o poder e libertaria os povos, e o usuário decidiria o próprio destino. Governos autoritários profundamente arraigados não estavam à altura do design thinking e dos aplicativos PHP. Os fundadores apontavam o Cairo. Apontavam Moscou. Apontavam a Tunísia. Olhavam de soslaio para Zuccotti Park, em Manhattan.

 Não que as plataformas em si traíssem um potencial revolucionário — eram inócuas, pois eram todas iguais. Rígidas, insípidas, cinza, azuis. Bem demarcadas, mas se esforçando para ser simpáticas. Feitas por programadores com programadores em mente, para e por gente com uma queda por infraestrutura. Pessoas acostumadas a olhar dados tabulados, para as quais a codificação era criativa, e um bom código era harmonioso. Pessoas que achavam que a personalização era responsabilidade do algoritmo.

Pensadores sistêmicos, para os quais o sistema era computacional, e não incidia no âmbito do social. O software era transacional, veloz, escalonável, difuso. Pedidos de financiamento coletivo de insulina se espalhavam com a rapidez e a eficiência das propagandas antivacinação. Abusos eram considerados casos extremos, à margem — falhas que poderiam ser corrigidas por filtros de spam, ou por moderadores de conteúdo, ou pela autorregulação por parte de membros da comunidade que não eram pagos para isso. Ninguém queria admitir que os abusos eram estruturalmente inevitáveis: sinais de que os sistemas — otimizados em busca de aderência e amplificação, engajamento incessante — não só eram saudáveis como funcionavam exatamente conforme o planejado.

Na primavera, um veículo de extrema direita fez um post no blog sobre a vice-presidente de Impacto Social da minha empresa, concentrando-se na crítica que ela fazia a iniciativas de diversidade-no-setor-tecnológico que tendiam a beneficiar de modo desproporcional as mulheres brancas. O post era iniciado por uma colagem de gatos-polvo sob a manchete PROJETO CONTRA BRANCOS REVELADO.

O artigo causou furor na seção de comentários, acumulando centenas de respostas. Os leitores da publicação faziam declarações conspiratórias sobre marxismo e Hollywood, vitimização liberal, racismo reverso e o plano globalista. Publicavam microensaios desesperados sobre O Federalista e a Venezuela do Norte, além do extermínio cultural do Ocidente. Era uma cacofonia de apitos para cães.

A seção de comentários explodia. A virulência ameaçadora a respeito dos meus colegas se espalhava pelas redes sociais. A linha de Vendas foi tomada por telefonemas de pessoas raivosas.

A publicação parecia ter mobilizado uma facção decidida a amplificar as ideias de extrema direita sob o disfarce de debate político, empregando qualquer canal disponível. No fim do dia, a vice-presidente, o CEO e um punhado de funcionários sinceros haviam se tornado alvos de uma campanha on-line de assédio cruel. Não era a primeira vez que isso acontecia com meus colegas — era, até onde eu sabia, a terceira vez só naquele ano.

A campanha era um bombardeio; durou vários dias. Algumas das ameaças eram tão específicas que a empresa contratou seguranças para escolta. A atmosfera no QG era de tensão. Encontraram um bilhete ameaçador grudado à porta de entrada dos funcionários.

Mencionei a um colega como era impressionante que agora todos os assédios na internet parecessem seguir um manual: os métodos da extrema direita eram notavelmente similares aos que havíamos visto, dezoito meses antes, com o bloco de trolls que tinham como alvo as mulheres no setor de games. Era como se uma geração inteira tivesse desenvolvido sua identidade política on-line, usando o estilo e o tom dos fóruns de internet.

É assim que as coisas são agora?, indaguei. Achava bizarro que dois grupos diferentes tivessem a mesma retórica e as mesmas estratégias táticas.

Meu colega era um grande conhecedor de fóruns e quadros de avisos on-line. Ele me olhou com desconfiança. "Ah, minha doce menina", disse. "São exatamente as mesmas pessoas."

O Vale do Silício havia se tornado um gesto, uma ideia, uma expansão e uma rasura. Uma taquigrafia e um teste de Rorschach. Um sonho ou uma miragem. Havia a confusão a respeito de South Bay: seria ela a cidade-dormitório de San Francisco ou o contrário? Ambas as afirmativas pareciam verdadeiras. O setor de tecnologia ocupava apenas uns 10% da mão de obra, mas tinha um impacto descomunal. A cidade estava mudando. Não parava de chegar gente. O bairro de Mission estava coberto de folhetos voltados para os recém-chegados. "Ninguém liga para o seu emprego na indústria tecnológica", lia-se neles. "Seja cortês com os outros quando estiver em público e mantenha no silencioso o carreirismo selvagem de seus gracejos amistosos."

Os aluguéis subiam. Cafeterias passavam a não aceitar dinheiro vivo. As ruas eram entupidas por carros de aplicativos. Taquerias fechavam e reabriam como bares de taco orgânico, requintado. Pensões queimavam e eram substituídas por condomínios vazios.

Do lado de San Francisco onde as ruas eram batizadas em

homenagem a sindicalistas e anti-imperialistas mexicanos, especuladores abocanhavam casas modestas com paredes de vinil e as reformavam, vendendo-as aos primeiros funcionários das empresas e a investidores estrangeiros por preços baixos de sete dígitos — preços que, dali a alguns anos, seriam considerados um bom negócio. Pessoas de vinte e poucos anos recém-abastadas viravam proprietárias mansas, de carinha de bebê, adotando um tom de desculpas ao invocar rebuscadas leis de habitação para despejar os inquilinos de longa data que herdavam e abrir caminho para dividir o edifício em apartamentos. Empreiteiros planejavam blocos de microapartamentos, teimando que não eram meros dormitórios para o fim de semana, mas a nova fronteira da moradia para millennials: começar pequeno, ampliar depois.

Perto das antigas fábricas e das casas vitorianas lascadas, das oficinas mecânicas e dos bares de sadomasoquismo, os novos edifícios do centro pareciam deslocados, à deriva. Para se distinguir, acrescentavam trancas eletrônicas e geladeiras ativadas por wi-fi, e chamavam os apartamentos de inteligentes. Ofereciam quadras de bocha, paredões de escalada, piscinas, aulas de culinária, serviços de concierge. Alguns organizavam excursões para esquiar em Tahoe e fins de semana em vinhedos. Ostentavam travas para bicicletas, oficinas de carpintaria, estações para dar banho em cachorros, carregadores para carros elétricos. Metade tinha salas de tecnologia e salas de coworking: centros comerciais feitos para parecer os escritórios dos moradores, que eram feitos para parecer a casa deles.

Na frente do meu conjugado, uma caminhonete deu ré na direção da melaleuca, causando sua morte. A árvore foi recolhida e substituída por um banheiro portátil idêntico ao banheiro portátil do outro lado da rua. Nenhum era para o uso da população cada vez maior dos sem-teto da vizinhança, aos quais só restava defecar nas plantações de suculentas ou à sombra das marquises das garagens, mas sim para as equipes de pedreiros que chegavam todas as manhãs para construir apartamentos de um quarto no porão das casas vitorianas. Era um mercado de senhorios. Os dois banheiros eram fechados a cadeado, e volta e meia arrombados. À noite, me deitava na cama, na base da janela da sacada, e escutava as pessoas brigando com a correia; o som da porta de plástico se abrindo, se fechando com um tremor.

Fotografias lustrosas de corretoras de imóveis bem penteadas começaram a surgir na minha caixa de correio, impressas em cartolina com fontes caligráficas. As corretoras estavam animadas para revelar um belíssimo oásis com hidromassagem e eletrodomésticos inteligentes; era um deleite compartilhar um adorável bangalô com os detalhes originais e um cantinho para o café da manhã. As corretoras alardeavam a proximidade das autoestradas e incluíam mapas das rotas de ônibus, coloridas de acordo com a empresa. "Localização cobiçada", lia-se nas brochuras. "O imóvel é um investimento fabuloso, sem aluguel controlado." Eu ficava nos degraus do meu prédio, olhando os retratos das corretoras, pensando em clarear meus dentes.

San Francisco tinha entrado em uma crise imobiliária total. Sempre que a mídia divulgava que uma nova empresa de tecnologia havia feito a solicitação para abrir seu capital, as pessoas começavam a trocar ideias sobre os direitos dos inquilinos. Compre uma casa antes do próximo lançamento de ações, meus colegas brincavam. Não era brincadeira por ser engraçado; era brincadeira porque os que enriqueciam da noite para o dia faziam ofertas de 60% a mais que o valor pedido em casas de milhões de dólares, e pagavam em dinheiro.

Quatro dos seis apartamentos no meu prédio com o preço do aluguel controlado eram ocupados por casais de meia-idade, alguns dos quais moravam ali desde o último surto, no mínimo; estavam familiarizados com a retórica de comunidade e revolução, já tinham ouvido aquilo tudo antes. A recente enxurrada de jovens eufóricos em busca de aventuras profissionais, e a enxurrada de grana que se seguia, era estressante, não impressionante. Eu desconfiava que ninguém no nosso prédio estivesse à procura de imóveis para obter uma renda passivamente, ou de um condomínio de milhões de dólares. Desconfiava de que todos quisessem apenas continuar ali.

As brochuras das corretoras chegavam com força e rapidez. Começaram a ser endereçadas ao proprietário do edifício, que não morava lá, e ofereciam incentivos à revenda. "Oi, vizinho!", piavam. "Queria compartilhar as grandes novidades sobre as casas recém-vendidas da sua área."

"Temos compradores conceituados e dispostos, ávidos para investir no seu bairro."

"Se conseguisse um bom preço pela sua casa, você venderia?"

As brochuras se acumulavam em cima das caixas de correio feito um chamariz e um escárnio — lembretes da nossa sorte e da nossa impermanência.

Havia muito debate naquele ano, principalmente entre a classe empreendedora, sobre a construção de cidades. Todo mundo estava lendo *The Power Broker* [O corretor poderoso] — ou pelo menos lendo resumos. Todo mundo estava lendo *Season of the Witch* [Temporada das bruxas]. Urbanistas de sofá escreviam blogs sobre Jane Jacobs e descobriam Haussmann, Le Corbusier. Fantasiavam com cidades independentes. Começavam a perceber algo interessante — uma possível oportunidade, talvez — acontecendo do outro lado da janela de seus carros de aplicativo. Começavam a entender o valor da vida cívica.

Em uma festa, conheci um cara que se aproximou e me contou, com bafo quente, que estava tentando se envolver em um projeto de urbanismo novo e empolgante. A camiseta dele tinha amassados geométricos, como se a tivesse encomendado para ser entregue no mesmo dia e só a tivesse desdobrado uma hora antes: o desalinho habilidoso na era do sob demanda. Perguntei se ele trabalhava na prefeitura ou com planejamento urbano. Ele tinha começado como todo mundo, declarou, fazendo um gesto vago que abrangia a sala, repleta de tecnólogos. Mas estava querendo ler mais sobre urbanismo, caso eu tivesse livros a recomendar.

Pensei na ementa das matérias sobre estudos urbanos que fiz na graduação e senti um lampejo de superioridade, mas não consegui me lembrar de nenhum título. Inquiri sobre o projeto e ele hesitou, a pausa de alguém embriagado a ponto de ter que se coçar para guardar um segredo, mas não tão embriagado a ponto de querer cometer erros. Aguardei.

Cidades são importantes, ele começou, como se estivesse se aquecendo para um discurso de vendedor; como se não tivéssemos concordado tacitamente acerca desse ponto, estando os dois de pé na sala de estar de um famoso centro urbano. "Mas as cidades podiam ser mais inteligentes", ele disse. "Deveriam ser mais inteligentes. E se nos dessem uma tela em branco? Quais problemas não poderíamos resolver?"

Os homens vivem falando dos nossos problemas. Quem era o "nós" da fala dele? "Nós temos esse bando de tecnologia nova à nossa disposição", afirmou. "Carros autônomos, análise preditiva, drones. Como misturar tudo em uma combinação perfeita?" Me contive para não fazer uma piada sobre planejamento central.

Perguntei onde seria a primeira cidade tela em branco, na expectativa de que mencionasse algum lugar da Califórnia — perto de Sacramento, talvez, em algum lugar próximo o bastante para aliviar um pouco a pressão de San Francisco.

Honduras, ele disse. Talvez El Salvador. "Em algum lugar com um povo que queira dar duro e não queira ter que lidar com o crime", explicou. Fitei, com grande interesse, o fundo da minha garrafa de cerveja. "A ideia é seguir a metodologia de lean-startup. A cidade vai começar pequena, feito uma startup nova que tem que atender a seus primeiros cem usuários e não o primeiro milhão." Perguntei como ele pretendia ampliar a escala e me arrependi assim que ele me deu a resposta: despachando contêineres. Para morar?, indaguei. E a comunidade? As pessoas não surgiam do nada. E a economia local? Eu estava começando a perder a linha. Estava começando a botar as cartas na mesa. "O ideal seria que fosse uma zona econômica especial", ele disse. "Sabe Shenzhen?" Eu sabia de Shenzhen: uma cidade reluzente, altamente vigiada, onde o crescimento econômico acelerado incentivava tanto a construção civil de luxo quanto os abusos de trabalho infantil; uma coletividade de cidadãos participando da modernidade e da evolução, sob controle ditatorial. Um epifenômeno do capitalismo autoritário. Será que *ele* sabia de Shenzhen? Queria estar mais bêbada, assim poderia ficar rude. Perguntei qual seria o capital semente, com o intuito de fazer piada.

Estavam se autofinanciando, ele declarou. Pagando do próprio bolso — a equipe ainda era pequena. Até então, tinham arrecadado 50 milhões de dólares.

A construção de cidades era um interesse natural para gente bem capitalizada cujos funcionários mal conseguiam viver na baía e cujos patrocinadores corporativos e investidores em capital de risco viciados em objetos badalados lhes incutiam a crença de que os fundadores de startups poderiam não só mudar o mundo como ser aqueles que o salvariam. Era um campo de provas quanto à eficácia do método dos primeiros princípios aplicada à vida.

Teoria dos primeiros princípios: física aristotélica, mas para o círculo das ciências administrativas. Tecnólogos decompunham infraestruturas e instituições, examinavam suas partes e redesenhavam sistemas à sua própria maneira. Pessoas que tinham largado os estudos rearquitetavam a universidade, reduzindo-a a escolas profissionalizantes on-line. Investidores em capital de risco destrinchavam a crise do subprime e fundavam startups que ofereciam empréstimos imobiliários. Inúmeros fundadores arrecadavam dinheiro para construir espaços de moradia comunitária em bairros onde as pessoas eram despejadas por viver em espaços de moradia comunitária.

Havia a piada corrente de que a indústria de tecnologia estava simplesmente reinventando as commodities e os serviços que já existiam fazia tempo. Essa piada era detestada por muitos empreendedores e capitalistas de risco, embora eu achasse que eles deveriam agradecer pela distração: ela desviava o assunto das questões estruturais acerca do porquê de certas coisas, como transporte público, ou habitação, ou desenvolvimento urbano, terem problemas, para começo de conversa.

No aspecto estético, eu não confiava que a classe empreendedora fosse construir uma metrópole onde a maioria das pessoas gostasse de viver. O impacto que tiveram sobre San Francisco não era muito inspirador, não que a culpa fosse só deles. A cidade transbordava de negócios novos que faziam vendas agressivas ao dinheiro novo: uma loja cheia de chaleiras minimalistas; uma champanheria que servia caviar em chips de camarão; um clube de coworking só para membros que oferecia aulas luxuosas de ginástica em uma academia com aroma de eucalipto. Um clube de pingue-pongue com fritas trufadas. Uma loja que anunciava estojos de lápis e bandejas compartimentadas a nômades digitais. Academias de ginástica leve para as articulações: ciclismo simulado; surfe simulado.

De vez em quando, o raciocínio dos primeiros princípios era um processo longo e enfadonho de retorno ao formato original. Sites de lojas que ainda não tinham consumido seus financiamentos inteiros começaram a abrir lojas físicas — o varejo em carne e osso, a abordagem dos primeiros princípios revelava, era uma ótima plataforma para o engajamento do consumidor. Uma ótica que só existia on-line descobriu que os compradores gostavam que seus olhos fossem examinados; uma startup que vendia bicicletas ergométricas de luxo descobriu que pessoas que usavam bicicletas ergométricas de luxo gostavam de pedalar com outras pessoas. Os fornecedores de colchões abriam showrooms; uma startup de maquiagem abria quiosques com testadores dos produtos. A superloja on-line abria livrarias, as prateleiras adornadas por resenhas de clientes impressas e indicadores baseados em dados: OBRAS QUE OS LEITORES DE LIVROS DIGITAIS TERMINAM EM TRÊS DIAS OU MENOS. 4,8 ESTRELAS OU MAIS.

Havia sempre algo meio estranho nesses lugares — algo meio torto. Era inquietante perceber a poeira nas prateleiras; esquisito ver plantas vivas. As lojas compartilhavam certa efemeridade, certa esterilidade, certo estilo organizar-ícones-automaticamente. Pareciam surgir da noite para o dia, âncoras no espaço físico: paredes brancas e fontes arredondadas e arquibancadas, um simulacro opaco do mundo que haviam substituído.

Em junho, a aceleradora anunciou uma nova iniciativa. Queria construir uma nova metrópole do zero. Uau, pensei ao ler o post de blog que comunicava a ideia. Está todo mundo entrando nesse jogo. *O mundo está cheio de gente que não se dá conta do próprio potencial, em grande medida porque suas cidades não oferecem oportunidades e condições de vida necessárias para o sucesso*, afirmava o post. *Uma ótima maneira de alavancar o aprimoramento* do nosso mundo é desencadear esse potencial gigantesco criando cidades melhores. *Construir cidades novas é o suprassumo das startups que vendem resultados, tanto em complexidade quanto em ambição.* O post era encerrado com uma série de perguntas: *Como medir a eficácia de uma cidade? Quais são os indicadores-chave de desempenho das cidades? As cidades deveriam ser otimizadas em prol do quê?*

Indicadores-chave de desempenho, otimização: me lembrava o software de análise de dados. Quem seria o dono dos conjuntos de dados, me perguntei; o que faria com eles?

O chefe do projeto era o ex-CEO de um website que servia de repositório de imagens cômicas e vídeos otimizados em prol da viralização em redes sociais — em geral, gatos fazendo coisas improváveis, como pegar carona em robôs aspiradores e presos entre pães de hambúrguer. O website tinha conseguido quase 42 milhões de dólares em capital de risco. Ele trabalharia no projeto com outra pessoa, uma empreendedora que havia fundado uma plataforma de faxineiras sob demanda que fora fechada em meio a uma enxurrada de processos. A audácia era de tirar o fôlego.

Não entendia por que alguém se entusiasmaria a entregar as chaves da sociedade a pessoas que não tinham feito pesquisas de base — pessoas cuja principal qualificação era a curiosidade. Não me entusiasmava a defender os interesses de indústrias ou instituições mais antigas, mas não dava para ignorar a história, o contexto, a deliberação. Não dava para ignorar a expertise. Mas também, se *íamos* abandonar a expertise, ponderei, em momentos de enorme mesquinhez, por que não eram os *meus* amigos que recebiam milhões de dólares para fazer projetos de pesquisa sobre a construção de cidades melhores?

O que eu não percebia era que a empolgação dos tecnólogos com o urbanismo não era apenas um entusiasmo quanto às cidades, ou a construção de sistemas em larga escala, embora tais interesses fossem sinceros. Era um exercício introdutório, uma caixa de areia, uma passagem: a primeira etapa da adaptação a um recém-descoberto poder político.

"Você acha que se odeia?", perguntou uma terapeuta em Berkeley. Está indo fundo para uma sessão inicial, pensei, mas no dia seguinte me vi seguindo um bando de investidores em capital de risco na plataforma de microblogging. Não era exatamente um gesto de autocuidado.

Os capitalistas de risco debatiam a renda básica universal, e eu não conseguia desviar o olhar. Estavam preocupados com o potencial econômico destravado dos pobres urbanos. Enquanto icebergs derretiam e a temperatura dos oceanos seguia rumo à inabitabilidade, eles temiam que a inteligência artificial — especificamente a questão de ela ser propriedade deles ou da China — provocasse a Terceira Guerra Mundial. Queriam ver o autômato e a inteligência artificial darem o pontapé inicial em uma renascença: as máquinas fariam o trabalho para que nós, inutilizados, pudéssemos nos concentrar na nossa arte.

Os capitalistas de risco queriam, era possível deduzir, subvencionar serviços públicos — ou, caso a inteligência artificial inspirasse a revolução, queriam uma justificativa lógica para ter bunkers na Nova Zelândia com estoque de armas e creme de amendoim. Eu acreditaria em uma renascença da inteligência artificial assim que os capitalistas de risco começassem a se matricular em aulas de cerâmica; assim que ficassem sem emprego por causa da automação.

Os capitalistas de risco eram prolíficos. Eu não conhecia ninguém que falasse tanto quanto eles. Às vezes falavam dos próprios negócios, mas em geral falavam de ideias: como fomentar a iluminação, como aplicar teorias microeconômicas a problemas sociais complexos. Mais: o futuro da imprensa e o declínio do ensino superior; a estagnação cultural e a mentalidade dos construtores. Falavam de como encontrar uma boa heurística para gerar mais ideias, aparentemente para terem mais sobre o que falar.

Apesar da defesa ardorosa dos mercados livres, da desregulamentação e da inovação contínua, não dava para contar que a classe dos investidores teceria apologias nuançadas do capitalismo. Atacavam a hipocrisia estrutural de criticar o capitalismo usando um smartphone, como se defender o capitalismo usando um smartphone não fosse grotesco. Enxergavam o mundo por um caleidoscópio de startups: *se você quer eliminar a desigualdade econômica, a forma mais eficaz de fazê-lo é tornar ilegal que alguém abra a própria empresa*, escreveu o fundador de uma aceleradora. *Todo anticapitalista ruidoso que já conheci era um empreendedor fracassado*, opinou um investidor-anjo. *A baía de SF é feito Roma ou Atenas na Antiguidade*, postou um investidor em capital de risco. *Mande seus melhores acadêmicos, aprenda com os mestres e conheça as outras pessoas mais eminentes da sua geração, e então volte para casa com o conhecimento e os contatos de que precisa.* Será que eles sabiam que as pessoas os liam?

Os capitalistas de risco não estavam acima da cultura da inspiração. Dividiam listas de leituras e recomendações de produtos, e aconselhavam seus seguidores a não perder a humildade. Tenha uma alimentação saudável, eles diziam; beba menos. Viaje, medite, descubra sua motivação; se empenhe no casamento, nunca desista. Pregavam o evangelho das semanas de trabalho de oitenta horas, e falavam com empolgação da primazia da determinação. Sempre que difamavam a ideia do equilíbrio entre vida e trabalho, chamando-a de boba, ou antitética à determinação necessária ao sucesso de uma startup, eu me perguntava quantos tinham uma assistente executiva. Uma assistente pessoal. Ambas.

Não conseguia me imaginar ganhando milhões de dólares por ano e optando por gastar meu tempo causando merda nas redes sociais. Havia quase uma patologia naquele vício em internet. Saiam da conta, eu pensava. Troquem e-mails.

No entanto, se a internet servia para alguma coisa, não era para isso? Transparência em ação; acesso às mentes da elite da indústria. Não havia jeito melhor de saber quais capitalistas de risco se preocupavam com o impacto das políticas identitárias sobre a produtividade, ou como estava se saindo a adoção de práticas estoicas. De que outra forma, se não através das plataformas sociais interligadas, saber que o investidor que disse que o software estava engolindo o mundo tinha uma quedinha por metal e mantinha um estoque de playlists intituladas MULHERES DIFÍCEIS I e MULHERES DIFÍCEIS II? De que outra maneira descobrir quais membros da classe dos investidores defendiam fundadores megalomaníacos dizendo que eram empreendedores que não podiam ganhar escala, ou interpretavam críticas como perseguição e se viam como vítimas de turbas digitais? De que outro modo entender as identidades, ideologias e estratégias de investimento deliberadamente amplificadas das pessoas que transformavam a sociedade — das pessoas que enriqueciam com a minha ajuda?

A cultura intelectual do Vale do Silício era a cultura internética: liderança de pensamento, experimentos mentais. Intelectualismo de fórum de mensagens. Havia economistas e racionalistas; altruístas efetivos, aceleracionistas, neoprimitivistas, milenaristas, objetivistas, sobrevivencialistas, arqueofuturistas, monarquistas, futarquistas. Neorreacionários, seasteaders, biohackers, extropianos, bayesianos, hayekianos. Com ironia ou muito a sério. Intencionalmente ou não. Realmente deixava a desejar.

Em uma festa em Noe Valley, entrei numa discussão com a entusiástica participante de uma comunidade on-line de racionalidade. O racionalismo era considerado um movimento de busca da verdade, ao menos pelos praticantes. Em um afã de ver o mundo com mais clareza, os racionalistas pegavam amostras da economia comportamental, da psicologia e da teoria da decisão. Falavam de técnicas de argumentação, modelos mentais e homens de aço, e empregavam as linguagens da economia, da ciência e da filosofia: "no cômputo geral", diziam, "à margem"; "*n* é líquido positivo" — ou "*n* é líquido negativo", "*n* é superestimado", "*n* é subestimado".

Eu poderia embarcar na busca da verdade, e, até onde eu percebia, a racionalidade oferecia basicamente referenciais de vida que chegavam às raias da autoajuda. Fazia sentido: instituições religiosas se deterioravam, empresas exigiam um compromisso quase espiritual, as informações oprimiam, e o vínculo social tinha sido terceirizado para a internet — todo mundo estava à procura de algo.

Porém, o racionalismo também poderia ser um estilo de desligamento histórico que ignorava ou absolvia enormes desequilíbrios de poder. Um podcast popular de racionalidade abordava temas tais como o livre-arbítrio e a responsabilidade moral; viés cognitivo; a ética da venda de votos. Quando o podcast fez um episódio com uma psicóloga evolutiva que se identificava como uma liberal clássica bivalvegana e transumanista, ela e o apresentador discutiram bebês projetados, otimizados para a atratividade, sem nunca citar raça ou história da eugenia. Falar ardorosamente de um mundo que não era realmente o mundo me pareceu um bocado imoral. Na melhor das hipóteses, era um agrado suspeito aos poderosos. Achei essa subcultura assombrosa, principalmente por vicejar entre adultos feitos.

Tive dificuldade de conjugar isso com a própria racionalista, que era simpática e questionadora. Estávamos sentadas junto à bancada da cozinha, em uma casa eduardiana só na estrutura, recentemente reformada com armários luzidios e paredes luzidias. Os armários não tinham puxadores, e tudo era branco — como um smartphone ou um tablet. Um grupo de pé em volta da ilha da cozinha andava discutindo o capitalista de risco que acreditava que os softwares estavam engolindo o mundo, trocando ideias sobre os insights mais valiosos que tinham aprendido com ele. Passei a minha vez.

A conversa se voltou para um economista libertário, um acadêmico e o diretor de um centro de pesquisas conservadoras. O centro era financiado por fraternos magnatas do petróleo, dois bilionários de direita que há décadas usavam sua influência política irrestrita, mas o economista se denominava um contrarianista. Fazia posts em blog discutindo se aumentar preços durante emergências poderia na verdade ser benéfico; se haveria uma explicação otimista para o aumento da violência racial nos Estados Unidos; se nações poderiam ser startups — achava os países africanos promissores. Talvez a filantropia fosse democrática *demais*, ele postulava; talvez a conversão em massa de pessoas de baixa renda ao mormonismo pudesse gerar uma mobilidade ascendente maior; talvez devêssemos aproveitar a deixa de Lagos e pensar na capacidade construtiva do nacionalismo. Sua obra era popular entre os autodenominados contestadores do Vale do Silício. Eu só sabia que ele existia por causa de Patrick, que, para meu espanto, era um leitor ardoroso do blog.

Declarei que muitas das opiniões supostamente contrarianistas do economista — concebidas sob o disfarce de experimentos mentais despreocupados que pretendiam derrubar vieses consagrados — na verdade traíam uma versão muito mais sóbria para a sociedade do que seus seguidores gostariam de admitir. A maioria de suas ideias não era nova; tínhamos simplesmente, como cultura, superado todas elas. Não seria possível que o economista libertário fosse apenas reacionário?, sugeri. Estava só perguntando.

A racionalista enfiou o cabelo atrás da orelha. O contrarianismo era subestimado, afirmou. As contribuições intelectuais eram, no todo, positivas. Difícil julgar, no momento presente, quais ideias funcionariam; assim, era melhor pecar pelo excesso de debate, não pela falta. "Como exemplo, pense nos abolicionistas", ela disse. Perguntei o que os abolicionistas tinham a ver com o contrarianismo libertário. "Bem, às vezes opiniões minoritárias levam à adoção positiva e ampla, e são boas."

Como declaração neutra, era difícil discordar. Algumas opiniões minoritárias realmente causavam mudanças positivas. Eu queria lhe dar um voto de confiança. Mas não estávamos falando de uma declaração neutra. Estávamos falando de história.

Tomei um gole de vinho tinto da taça que esperava que fosse a minha e me arrisquei a dizer que a abolição da escravatura talvez não fosse uma postura minoritária. Os próprios escravos sem dúvida eram abolicionistas, afirmei. Não é porque ninguém os entrevistava para pesquisas de opinião que eles não existiam. Estava tentando ser divertida. Estava tentando ser bondosa. Estava tentando não constranger nós duas, mas talvez já não desse mais.

A racionalista se virou para olhar com nostalgia para os outros festeiros, agora reunidos na sala de estar, mandando alegremente que o alto-falante da assistente virtual tocasse música de malhação. Suspirou. "Está bem", ela disse. "Mas, em prol do debate, e se pudéssemos restringir nossa amostra a pessoas brancas?"

O capital de risco era uma intervenção, uma força bruta. No verão anterior, a startup de códigos abertos havia levantado uma segunda rodada de investimentos de 250 milhões de dólares, em uma avaliação de 2 bilhões de dólares. Com o investimento vinham novas expectativas. Os capitalistas de risco tinham, afinal de contas, dobrado a aposta em um negócio cujo fundamento era a distribuição de softwares livres.

Os princípios condutores do investimento em capital de risco eram o crescimento, a aceleração e o retorno rápido, e podiam ser transformadores. Ajudavam a explicar a pivotagem da gigante dos motores de busca de arquivo acadêmico do conhecimento mundial a uma potência da propaganda; a proliferação do *peça perdão, não permissão* e do *feito é melhor do que perfeito* como mantras; a razão "margens de software" era basicamente um afrodisíaco ao sul de San Carlos. De novo, a startup de códigos abertos precisava crescer — dessa vez, um pouco mais rápido.

A empresa já tinha crescido de quase duzentas pessoas a quinhentas desde a minha contratação, e começava a ficar muito parecida com qualquer outra empresa — pelo menos na superfície. Havia debate sobre registro de horas trabalhadas, conversas sobre indicadores. Alguns jogadores corporativos experientes se juntaram à equipe de liderança, e alguns foram embora. A liderança era uma porta giratória. De poucos em poucos meses, a Engenharia passava por uma reorganização. Ninguém sabia no que os outros estavam trabalhando; ninguém sabia quem era o responsável. Um executivo de alto escalão foi contratado para lidar com estratégia; quando perguntei o que ele fazia, ouvi que havia marcado reuniões estratégicas. O conselho havia instalado um novo diretor financeiro. Os benefícios foram reavaliados, assim como as funções de certos cargos. O Salão Oval foi derrubado e substituído por uma cafeteria, em homenagem às raízes descentralizadas da startup, nascida em uma cafeteria. O café era como qualquer outro café — gente flertando com os baristas e fingindo trabalhar enquanto olhavam as redes sociais —, mas as bebidas eram de graça. As cavernas dos codificadores foram trocadas por um ambiente de trabalho ao ar livre. A loja de materiais promocionais gratuitos foi substituída por uma máquina de vendas automática. As regras foram enrijecidas; os orçamentos, cortados. Membros da equipe de Impacto Social se acotovelavam com os funcionários em meio a xícaras de chá, exaustos e carrancudos. Estávamos crentes de que rumávamos para a aquisição.

Meus colegas e eu especulávamos sobre quem seriam nossos novos pais. Havia apenas duas alternativas verdadeiras: a gigante do motor de buscas e o conglomerado de softwares extremamente litigioso com sede em Seattle. O conglomerado tinha o histórico de tentar jogar a comunidade de softwares de código aberto no ostracismo por meio de litígios, mas havia fechado recentemente as portas de seu projeto competitivo, e nossos fundadores não comemoraram abertamente.

Um dos investidores da startup também havia postado, em rede social, uma fotografia do CEO do conglomerado em uma conversa intensa com o nosso CEO em uma reunião de cúpula de capitalistas de risco. A foto circulava em chats particulares e canais secretos, e nós a analisávamos com a obsessão de detetives de fóruns de mensagens enfrentando crimes sem solução. "Os investidores em capital de risco adoram balançar o pau uns para os outros", um dos meus amigos da Engenharia disse. Ele tinha certeza de que seríamos adquiridos pelo conglomerado com sede em Seattle. "Não existe outra razão para a foto ser postada. Eu ficaria feliz, para ser sincero. Provavelmente acabaria trabalhando mesmo para um deles."

Os vendedores seguiam o capital: vinham com a maré. Iam ao escritório todos os dias, levando cães cujas raças misturadas os tornavam hipoalergênicos; ficavam presos nos elevadores e defecavam debaixo das mesas. Tomavam café extraído a frio no bar enquanto trocavam acrônimos. Monopolizavam o aparelho de som do terceiro andar, tocando canções do Top 40 e música dance eletrônica suave enquanto os engenheiros migravam para os andares de baixo.

Já vi esse filme, pensei, ao observar homens jogando partidas de pingue-pongue desleixadas, desarticuladas, junto ao bar do primeiro andar; ao entrar em elevadores vazios com cheiro de pós-barba; ao abrir a geladeira do andar de Vendas e ver que estava cheia de misturas de bebidas. Já tinha lido aquele livro.

Parecia que metade dos trabalhadores do setor tecnológico que eu conhecia estava entrando em uma organização de socialistas democratas — ou, pelo menos, seguindo-a nas redes sociais, onde a divisão de San Francisco postava memes de gatos e fazia piadas com softball sobre a deterioração do capitalismo. As pessoas se aproximavam da política pela primeira vez por meio de seu trabalho administrativo. Desenvolviam marcos teóricos na internet; começavam a se identificar com o trabalhador. Falavam de renda básica universal tomando coquetéis de graça no bar da empresa. Nas redes sociais, havia boatos de dissidência entre pessoas cujos avatares eram suas personas peludas. Engenheiros de confiabilidade de sites postavam críticas marxistas sutis durante o expediente. O ajuste de contas trabalhistas em empresas de tecnologia parecia brilhar no horizonte, tomando forma aos poucos.

Junto com outro dos primeiros funcionários da startup de análise de dados, Noah criava o protótipo de um app — um *aplicativo* — para facilitar a atuação coletiva em ambientes de trabalho. "A crítica, claro, é que estamos monetizando a organização laboral", Noah disse quando fui visitá-lo em Berkeley. O cofundador via nisso uma forma de fazer o capitalismo funcionar melhor, com mais eficiência; nem preciso dizer que o último seria quem tentaria vender a ideia a investidores. Tinham cogitado passar pela aceleradora, mas só precisaram de trinta segundos de pesquisa: *Qualquer indústria que ainda conta com sindicatos tem uma energia em potencial que poderia ser liberada pelas startups*, o fundador da aceleradora havia escrito no microblog. A aceleradora alegava querer gente que gostaria de vencer o sistema, mas uma ferramenta para organizar trabalhadores talvez fosse vencer o sistema com força demais. O tipo errado de software colaborativo.

No QG, cautelosamente expressei, a um engenheiro, minha empolgação quanto à perspectiva de um sindicato de trabalhadores em tecnologia. Talvez as pessoas reconhecessem os seguranças se tivessem um interesse em comum, eu disse. Talvez o dinheiro se espalhasse um pouquinho. Talvez as pessoas que criavam as ferramentas pudessem ter voz ativa quanto à forma de uso delas. Talvez não devêssemos estar sempre a postos para nos identificar com CEOS carismáticos; talvez não devêssemos supor que o dinheiro e os benefícios e o mercado de trabalho estariam ali para sempre; talvez devêssemos contar com a possibilidade de ficar velhos demais para aquilo. O que estávamos fazendo, de qualquer modo, ao ajudar as pessoas a se tornarem bilionárias? Bilionários eram a marca de uma sociedade doente. Não deviam existir. Não havia estrutura moral em que um acúmulo tão grande de riqueza pudesse ser aceitável.

"Por favor, não comece a citar Marx, a me falar que os nossos colegas têm que se apossar dos meios de produção", disse o engenheiro, balançando a cabeça. Ele me lembrou que havia crescido na pobreza; passara anos trabalhando em linhas de montagem de verdade antes de aprender sozinho a escrever códigos. "Para eles não é um meio de solidariedade ou de longevidade. É só um poder pessoal. Quando eu era exposto a amianto, ninguém que fazia ciência computacional em uma faculdade da Ivy League aparecia para ajudar." Eu não tinha escolhido o público certo. Não estava preparada para esse argumento.

Essa era apenas a próxima fase do fetiche artesanal, o engenheiro afirmou. Como jogos de interpretação de papéis, como Burning Man. "É que nem game multijogador massivo on-line para a classe operária", ele observou, me lançando um olhar contundente. "Não somos pessoas vulneráveis."

Fiquei com vergonha do meu próprio privilégio de classe, de tudo que eu aceitava como natural. Meu contato mais próximo com o trabalho manual tinha sido rasgar caixas de papelão no porão de uma livraria independente. Peguei mais garrafas de água com gás para nós, sabor tangerina. Fizemos piadas desajeitadas sobre o que faria o sindicato dos trabalhadores em tecnologia entrar em greve: teclados ergonômicos, uma política mais inclusiva dos cachorros em escritórios. Não consegui melhorar o ânimo. Nenhum dos dois conseguia deixar o assunto para lá.

"As pessoas precisam de sindicatos para se sentirem seguras", disse o engenheiro. "Do que o sindicato protegeria todos nós? De conversas incômodas?"

Nossos funcionários remotos tinham seus desejos. Volta e meia falavam que se sentiam cidadãos de segunda classe. À medida que a empresa se tornava mais corporativa, a cultura havia passado do sobretudo-remoto ao possível-remoto. O utopismo tecnológico vigente no início da startup não ganhou escala — mas não foi por falta de tentativa.

Em uma discussão interna, alguns dos funcionários à distância fizeram campanha por benefícios. Havia comida e bebida na sede de San Francisco, observou uma mulher que se identificava como nômade digital; uma ajuda de custo para petiscos e bebidas para funcionários remotos parecia muito justo. *Trabalho de uma cafeteria*, ela escreveu. *Tenho que consumir alguma coisa quando estou lá, e nem tomo café.*

O QG também tinha uma equipe de limpeza, alguém frisou. *Definitivamente não recusaria uma ajuda de custo para faxineira*, ele acrescentou, caso não estivesse sendo bastante claro.

Um orçamento anual modesto para melhorar o home office seria bem útil, escreveu um engenheiro. Listou artigos que não podiam ser deduzidos no imposto: plantas; frigobares; decoração para as paredes; manutenção dos móveis.

Voos de mais de quatro horas poderiam ser reservados na classe executiva, postou um vendedor. *Eu representaria a empresa melhor se pudesse tirar um cochilo no avião.*

Equipamento para fazer ginástica em casa, outra pessoa sugeriu. Uma bicicleta de estrada, ou um bom par de tênis de corrida — uma prancha de surfe, ou esquis. *A gente podia receber uma assinatura dessas caixas de guloseimas*, sugeriu um representante de vendas cuja moderação me comoveu.

Gostaria que houvesse mais flexibilidade no benefício da ginástica, escreveu outro engenheiro. *Não fico à vontade em academias, então meu regime de exercícios físicos é constituído em grande medida por paintball. Seria bom poder usar o benefício para pagar o equipamento e a tinta.*

Meu camarada engenheiro me mandou o link da conversa. "É exatamente disso que estou falando", ele escreveu. "Leia isso, depois você me diz se ainda quer botar algum poder na mão dessa gente."

Um desenvolvedor de softwares que eu conhecia por amigos em comum se convidou para almoçar no QG. Nunca tinha pisado no escritório, declarou. Estava morrendo de vontade de ver como era. Trabalhar em uma empresa adorada pelos engenheiros me dera uma credibilidade imerecida; eu não lhe disse que naquela época quase sempre trabalhava em casa, de leggings frouxas.

Quando o desenvolvedor chegou ao escritório, algo nele me pareceu diferente. Uma certa arrogância. Sempre se vestira bem, em um estilo lavável à máquina, mas chegou usando uma jaqueta de couro e óculos aviador. Eu o analisava com cuidado enquanto ele analisava as fileiras de mesas elevadas desocupadas. "Então é aqui que tudo acontece", disse, balançando a cabeça com ares de aprovação. Eu havia me esquecido da importância que a startup de códigos abertos tinha para as pessoas de fora. O desenvolvedor me contou que só trabalhara para grandes empresas: uma peça na engrenagem. Nada parecido com aquilo ali.

Levamos o almoço para o terraço e nos sentamos ao sol. Fios de luzinhas balançavam sobre as espreguiçadeiras duplas protegidas pela barreira de privacidade das frondes das palmeiras. Na piscina do prédio residencial ao lado, uma mulher nadava com braçadas vagarosas e elegantes. O dia inspirava letargia. Queria me estirar em uma das espreguiçadeiras com estofamento branco, lendo um romance. Queria alguém com autoridade para me lembrar de passar filtro solar.

O desenvolvedor e eu comemos yakisoba e entabulamos uma conversa fiada. Depois de mais ou menos meia hora, ele dobrou o guardanapo, enfiou na caixa da quentinha e perguntou, em tom despreocupado, se eu sabia das notícias sobre um bando de documentos que tinham sido vazados por uma fonte anônima. Acontecera meses antes, mas estava nas manchetes havia dias: os documentos expuseram dados pessoais de um monte de políticos, bilionários e empresários de peso. Era uma acusação de atividade antidemocrática perpetrada pelos muito ricos. Os jornais ainda publicavam matérias sobre a bomba.

Claro, declarei. Perguntei por que tinha tocado no assunto.

O desenvolvedor se recostou na espreguiçadeira e me lançou um sorrisinho torto. Em um gesto sutil, ligeiro, levantou as mãos e apontou os dois polegares para o próprio peito.

Fiquei louca de raiva. Não queria essa informação. Não sabia o que fazer com ela. O motivo do desenvolvedor para me contar, ele havia explicado, era que estava decepcionado com a cobertura da imprensa. Queria comunicar ser possível, para cidadãos comuns, expor abusos de poder — não tinha formação em serviços de inteligência, só ligava para a desigualdade estrutural — e que a maioria das conspirações era mundana. As coisas que movimentavam a história, ele disse, muitas vezes eram fortuitas e casuais. Queria achar alguém que transmitisse sua história com mais ação — mais personalidade. Achava que talvez eu conhecesse jornalistas em Nova York que pudessem ajudá-lo.

Jornalistas em Nova York me disseram que a história já era passado. Porém, eu não conseguia parar de pensar nela. Gostava do fato de que havia engenheiros que ainda viam seus talentos como algo potencialmente subversivo, a serviço do bem maior, e não somente como algo lucrativo no âmbito individual. Todas essas pessoas, que passavam seus vinte e trinta anos em escritórios livres nos campi das empresas de capital aberto mais valiosas da década, se servindo de tigelas de cereal gratuito de humanos que alimentavam pássaros, esvaziando latas de água frutada, entediados até a alma, mas incapazes de dar as costas para os depósitos diretos — era tanta falta de imaginação! Havia muito potencial no Vale do Silício, e boa parte dele se acumulava em torno do ad--tech, o desaguadouro da economia internética.

Eu gostava de pensar que alguns dos programadores pelos quais passava todos os dias, na rua, talvez também estivessem se desiludindo com os negócios. Talvez quisessem algo melhor. Mais. Que no fundo entendiam o sistema global com o qual contribuíam, e queriam transformá-lo — e estavam dispostos a assumir a linha de frente. Como alguém que preferia processos cristalinos, eu me cagava de medo. Também me inspirava uma sensação parecida com empolgação, ou esperança.

O norte da Califórnia não oferecia uma experiência humana natural da passagem do tempo. Eu ficava confusa com a abundância de flora pós-colonial não nativa. Vivia ingerindo iogurte vencido. Sempre me esforçava para lembrar da estação. Fazia três anos que não via chuva. Não era de surpreender que se referissem a San Francisco como uma cidade de Peter Pans; não era de surpreender que tantas pessoas tentassem viver no presente eterno. Era fácil esquecer que todo mundo estava envelhecendo, ou que todo mundo envelheceria.

"Estou vivendo como se tivesse vinte e poucos anos há mais de uma década", uma colega observou numa tarde, quando fazíamos hora no bar do escritório. "Estou chegando aos quarenta. Por que vou a três shows por semana? Eu não devia ter filhos?"

Um grupo de colegas já estava sacudindo coqueteleiras e tirando chopes. Alguém tinha aberto uma garrafa de espumante rosé. Dois sujeitos de moletom igual jogavam uma partida relaxada de shuffleboard, e engenheiros na mesa de pingue-pongue respeitosamente lançavam a bolinha de um lado para outro. Pelas janelas do chão ao teto que ficavam atrás da mesa do DJ, observei um homem deitado na calçada, a calça abaixada até o meio das coxas, cochilando de lado sob o sol.

"Meus amigos lá da minha cidade estão brigando com os maridos e as mulheres por causa de hipotecas", minha colega disse. Olhou para a escuridão de sua xícara de café e suspirou. "Que cara isso tudo ganha quando todo mundo envelhece? Quando é que deixa de ser divertido?"

Ainda era divertido? Já tinha sido? Tinha completado 29 anos naquele verão, e começava a desejar coisas que não desejava aos 25. Desenvolvi o mau hábito de percorrer os aplicativos de imóveis com avidez, como se esperasse que uma casa vitoriana totalmente reformada em Cole Valley me perguntasse, espontaneamente, meu tipo no teste de personalidade Myers-Briggs.

Comecei a apontar para bebês na rua como se só os tivesse visto numa enciclopédia. Olha, eu dizia a Ian — um bebê! Como se estivéssemos observando passarinhos. Como se eu tivesse acabado de ver uma estrela cadente.

Para comemorar o aniversário, Patrick fez uma festinha em uma área de acampamento, tecnicamente um acampamento para cavaleiros, perto de Muir Woods. "Alguém teve a gentileza de se oferecer para ajudar a deter o lado equino da barganha", lia-se no convite. "Chegar montado na sela é entusiasticamente incentivado."

No fim de semana seguinte, Ian e eu chegamos ao acampamento e deparamos com uma turma de cientistas da computação com roupas para curtir o ar livre preparando, de forma meio ineficaz, uma cuba de salada. Várias fatias de salmão assavam na grelha. Os currais estavam vazios. "Ah, sabe como é San Francisco", disse um empreendedor alegre de colete de fleece, quando perguntei pelo lado equino da barganha. "Até os cavalos são excêntricos."

Ian entabulou uma conversa com um engenheiro a quem admirava, um designer de interfaces de usuário experimentais, conceituais. Era uma raridade ouvi-lo falar de ciência da computação. Era tão reticente no tocante ao próprio emprego que eu me esquecia do quanto ele amava o trabalho, os quebra-cabeças, a magia que havia ali. Me sentei à mesa de piquenique e tentei me intrometer em uma conversa entre dois engenheiros que debatiam literatura voltada para jovens adultos.

Eu não tinha passado muito tempo com Patrick e outras pessoas, mas passara tempo suficiente para saber que eu era atípica em seu círculo social, composto em grande medida de cientistas, empreendedores e tecnólogos. Volta e meia ficava constrangida ao contar a essa turma que trabalhava na assistência técnica, depois ficava com raiva do meu constrangimento. Para completar, sempre que ficava insegura, tendia a me tornar combativa, ou agressiva, ou me perder. Estava sempre enredando fundadores em debates quanto a sites de resenhas colaborativas serem ou não "literatura". Estava sempre fazendo argumentações voluntárias contra privatizações, começando brigas.

A atmosfera estava animada e educada. Consegui me comportar. Conversas surgiam e morriam. Percebi que, quando Patrick falava, as pessoas que estavam além de seu alcance imediato se calavam e prestavam atenção. Por outro lado, eu também queria escutar.

O salmão saiu da grelha e nós o incorporamos à salada, nos reunindo em torno das mesas de piquenique para comer. No meio do jantar, outro magricelo em roupas para praticar esportes ao ar livre entrou saltitante no acampamento, carregando uma sacola plástica. Patrick se levantou, animado. Dentro da sacola, explicou, havia dois monitores contínuos de glicose com leitores digitais.

Era difícil conseguir aqueles monitores nos Estados Unidos, e os leitores eram importados. Todos ficamos observando enquanto ele desembrulhava o pacote e imprensava o sensor contra o próprio ombro, estremecendo. Tentei trocar um olhar expressivo com Ian. Patrick não tinha diabetes. "Quê?", disse Ian. "Me parece legal. Eu usaria um desses."

Passado um tempo, alguém apareceu com um bolo pequeno e uma vela. Cantamos "Parabéns pra você" e Patrick ficou vermelho. "Pois bem", ele disse quando a cantoria acabou e a conversa não foi retomada. "Vamos apagar a fogueira?" Sugeri que a deixássemos acesa. Podíamos montar nossas barracas, tomar uísque e bater papo até ficar muito tarde ou muito frio. Essa era sempre minha parte predileta dos acampamentos: todo mundo trocando intimidades e confidências, adentrando a noite enquanto o tempo desacelerava. Estava animada com essa ideia, louca para achar algo em comum, ver todo mundo relaxar um pouquinho. Patrick pareceu confuso.

Olhei ao redor. Ficou bem claro, bem rápido, que o plano nunca fora acampar. Só Ian e eu tínhamos levado barraca. Em dez minutos, a festa foi desarmada e guardada em sacos de papel, as grelhas foram raspadas, a reciclagem separada. As pessoas se retiraram rumo à noite em diversas configurações de caronas, levando sobras e isopores. As luzes das lanternas passavam pela estrada e sumiam depois da curva. Ainda não eram dez da noite.

"Acho que ficamos com o lugar inteiro só pra nós dois", Ian declarou, olhando ao redor. De repente me pareceu ridículo que acampássemos sozinhos no meio de um estábulo ao ar livre em Marin. O local me parecia exposto, de uma amplidão cômica. Os currais cintilavam. Fiquei me perguntando se os guardas-florestais não iriam aparecer, e, se aparecessem, se não nos responsabilizariam pelos cavalos. Seríamos multados? O terreno era público. Estávamos transgredindo a lei? Por que eu havia imaginado que todos dormiríamos ali, feito gente que não tem o que fazer no dia seguinte? Parte de mim se sentia mal por eles terem outras coisas de que cuidar no fim de semana: meu único plano era fazer uma armadilha para moscas-das-frutas. Parte de mim estava indignada. Não queria sentir vergonha por ser improdutiva, por querer tomar uísque e inventar constelações falsas.

A gente devia voltar, eu disse. Ian fez que não — ele tinha tomado algumas cervejas e eu não sabia dirigir carro com câmbio manual. As rodovias estavam escuras e eram sinuosas. Montamos a barraca e escovamos os dentes, jogando nosso cuspe na terra, depois nos deitamos em sacos de dormir paralelos, escutando as sequoias balançarem ao vento.

Embora não quisesse o que Patrick e seus amigos queriam, algo ainda me encantava na vida que tinham escolhido. Eu invejava o foco, o comprometimento, a capacidade de saber o que queriam e de declarar seus desejos em voz alta — as mesmas coisas que eu sempre havia invejado. Todos eram tão bem-sucedidos e atléticos. Para arrematar, eu mal entendia o que a maioria fazia, só sabia que eles eram bons nisso.

Aos 28 anos, Patrick tinha criado algo sofisticado e expansível, algo útil que as pessoas adoravam. Eu me perguntava o que aconteceria se ele e os amigos acabassem conduzindo a indústria, e me pareceu que seria possível. Também me perguntava o que isso significaria no nível pessoal. Nossa amizade já exigia um certo grau de compartimentalização, supostamente de ambos os lados. Eu me questionava se dinheiro e status o transformariam; me questionava se eu me tornaria um peso morto. Me preocupava que gente na posição dele volta e meia não tivesse alternativa senão corresponder a certas expectativas: o sistema ao qual estavam subordinados não era apenas poderoso, era uma máquina. As ideologias que tendiam a agradar, como boa parte da tecnologia criada, satisfaziam nas promessas de curto prazo e tinham potencial devastador quando levadas ao ponto-final lógico. Vê-lo formar uma identidade pública já era meio estressante: de vez em quando, em redes sociais, ele endossava publicações ou políticas ou posturas que me surpreendiam e me deixavam tensa. A pessoa no âmbito particular era divertida, atenciosa, tinha mente aberta. Mas a persona pública, de quem eu vivia discordando, tinha voz, influência e poder crescentes.

Dividi parte dessas preocupações com Ian, que lia com uma lanterna de cabeça. Ele deu de ombros, a luz balançando com seus movimentos. "Acho que você está subestimando o que talvez você tenha e eles não tenham", ele declarou. Você? perguntei, me virando de lado para olhá-lo. "Que amor", ele disse. "Mas acho que é maior que isso. É só uma coisa que vale a pena ponderar."

Tinha a impressão de que aquilo que eu possuía, em sentido imaterial, que os homens do Vale do Silício não possuíam, era exatamente o que vinha tentando sublimar havia quatro anos. Trabalhar no setor tecnológico fora uma fuga da parte da minha personalidade pouco prática, emotiva, sonhadora, nostálgica, ambivalente e inconveniente — a parte de mim que queria saber dos sentimentos de todo mundo, que estouraria um prazo para ler um romance, que só queria ser comovida, que não tinha nenhum valor de mercado claro.

Mais cedo ou mais tarde, eu admitiria que tinha a oferecer algo de fato não menos valioso, em termos não econômicos, do que a classe dos empreendedores oferecia. Não era mais valioso, tampouco: era apenas diferente. O valor dependia de por quem eu vivia. Embora essa ideia não fosse nem um pouco reveladora, para aceitá-la eu precisaria de certo grau de desprogramação. Minhas razões para me desviar e protelar eram práticas — dinheiro, afirmação social —, mas também pessoais. A única coisa mais vergonhosa do que desejar alguma coisa, eu pensava, era dizê-lo em voz alta. Era um alívio ter me juntado a um grupo que se declarava superior, e uma proteção contra a incerteza, o isolamento, a insegurança.

Infelizmente, minhas motivações não vinham envelhecendo bem. Não havia nada de superior nas pessoas que eu tentava impressionar. A maioria era inteligente e legal, mas um monte de gente era assim. A novidade ia ficando para trás; o fim de jogo era cada vez mais duvidoso. Eu ainda me apegava à crença de que devia encontrar sentido ou satisfação no trabalho — resultado de mais de duas décadas de afirmação educacional, incentivo dos pais, privilégio socioeconômico e mitologia geracional —, mas, em vez de contente, me sentia empacada e desiludida. Talvez isso estivesse na raiz da minha empatia pelos jovens empreendedores do Vale do Silício: eu tinha dúvidas morais, espirituais e políticas quanto ao que havia escolhido para mim mesma aos 25 anos; muitos já estavam há uma década na vida que haviam escolhido quando adolescentes. Claro que alguns deviam querer descer do trem. Eu estava radiante com as perspectivas.

Pensava, sim, em como seria se ficasse. Eu me via em busca do sucesso como uma mulher não técnica na indústria tecnológica: me tornando gerente de médio escalão, depois executiva, depois consultora ou coach que palestrasse em conferências a fim de inspirar outras mulheres. Me via no palco, forçando um sorriso ou segurando um passador de slides, sentindo meus cachos se desfazerem em tempo real. Me via escrevendo posts de blog com minha filosofia empresarial pessoal: *Como desperdiçar oportunidades. Como não negociar. Como chorar na frente do chefe.* Me via trabalhando duas vezes mais que meus colegas homens para ser levada a sério só pela metade. Me via tomando decisões baseadas no mercado que eram recompensadas pelo mercado, e me sentindo importante porque acharia que tinha razão.

Gostava de achar que tinha razão — amava sentir que tinha

razão. Mas também queria me sentir bem e confiar na minha intuição. Queria ter interesse pela minha própria vida.

Por muito tempo, cultivei a crença de que havia uma ânsia no cerne da ambição empreendedora, uma dimensão afável que ninguém queria admitir. Um aspecto espiritual sob as aulas de ioga no escritório e os aplicativos de meditação e o estoicismo seletivo e a liderança de pensamento circular. De que outra forma explicar os rituais e as congregações, as conferências e excursões, as reuniões de renovação corporativa, a fidelidade e o fanatismo pelas startups — o evangelho do trabalho, modernizado e otimizado? Eu estava comprometida com a ideia de vulnerabilidade.

Todos aqueles garotos, vagando por aí, ágeis e paranoicos e propensos a radicalismos, lutando contra o mundo até acharem as partes que se curvariam a eles. Presumia que tivessem a quem impressionar, pais a agradar, irmãos para rivalizar, inimigos a vencer. Presumia que seus verdadeiros desejos fossem palpáveis: comunidade, ou intimidade, ou simplesmente serem amados e compreendidos. Sabia que criar sistemas, e fazê-los funcionar, já era uma enorme satisfação — mas supunha que todo mundo quisesse mais.

Eu estava sempre procurando a narrativa emotiva, a explicação psicológica, o histórico pessoal. Alguma justificativa com a qual treinar minha empatia. Não era tão simples como o desejo de acreditar que a fase adulta era um desenredar mediúnico da adolescência, uma história intencionalmente revisionista. Minha obsessão com as possibilidades espirituais, sentimentais e políticas da classe empreendedora era uma tentativa ineficaz de aliviar minha própria culpa por participar de um projeto globalmente extrativista, mas era acima de tudo uma projeção: eles se tornariam a próxima elite do poder. Queria acreditar que quando as gerações mudassem aqueles que assumiriam o poder econômico e político construiriam um mundo diferente, melhor, mais vasto, e não só para pessoas iguais a eles. Mais tarde, me lamentaria por essas fantasias. Não só porque essa versão do futuro era constitucionalmente impossível — esse poder arbitrário e inexplicável, afinal de contas, era o problema —, mas também porque estava me repetindo, à procura de histórias; devia ter enxergado um sistema. Os rapazes do Vale do Silício estavam bem. Adoravam o setor, adoravam o trabalho, adoravam solucionar problemas; não tinham receios. Eram construtores por natureza, ou era nisso que acreditavam. Viam mercados em tudo, e só enxergavam oportunidades. Tinham uma fé inabalável nas próprias ideias e no próprio potencial. Estavam eufóricos quanto ao futuro. Tinham poder, dinheiro e controle. A pessoa angustiada era eu.

Estávamos velhos demais para usar a inocência como desculpa. Insolência, talvez. Indiferença, preocupação. Idealismo. Uma certa complacência endêmica em pessoas para as quais as coisas tinham, nos últimos anos, ido bem. Havíamos imaginado que tudo se dissiparia. Andáramos muito ocupados com o trabalho, ultimamente.

Quando começava a parecer que talvez tivéssemos nos enganado — talvez a presidência dos Estados Unidos de fato fosse assumida por um incorporador imobiliário que já tinha interpretado o papel de executivo bem-sucedido em um reality show —, todo mundo bolou um último recurso, um ato desesperado de participação cívica. Um grupo de fundadores despejou dinheiro em iniciativas que incentivavam as pessoas a irem votar, na tentativa de instigar millennials a cumprir uma tarefa em pessoa por meio de propagandas direcionadas em aplicativos móveis e redes sociais. As doações digitais brotavam. A startup de códigos abertos resolveu rodar um banner no dia das eleições, lembrando aos usuários dos Estados Unidos que aquele era o dia das eleições.

Na espetacular tradição dos americanos brancos e afluentes que moravam em cidades litorâneas em épocas de crise política e revolta social, me voltei para dentro. Achei que estivesse garantida. Via o Vale do Silício como um trem imparável; acreditara na grandiloquência narcisista do setor tecnológico e tinha fé em que as coisas se voltariam a seu favor. Não sabia quem estava mais iludido: a classe empreendedora, por se achar capaz de mudar o rumo da história — ou eu, por acreditar nela.

No início de novembro, abri meu notebook e deparei com a equipe de Termos de Serviço encucada com um repositório que dizia ser uma compilação de pesquisas sobre uma quadrilha de tráfico sexual e pedofilia administrada de uma pizzaria em Washington, D.C. Rolei a tela, voltando na conversa, para tentar me inteirar. O conteúdo tinha algo a ver com e-mails vazados de uma campanha presidencial, mas tudo estava meio misturado, indistinto. Tinha um quê de teoria conspiratória.

Não consegui me envolver. Não sabia o que estava olhando e não queria saber. Meus colegas pareciam ter a situação sob controle. Senti uma enorme gratidão por eles, por sua disposição para apagar incêndios; o bom humor e a curiosidade quanto à zona cinza da internet. Voltei minha atenção para pedidos de derrubada de links por violação de direitos autorais enquanto eles lançavam emojis de fatias de pizza rodopiantes no chat da equipe. Só pensei de novo no repositório quando ele passou a dominar os noticiários.

Mais tarde, me questionaria se tinha deixado passar porque eu era mais um produto da indústria tecnológica — com sua aversão ao contexto e ênfase na velocidade e na escala, sua miopia esmagadora — do que gostaria de admitir. Ou talvez fosse pessoal; talvez eu não fosse analítica. Talvez não pensasse sistemicamente.

No entanto: os pensadores sistêmicos também tinham deixado passar.

Patrick e eu fomos jantar. Eu o encontrei sentado no fundo do restaurante, lendo a revista on-line da casa. Esperou que eu tirasse o casaco, depois se debruçou sobre a mesa. "O inverno está chegando para a indústria tecnológica?", ele indagou. Nunca era inverno em San Francisco, pensei: era sempre inverno. Mark Twain. Então me dei conta de que ele fazia referência a um romance de fantasia popular: o inverno significava que o fim estava próximo.

Houve uma atenção maior ao Vale do Silício na época das eleições. As mesmas publicações que, até pouco antes, analisavam as opções das cantinas das empresas de tecnologia com um grau de detalhismo geralmente reservado a declarações de renda começavam a repensar a posição de incentivadoras. As pessoas começavam a falar de legislação antimonopólio, de normas de segurança para o consumo de produtos, de leis de patentes e direitos autorais. Começavam a adotar uma visão crítica ao vício em internet e às maneiras como as empresas de tecnologia exacerbavam a desigualdade econômica. Começavam a se inteirar da desinformação e do conteúdo conspiratório que se espalhavam pelas redes sociais. A indústria estava acostumada a chamar a atenção, mas não desse jeito.

O setor tecnológico ficaria bem, eu disse, mergulhando uma fatia de pão em um potinho de azeite. Se um ajuste de contas estava para chegar à tecnologia, e o resultado fosse menos startups criando softwares colaborativos ou vendendo camisas de botão ou pagando mal os trabalhadores temporários, eu não achava que seria o fim do mundo. Não estava preocupada com a indústria tecnológica. De qualquer forma, parecia haver possibilidades bem mais graves. Patrick assentiu. A exaustão que ele aparentava era equivalente à exaustão que eu sentia. Não era hora de travar outra briga sobre as virtudes do Vale.

Eu queria a visão otimista sobre o que poderia acontecer, declarei. O que ele tinha a me dizer? Estava tão acostumada a ele me empurrando uma narrativa oposta, me animando, deixando o futuro com cara de novo. Ele era tão produtivo, tão competente. Óbvio que tinha ideias de soluções. Patrick olhou para as mãos. "Eu realmente sei lá", ele respondeu. "A situação é medonha."

No final do nosso jantar, ele se desculpou — tinha que atender a um telefonema de trabalho, anunciou, mas não demoraria muito. Sua empresa estava na última fase do fechamento de uma nova rodada. Só uma âncora extra no futuro. Havia tanta incerteza política. Dividimos a conta e fomos embora, fechando o zíper de nossos casacos pretos para nos proteger do frio.

Patrick entrou em uma teleconferência enquanto descíamos a Folsom Street. As ruas estavam escuras, abandonadas. Ele tirou um tablet da mochila, abriu o e-mail e usou o dedo para assinar vários documentos. Fiquei espantada com a tranquilidade e a autoconfiança com que se movimentava, bem literalmente, pelo mundo. Tentei afrouxar a pressão dos dedos na minha sacola de pano.

Passamos debaixo do viaduto, em direção ao SoMa. Dei uma olhadela em Patrick, que conversava alegremente em parágrafos enérgicos, completos. Se o inverno *realmente* chegasse, me perguntei o que isso significaria para ele. Não tinha noção dos riscos. Não conseguia decidir qual de nós imaginava ter mais a perder.

Algumas semanas depois, ao ler o fórum de mensagens extremamente moderado, eu chegaria a uma conclusão tranquila. Os comentaristas discutiam a startup de Patrick, que andava nos noticiários por causa de sua última rodada de arrecadação de fundos: a valorização estava entre as maiores das empresas particulares do

Vale. Sob a luz ambiente, debaixo do viaduto, naquela noite, ele havia se tornado um dos bilionários mais jovens do mundo.

Liguei para o desenvolvedor que alegava ser responsável pelo hackeamento de peso. Tem alguma coisa que você possa fazer?, indaguei, me sentindo uma criança. Tocava no tapete com os pés. Ele ficou em silêncio por um instante. "Não estou entendendo muito bem o que você está me pedindo", ele falou. "É um trabalho muito lento. Pode levar meses, e não existe garantia." Eu tampouco sabia direito o que estava buscando. Uma validação da crença utópica na informação. Uma justificativa das redes, zumbindo em grande escala. De qualquer forma, não foram meses. Foram apenas alguns dias.

Fui dirigindo até Reno com duas amigas da faculdade e uma colega da equipe de Vendas. Demos uma olhada no cassino com tema subaquático, como uma festa de despedida de solteira sem nada a celebrar. Nenhuma de nós tinha pensado em levar roupas de banho para ir à piscina do cassino; nenhuma de nós jogou nos caça-níqueis. Perambulamos pelas dependências e canalizamos nosso desconforto para bens de consumo dignos das redes sociais, postando fotos das palmeiras e chafarizes iluminados no salão do cassino, fontes com sereias e golfinhos que jorravam água sobre fundo de luz azul. Nos deitamos duas em cada cama no quarto naquela noite, insones e alertas na escuridão.

Na manhã seguinte, fomos até um posto de voluntariado, entrando em um centro comercial atrás de um carro elétrico com placa da Califórnia. Na fila para pegar pranchetas, me dei conta de que não sabíamos onde estávamos. Tínhamos inserido o endereço em um aplicativo de mapeamento e o seguido cegamente, assim como tínhamos vindo de San Francisco. Eu poderia estar em qualquer lugar. Os dois dias seguintes foram gastos angariando votos, percorrendo os bairros suburbanos. Detestava a sensação de que chamava a atenção, de me impor a estranhos; detestava que todos soubessem o que estava por vir assim que saíam na varanda. Nos bairros da classe operária, com ruas sossegadas e paradas, quase todos os carros estacionados ostentavam nos para-brisas decalques de startups de carona remunerada. Minha colega de trabalho se afligia por causa dos boatos que ouvia de que já estavam começando as demissões na equipe de Vendas. REZE PARA QUE JESUS DIMINUA A INFLAÇÃO, aconselhava um adesivo.

No dia das eleições, inchada de ansiedade e otimismo, eu usava um broche esmaltado em forma de útero na minha jaqueta e fui procurar um lugar para tomar o café da manhã. Uma fila de homens estava sentada diante dos caça-níqueis, fumando. Quando a mulher atrás da cafeteria do cassino registrou minha compra, perguntei se ela fizera planos para ir votar naquele dia, recitando a abertura de um roteiro que ainda precisava decorar. "Este ano, não", ela disse, balançando a cabeça. Fiquei perplexa. Não tiro sua razão, declarei, sem saber se eu estava falando a verdade.

Poucas pessoas atenderam a campainha naquele dia. Continuamos a nos arrastar, sentando no meio-fio para dividir água e petiscos. Uma das minhas amigas de faculdade usava um colar com plaquinha onde se lia MULHER DESAGRADÁVEL e uma blusa com um gato onde estava escrito ESTA GATA AGARRA DE VOLTA. No meu telefone, celebridades glamurosas em terninhos frugais e desconhecidos grudavam adesivos esfiapados de EU VOTEI nos túmulos das sufragistas. Um investidor em capital de risco postou a foto de uma garrafa de champanhe ao lado de uma garrafa de vodca, acrescentando um filtro em tons de cinza para dar um efeito histórico. Amigos dividiam selfies do lado de fora das zonas eleitorais, expressões firmes e otimistas, banhados pela luz outonal. Os chats da empresa estavam atipicamente desanimados. A vida na economia da atenção me tornara alheia. Minha tela nas redes sociais tinha enxurradas de slogans, iconografia e produtos feministas: vãos de cerâmica em forma de seios nus, macacão de bebês dizendo O FUTURO É FEMININO. Essa era a minha internet há meses.

Isso não correspondia ao subúrbio de Nevada. As mulheres ficavam detrás de portas de tela e nos olhavam, de prancheta e adesivos patriotas e feminismo corporativo costeiro estetizado, e simplesmente balançavam a cabeça. Na esquina de um beco sem saída, em uma vizinhança abastada de carros esportivos compactos e jardins decorados, nos encostamos no carro alugado, debruçadas no celular. Tirei o broche de útero e o pus no bolso. Aquilo tudo me parecia tão fechado. Era calibrado com muita precisão.

As pesquisas de boca de urna se encerravam. O ar começava a arejar.

Epílogo

Durante meses após a eleição, meus amigos e colegas de trabalho não ficaram bem. Dores de estômago, insônia, astrologia. Bebiam demais. Passaram a fumar cigarros eletrônicos em doses comedidas. Iam a banhos de som meditativos e cogitavam microdosagens para evitar a depressão iminente ou reconquistar a produtividade perdida. Agregavam às saudações em e-mails expressões tais como "dadas as circunstâncias" e "apesar das notícias". Todo mundo embarcava em pensamentos mágicos intensos e irresponsáveis.

No fórum de mensagens extremamente moderado, os comentaristas debatiam um Plano Marshall de racionalidade, um novo iluminismo. Nas redes sociais, o líder de vendas de uma empresa de softwares educativos sugeria financiamentos coletivos para que aviões particulares sobrevoassem países vermelhos e jogassem folhetos com fatos sobre a proibição de entrada nos Estados Unidos, e um ex-executivo da startup de análise de dados perguntou aos conhecidos se alguém tinha recomendação de onde comprar barras de ouro. *Hora de ficar bom de cripto*, todo mundo escrevia. Nós que estávamos dentro ou ao lado da indústria tecnológica aconselhávamos amigos e parentes a baixar aplicativos de comunicação criptografados. Nossa solução, para variar: mais tecnologia. CEOs e investidores em capital de risco, patriotas do ih-que--merda com deveres fiduciários, ofereciam ramos de oliveira a políticos. Líderes da indústria protestavam nos aeroportos, ou pelo menos posavam para fotografias. Defendiam políticas imigratórias mais generosas, priorizando imigrantes que soubessem escrever código.

Todo mundo ficava acordado até tarde, rolando a tela com ansiedade, e os algoritmos das propagandas ficavam de pé com eles. Amigos compravam colchas pesadas feitas para pessoas com transtornos de processamento sensorial, vendidas nas redes sociais, e ficavam deitados debaixo delas com os braços junto do corpo, esperando a ocitocina fazer efeito. A ideologia fascista e as conspirações paranoicas circulavam. Fraudes e desinformação e memes, há muito as armadilhas da cultura dos fóruns de mensagens, se transportavam para a esfera cívica. A trolagem era uma nova moeda política.

Havia iconografia nazista nos noticiários, e retórica nazista na caixa de entrada da equipe de Termos de Serviço. Nossa área ainda era nova, e não unificada. Dependendo da empresa, nosso trabalho era chamado de Política, Política da Comunidade, Confiança e Segurança, Comunidade e Segurança ou, simplesmente, Segurança; dependendo da empresa, a equipe tinha seis anos ou seis meses de idade. Ninguém estava equipado para tecer juízos jurídicos sobre as falas de milhões de pessoas que passavam a vida on-line. Fora da indústria, as pessoas discutiam sobre a Primeira Emenda. Dentro dela, calculávamos riscos, avaliávamos a seriedade de ameaças, tentávamos reagir com ponderação, mas também agilidade. A natureza do abuso on-line evoluía rapidamente; estava sempre um pouquinho além do nosso alcance.

Em uma reunião de gente da área, um funcionário de primeiro escalão de uma startup conhecidíssima me abordou para falar da nova carga de responsabilidade da nossa indústria. Equilibrávamos pratos de papelão cobertos de queijos e frutas. Trocamos angústias. Meu interlocutor se aproximou em tom conspiratório. "Não tem nenhum adulto na Casa Branca", ele disse, com um esboço de sorriso. "Agora o governo somos nós."

Pensei, por um tempo, que tudo mudaria. Achei que a festa tivesse acabado. Achava que a indústria estava prestes a sofrer um ajuste de contas, que aquele seria o começo do fim, que o que eu havia vivido em San Francisco era a última fase de um período pré--queda, o fim da corrida do ouro da nossa geração, um período insustentável de excessos.

Então saí da casa. Ali estava o mundo, com seus viciados e corredores, os carrinhos de bebês reforçados e as butiques de couro e os eucaliptos farfalhantes, tudo iluminado e intacto. Guindastes balançavam sobre depósitos repletos de recém-chegados. Ônibus alcançavam o alto dos morros, mantendo um pé no freio na descida. A cidade e a indústria, ligadas pelo ecossistema, continuavam a andar e a girar.

Poderia ter ficado para sempre no meu emprego, e foi assim que soube que era hora de sair. O dinheiro e o sossego do estilo de vida não bastavam para mitigar o estorvo emocional do trabalho: o esgotamento, a repetição, a toxicidade intermitente. Os dias não pareciam distintos. Sentia um vazio cada vez maior, matraqueando no meu conjugado todas as manhãs, rodando na minha cadeira de trabalho. Tinha o luxo, se não a coragem, de fazer algo a respeito da situação.

Além disso: uma mulher que eu conhecia tinha sido violentada sexualmente em um passeio da empresa. O acontecido já era horrível por si, e pior ainda no nível estrutural. Quando soube, em segunda mão, da forma como o caso fora tratado, não quis mais ajudar ninguém na indústria a enriquecer. Não quis mais ajudar ninguém a fazer nada.

No começo de 2018, saí da startup de códigos abertos. Queria uma mudança, e queria escrever. Meu ímpeto, nos últimos anos, tinha sido de me afastar da minha própria vida, de observar do canto e tentar enxergar os vetores, os andaimes, os sistemas em ação. Psicólogos talvez se refiram a isso como dissociação; eu considerava essa uma abordagem sociológica. Para mim, era um caminho para sair da infelicidade. De fato, tornou as coisas mais interessantes.

Sair de um ambiente de trabalho à distância foi anticlimático. No meu último dia, fiz uma entrevista de sessenta segundos, conduzida por videoconferência. Joguei o emoji de mão acenando no chat do Termos de Serviço e postei uma breve despedida no fórum de mensagens interno da empresa. *Não sabia que você trabalhava aqui*, escreveu um colega nos comentários. Depois me sentei na cama com o notebook, vendo meus acessos a plataformas internas ser revogados, um por um. Cada erro 404 era como uma luz se apagando. Um mundo inteiro, fechado a zíper — o que vem fácil vai fácil.

Depois de três anos e meio, já tinha direito à maioria das minhas ações como funcionária. Fiquei indecisa quanto a comprá-las, apesar dos boatos de uma aquisição iminente: as ações não eram baratas, e tinha dúvidas se me renderiam alguma coisa.

Me convenci de que precisava fazer o jogo. No nonagésimo dia da minha janela de compras de noventa dias, entreguei pessoalmente um cheque ao QG em troca da íntegra da minha poupança, para comprar o máximo de ações que pudesse. De pé na entrada de convidados, esperando o administrador dos planos de ações juntar a papelada, vi meus ex-colegas batendo papo alegremente na cafeteria do escritório e senti, de forma lancinante, que ir embora tinha sido um erro gigantesco. Certas verdades desagradáveis: me sentia inatacável atrás dos muros do poder. A sociedade estava mudando, e me sentia mais segura dentro do império, dentro da máquina. Era preferível estar do lado que observava do que do lado observado.

Ex-funcionários da startup de códigos abertos ainda usavam um chat, um clube de formados sem afiliação, onde as pessoas tentavam roubar as outras para suas startups em meio a debates sobre se nossas ações valeriam ou não alguma coisa. Falavam merda e trocavam conselhos financeiros especulativos. Continuavam a trocar fotos de seus home offices e gato-polvos de pelúcia. Falavam com nostalgia das primeiras conferências de funcionários, dos fins de semana perdidos, das festanças no escritório; daquela vez em que tinham terminado uma caça ao tesouro, destinada a fortalecer o espírito de equipe, tirando selfies com uma stripper; daquela época em que guardavam um estoque de ácido no QG. As reminiscências endureciam em uma mitologia compartilhada. Histórias que eu conhecia, uma história oral paralela, continuava secreta.

Em junho, foi divulgada a notícia de que a startup de códigos abertos tinha sido comprada, por 7,5 bilhões de dólares, pelo conglomerado extremamente litigioso com sede em Seattle. O conglomerado havia, na década de 1990, tentado pisotear o movimento pelos softwares de código aberto — mas era uma nova época, insistiam todos os envolvidos no acordo.

No chat dos ex-funcionários, as pessoas trocavam informações em segunda mão sobre o preço das ações; postavam fotografias comemorativas deles mesmos com a blusa do gato-polvo.

Aquela sensação de quando você acorda aposentado, escreveu um dos primeiros funcionários. Outra exprimiu sua ambivalência a respeito do golpe de sorte. *É como ter um diamante de sangue*, ela observou. *É valioso, mas é fruto de um sofrimento humano imperdoável.* Não era apenas um diamante, era uma mina. Uma parcela expressiva dos meus ex-colegas se tornou milionária e multimilionária; os fundadores viraram bilionários. Os investidores em capital de risco se reabasteceram. Fiquei feliz pelos amigos, principalmente os funcionários de baixo escalão que trabalhavam muito, e me empolguei por suas famílias, para as quais uma rescisão de seis dígitos mudaria a vida. Me perguntava se a empresa estabeleceria uma hierarquia de classes interna, depois me lembrei de que ela já existia.

As ações que comprei valiam cerca de 200 mil dólares antes da dedução de imposto. Era um golpe de sorte para os meus padrões, ainda que modesto para a indústria: era menos que o salário mediano anual na rede social que todo mundo odiava; menos que os 600 mil dólares transferidos por depósito direto à conta bancária de um dos primeiros representantes da assistência técnica; menos do que as somas multimilionárias que foram para pessoas que eu desconfiava terem causado danos indeléveis aos colegas. Eu não sentia orgulho, apenas alívio e culpa.

Tive sorte. Esvaziar minha conta bancária para comprar ações só foi sustentável porque eu sabia que poderia pegar dinheiro emprestado com a família, ou com Ian. Alguns dos meus colegas, em geral mulheres com funções não técnicas cujos trabalhos foram fundamentais para a empresa, mas cujos salários não lhes permitiam economizar muito na cidade com o maior custo de vida do país, receberam ofertas generosas de pacotes de ações que não puderam comprar depois de sair da empresa. Algumas mulheres, ouvi dizer, ouviram promessas de extensão de suas janelas de compras, só que as extensões foram vetadas pelo conselho depois que os pacotes expiraram. A aquisição foi uma bonança do tipo que só acontecia uma vez na vida. Elas perderam a chance. Estrutura horizontal, meritocracia, ofertas inegociáveis. Os sistemas não funcionam conforme o planejado.

Naquela mesma primavera, o CEO da startup de análise de dados se demitiu. "Eu preciso de uma pausa", declarou a um repórter de finanças. "Foi uma maratona." Nas redes sociais, juntou-se à categoria dos líderes de pensamento da indústria, contribuindo para o gênero do realismo-fundador, recomendando terapia e comunidade, fazendo posts no microblog sobre seu desenvolvimento emocional em tempo real.

No chat dos ex-funcionários da startup de análise de dados, meus ex-colegas louvavam a decisão. Brincavam que convidariam o CEO para o canal. Reviravam seus olhos de emoji diante dos postos inspiradores. Debatiam com quantas dezenas de milhões de dólares a mais o CEO tinha saído, e debatiam, como ex-funcionários de empresas ainda privadas costumam debater, se nossas ações um dia valeriam alguma coisa. Me perguntava se fora um trauma para o CEO deixar a empresa que havia construído, se lhe parecera uma perda. Me perguntei se ainda tinha acesso ao Modo Deus.

Um ano após a saída do CEO, o diretor técnico e vários engenheiros retornariam à startup de análise de dados para dar seguimento à empresa. Me questionei se tinham um senso de lealdade para com o produto — se não ficariam satisfeitos até que o problema, no sentido técnico, fosse resolvido. Entenda o encanto de voltar à startup de análises, embora soubesse que eu jamais poderia. Não era só por ter trocado a segurança da tecnologia pelo trabalho criativo — e ter a esperança, contra todos os prognósticos, de que duraria — mas por ser incapaz de me imaginar sendo outra vez tão complacente, tão absorvida.

Alguns meses depois, perambulava por Mission, matando tempo antes de ir almoçar com uma amiga. Sentada à frente de um restaurante grego informal na Valencia Street, dois homens travavam uma conversa animada, os guardanapos enrolados na mesa. Quase cinco anos haviam se passado, mas reconheci o CEO da startup de análise de dados na mesma hora: cabelo cheio de gel, corpo delgado, jaqueta verde. Parecia feliz, relaxado, mais velho. Parecia uma pessoa qualquer.

Almoço na cidade em um dia útil, pensei — que bom para ele. Então me virei e andei o mais rápido possível na direção oposta. Tenho certeza de que ele não me viu.

Agradecimentos

Sou imensamente grata a Daniel Levin Becker, Molly Fischer, Henry Freedland, Jen Gann, Gideon Lewis Kraus, Sam MacLaughlin, Manjula Martin, Emily Nakashima, Meaghan O'Connell, Hannah Schneider e Taylor Sperry, pela generosidade intelectual e os insights editoriais. Sou grata a Nick Friedman pelas conversas iniciais, fundamentais, e a Moira Weigel pela amizade e inteligência, e por sempre me dar a visão sistemática.

Obrigada a Mark Krotov, pelas contribuições indispensáveis e o apoio infalível a este projeto, e a Dayna Tortorici, por me incentivar a falar de San Francisco e da cultura de startups em 2015 — e pelas brilhantes orientações editoriais, de ambos, ao longo do caminho. Tenho uma dívida para com a *n+1*: obrigada por apostar as fichas em mim.

Obrigada a Chris Parris-Lamb, por desenvolver este livro a meu lado e por ser uma fonte constante de sabedoria, conselhos, clareza, humor e apoio; realmente além da conta. Obrigada a Sarah Bolling, pelas anotações argutas e compreensivas, e a Rebecca

Gardner, Ellen Goodson e Will Roberts, por levarem este livro a leitores estrangeiros.

Obrigada a Emily Bell, por acreditar neste projeto desde o início, por me pressionar a cavar mais fundo, e por ser uma defensora feroz em todas as etapas. Obrigada à equipe da MCD x FSG, principalmente Jackson Howard, Naomi Huffman, Sean McDonald e Sarita Varma. Obrigada a Rebecca Caine pela consideração e o equilíbrio ao trabalhar no manuscrito, e a Greg Villepique, Chandra Wohleber, Kylie Byrd, Nina Frieman, Jonathan Lippincott e Gretchen Achilles, pela atenção e o cuidado. Obrigada a Anna Kelly, Caspian Dennis e Sarah Thickett, por lutarem por este livro no Reino Unido.

Agradeço a Emily Stokes pelo trabalho minucioso em partes deste livro e por ser uma caixa de ressonância sábia e generosa. Obrigada a Leah Campbell, Danilo Campos, Patrick Collison, David Gumbiner, Cameron Spickert e Kyle Warren, pela amizade e a confiança. Obrigada a Parker Higgins, pela motivação para escrever este livro nesta década. Obrigada a meus antigos colegas de trabalho nas startups de análise de dados e de códigos abertos, sobretudo àqueles que tiraram um tempo, e arriscaram a pele, a fim de conversar comigo para este projeto. Obrigada aos amigos na Califórnia e em Nova York, muitos dos quais me ajudaram a desenredar minhas ideias sobre trabalho, vida, arte, capitalismo — como tudo, uma obra em andamento.

Agradeço aos Sherman, do Norte e do Sul, pela bondade e o estímulo. Obrigada à minha família, principalmente a David e Marina Wiener. Obrigada a Dan Wiener e Ellen Freudenheim, pelo amor, pelo entusiasmo e pela orientação. Sou grata a Ian Sherman pelo apoio constante à minha escrita e por sempre fazer as perguntas certas.

ESTA OBRA FOI COMPOSTA EM MINION PELO ESTÚDIO O.L.M. / FLAVIO PERALTA E IMPRESSA EM OFSETE PELA GRÁFICA SANTA MARTA SOBRE PAPEL PÓLEN SOFT DA SUZANO S.A. PARA A EDITORA SCHWARCZ EM MARÇO DE 2022

A marca FSC® é a garantia de que a madeira utilizada na fabricação do papel deste livro provém de florestas que foram gerenciadas de maneira ambientalmente correta, socialmente justa e economicamente viável, além de outras fontes de origem controlada.